Gottesdienstpraxis

Serie A:
Arbeitshilfen für die Gottesdienste zu den Sonn- und Feiertagen des Kirchenjahres

Herausgegeben von Erhard Domay
und Horst Nitschke

Gütersloher Verlagshaus Gerd Mohn

Gottesdienstpraxis

6. Perikopenreihe

Band 1: 1. Sonntag im Advent bis Okuli

Gütersloher Verlagshaus Gerd Mohn

CIP-Kurztitelaufnahme der Deutschen Bibliothek
Gottesdienstpraxis / hrsg. von Erhard Domay u.
Horst Nitschke. – Gütersloh: Gütersloher Verlagshaus Mohn
NE: Domay, Erhard [Hrsg.]
Ser. A, Arbeitshilfen für die Gottesdienste zu
den Sonn-und Feiertagen des Kirchenjahres.
Ser. A.
→ Arbeitshilfen für die Gottesdienste zu den
Sonn- und Feiertagen des Kirchenjahres

Arbeitshilfen für die Gottesdienste zu den
Sonn- und Feiertagen des Kirchenjahres / hrsg.
von Erhard Domay u. Horst Nitschke. –
Gütersloh: Gütersloher Verlagshaus Mohn
(Gottesdienstpraxis: Ser. A)
NE: Domay, Erhard [Hrsg.]
Perikopenreihe 6.
Bd. 1. 1. Sonntag im Advent bis Okuli. – 1983.
ISBN 3-579-04694-2

ISBN 3-579-04694-2

Satz: IBV Lichtsatz KG, Berlin
Druck und Bindung: Ebner Ulm
Umschlagentwurf: Franz Wöllzenmüller, Oberhaching
Printed in Germany

Inhalt

1. Sonntag im Advent

Predigttext: Hebräer 10,(19–22)23–25)
Helmut Siegel

Theologische Skizze

Mein erster Eindruck: ein Text, randvoll mit Theologie, und das in einer Sprache, die so voll tönt (s. die Adjektive!) daß ich dem Inhalt gegenüber eher mißtrauisch werde. Spontaner Entschluß: Du predigst jedenfalls nur über Vers 23–25. Selbst die Perikopenordnung setzt ja Vers 19–22 schüchtern in Klammern.

Das genauere Hinsehen zeigt folgende *Gliederung* des Textes: in Vers 19–21 wird eine theologische Summe der Kapitel 1–9 gezogen. Daraus ergeben sich drei Folgerungen: *»Lasset uns hinzugehen ...«* (Vers 22), *»Lasset uns festhalten ...«* (Vers 23) und *Lasset uns aufeinander achthaben ...«* (Vers 24f.). Für mich ergibt sich daraus folgendes Dilemma:

Beschränkt man sich auf Vers 23–25, so predigt man über Folgerungen, ohne deren Grund anzugeben. Vers 19–21 hängt als Predigttext in der Luft, denn zusammengefaßt wird ja nur, um Folgerungen zu ziehen. Über den gesamten Abschnitt zu predigen – so noch die alte Perikopenordnung – halte ich wegen der inhaltlichen Überfrachtung für unmöglich.

Mein Rat: Entweder über Vers 19–22 predigen, wobei die Vorherrschaft der Begriffe der Bewegung (»Eingang«, »lebendiger Weg«, »hinzugehen«) eine Predigtlinie erkennen lassen. Oder sich doch auf Vers 23–25 beschränken, wobei das in Vers 19–21 gelegte Fundament zumindest gründlich in der Predigtvorbereitung bedacht werden muß. Auch bei dieser Begrenzung muß ein Schwerpunkt gesetzt werden.

So reizvoll eine Predigt mit Schwerpunkt in Vers 25 sein könnte, weil uns angesichts der abnehmenden Gottesdienstbesucher-Zahl der sonst so ferne Brief erstaunlich naherückt, möchte ich doch lieber das in Vers 23 angeschlagene Thema »Hoffnung« zum Schwerpunkt der Predigt machen. Mich leiten dabei zwei Überlegungen:

Einmal ist auch in diesem Text zu erkennen, daß der im NT dokumentierte Glaube grundsätzlich eschatologisch ausgerichtet war. Ich möchte daran festhalten: »Im christlichen Leben hat der Glaube das Prius, aber die Hoffnung den Primat.« (J. Moltmann, Theologie der Hoffnung)

Zum andern sind die Gottesdienstbesucher am 1. Advent kognitiv wie emotional offen für den Themenbereich: Hoffen, Wünschen, Erwarten. Eine Predigt mit Vers 23 als Schwerpunkt kann diese Offenheit aufnehmen und gleichzeitig der üblichen heruntergekommenen »Eschatologie«: nach vier Wochen Erwartung dann Weihnachten die Erfüllung, Widerpart bieten. Ebenso kann kritisch aufgewiesen werden, wie sehr wehmütige Erinnerung an die Stelle der Hoffnung getreten ist, aus dem »Einmal war, und darum wird sein« ein »Es war einmal« geworden ist.

Zur Liturgie

Lieder

Unbedingt EKG 4 »Es kommt ein Schiff geladen ...«, weitere Vorschläge: EKG, 1,4.6; EKG 10,1.6.7; EKG 14

Gebet

Herr, wir wünschen uns, es möchte einer kommen, der alles neu macht, der zu Ende führt, was wir anfangen und liegenlassen; einer, der alle Bruchstücke in unserem Leben zu einem Ganzen fügt. – Wir wissen: das kannst nur du. Darum bitten wir: Komm in unser Leben. (Nach »Liturgieentwürfe für das Kirchenjahr«)

Als Eingangsvotum

Sie schauen / nach oben / und warten / auf den, der da kommt. / Doch von oben / kommt er nicht. / Vergebens / schauen sie, / indessen / hinter ihrem Rücken / der da kommen soll / kommt. (Friedrich Schwanecke).

Zur Predigtidee

Die Aussagen von Vers 23 (u. Vers 24f.) sollen »illustriert« werden durch eine Karikatur. Durch eine Aufteilung in eine Sequenz von drei Bildern (s. u.) kann deutlich gemacht werden: unsere zu kleinen Hoffnungen, das Zusammenspiel von Erinnerung und Hoffnung wie auch die Gefährdung von lebendiger Hoffnung, die durch angeblichen Realismus als bloßer Traum diffamiert und durch wehmütige Erinnerung gelähmt wird, zu lebensgefährlicher toter Hoffnung verkommt. – Die Bildsequenz wird jedem Gottesdienstbesucher als Fotokopie in die Hand gegeben (Bitte so falten, daß jeweils immer nur das erste Bild sichtbar ist!).

(Die ursprüngliche Karikatur – rechtes Bild – ist dem Löwensteiner Materialdienst 1975, Helmut Mayer (Hg.), Karikatur – Handzettel für Diskussion und Meditation, entnommen. Der Zeichner ist dort nicht angegeben.)

Zur Predigt

Möglicher Predigtanfang

Liebe Gemeinde! Hoffnung, die brauche ich. Und darum war mir dieser Satz aus dem Predigttext wichtig: »Lasset uns an dem Bekenntnis der Hoffnung festhalten!« Aber dieser Satz war für mich auch voller Fragezeichen: An welchem Bekenntnis der Hoffnung denn? Und gibt es nur *eine* Hoffnung? Oder ist nur eine Hoffnung wichtig? Aber welche dann? Und warum sollen wir daran festhalten? Als ich darüber nachdachte, fand ich ein Bild, das Sie nun – aufgeteilt in drei Bilder – in der Hand halten. Diese Bilder beantworteten mir nicht meine Fragen, aber sie halfen mir, meine Lage deutlicher zu sehen und die Antworten des Hebräerbriefes besser in meine Lage zu übersetzen. Darum habe ich Ihnen diese Bilder mitgebracht. Ich meine, auch Ihnen kann durch sie vieles deutlicher werden, können Sie die Antworten der Bibel besser verstehen.

Zur Fortsetzung:

Nach einer kurzen Beschreibung des ersten Bildes: »Er denkt, aber was mag er denken? Ich meine: er wünscht sich etwas. Aber was? Etwas zum Anziehen? Zu essen oder zu trinken? Einen Gefährten? – Ehe Sie weiterblättern, nachsehen, was sich dieser Schiffbrüchige denn wünscht ... – was wünschen Sie sich denn, jetzt, wo die Adventszeit beginnt?« *Nun Anführung von vermuteten Wünschen:* Wunschzettel, das bescheidene »Ach, ich bin auch mit wenigem zufrieden: etwas Ruhe, kein Streit«, das angstvolle »Wenn es mal nur so bleibt, wie es ist ...«, die Äußerung eines Mannes: »Man muß Realist sein. Wer sich nicht zuviel erhofft, wird auch nicht allzusehr enttäuscht.« *Möglicher Abschluß dieses Teils:* »Das klingt alles vernünftig, aber ich fühle mich dabei unbehaglich, liebe Gemeinde, da höre ich viel Müdigkeit, schmecke ich viel Resignation heraus.«
Das zweite Bild: »Ganz anders der Schiffbrüchige. Auf dem zweiten Bild können Sie sehen, was er sich wünscht« ... – Also: kein Traum von kleinen Verbesserungen, nein: er will gerettet werden. – In seiner Lage doch selbstverständlich? Ja, aber: ist unsere Lage von seiner so verschieden? Die Äußerung einer Witwe: »Ich brauche keinen, der den Kummer mit mir teilt. Ich brauche einen, der mir den Kummer nimmt.« *Umwandlung und Fortsetzung dieses Satzes* bezogen auf andere Defizit- und Leiderfahrungen (Krankheit, Schuld, das Lied: »Ein bißchen (!) Frieden«). – Der Einwand: Schöne Träume, nur schöne Träume. Da müßte erst die Welt anders werden, wenn das Wirklichkeit werden soll. – Richtig: aber denken wir nicht gerade jetzt wieder daran, wie mit Jesus die Welt anders geworden ist? – *Mögliche Konkretionen aus den Evangelien:* Unverbesserliche ändern sich, als wertlos Abgetane werden selig gepriesen, Lahme trugen ihre Matratzen nach Hause, Klageweiber mußten ihre Totenklage abbrechen ... »Da änderte sich doch die Welt, weil mit diesem Jesus Gott zur Welt kam.« *Einwand:* »Ja, damals ... – Heute ist das anders, ist alles wieder so, wie es war. Schön wär' es, wenn es weitergegangen wäre.« Mir fällt es

schwer, diesen Einwand zu widerlegen. Durch das Bild wird er ja eher bestätigt. Da hofft einer schon auf das Richtige, aber: er tut es mit hoffnungslosem Gesicht. Er glaubt wohl selbst nicht an das, was er hofft. Wäre es nicht besser, er träumte von etwas anderem, vielleicht von Strandgut, das angespült wird? Wäre es für uns nicht besser, uns an der Erinnerung an Jesus zu wärmen, vielleicht mit einem wehmütigen Seufzer, ansonsten aber uns auf unsere bescheidenen kleinen Wünsche zu konzentrieren? – Ich kann das nicht, und ich glaube: Sie können das auch nicht. Denn die Geschichte Jesu hat ja – durch Ostern – einen offenen Schluß. Da hat Gott Ja gesagt zu dem, was Jesus sagte und tat. Darum muß der Anfang, der da gemacht wurde, weitergehen: *»Wankt nicht, sondern haltet am Bekenntnis der Hoffnung fest. Denn Gott ist getreu.«* – Gerade wenn wir das tun, sind wir Realisten. Das zeigt das
Dritte Bild: Das erhoffte Schiff kommt tatsächlich. Aber der, der seiner Hoffnung nicht glaubt, sieht es nicht, starrt reglos in die falsche Richtung. Man möchte ihm zurufen: »Steh doch auf! Sieh dich doch um!« Aber da ist keiner, der ihm das sagt.
Mir ist daran deutlich geworden, wozu ich den Gottesdienst brauche. Ich brauche Menschen, die mich an die Hoffnung erinnern, in meinen Hoffnungen auf Gott bestärken und die mir den Kopf zurechtrücken, wenn ich aus der falschen Ecke das Heil erwarte: *»Verlaßt nicht die gottesdienstliche Versammlung ... Ermahnt euch, und das um so mehr, je mehr ihr seht, daß sich der Tag naht.«*
Naht sich der Tag, sehen wir Gottes Plan mit der Welt Wirklichkeit werden? Ich nicht, aber eben: noch nicht. Menschen, die diese Hoffnung haben und sich durch diese Hoffnung zum Handeln bewegen lassen, erscheinen mir wie die Bugwelle des erwarteten Schiffes. Ich merke: diese Hoffnung macht lebendig: *»Lasset uns aufeinander achthaben. Gegenseitig wollen wir uns anfeuern zur Liebe und zu guten Werken.«*

Möglicher Predigtschluß
Als ich diese Bilder fotokopierte, da erzählte ich jemandem, der mir zusah, was ich damit vorhatte. Er hörte mir aufmerksam zu und meinte dann: »Ja, daß die Welt anders wird, darauf können wir lange hoffen.« Beim Nachdenken über diese Sätze aus dem Hebräerbrief und über die Bilder ist mir deutlich geworden: er hat recht, ganz anders recht, als er meinte. Darauf können wir wirklich hoffen. Vielleicht noch lange. Aber Sie werden merken: die Zeit spielt dabei keine Rolle. Viel wichtiger ist mir, daß diese Hoffnung lebendig macht. Nein, wir werden nicht als angebliche Realisten unserer Hoffnung mißtrauen, wir werden nicht die Ankunft des Schiffes verpassen. Wer weiß schon, wann das Schiff kommt, wann unser Herr kommt! Aber sicher ist eins: er kommt, kommt auf uns zu.

Eine Alternative

In vielen Gemeinden wird am ersten Advent ein Familiengottesdienst gefeiert. Ich möchte einen solchen mit dem Thema *»Der grüne Zweig«* vorschlagen. Im Zentrum des Gottesdienstes kann das einfache Lied »Der grüne Zweig« stehen (auf der gleichnamigen LP von Peter Janssens, abgedruckt in der »Notenschnecke«, hg. von der Beratungsstelle für Gottesdienste und Gemeindearbeit, Frankfurt a.M.) und das folgende »Predigtspiel« mit Kurzpredigt. Die Vorbereitung der grünen Zweige (evtl. mit Gebäck behangen) für jeden Gottesdienstbesucher kann eine Kindergartengruppe oder eine sonstige Kindergruppe übernehmen. Hier finden sich sicher auch für das Predigtspiel (4 Bäume: Kinder mit kahlen Zweigen in der Hand, 1 Tanne: ein Kind mit Tannenzweigen) Mitspieler, die Rollen der Menschen können die Gruppenleiter(innen) oder andere Erwachsene übernehmen:

»Nun haben wir ein paarmal gesungen: »Wer weiß denn von euch Leuten den grünen Zweig zu deuten?« – Ja, wißt Ihr denn, was der grüne Zweig bedeuten soll? (Advent, Weihnachten) – Aber warum nimmt man dann nicht Birkenzweige oder Buchenzweige? (Antworten: sind nicht so schön grün, etc.) Ja, die Farbe »Grün« hat schon eine besondere Bedeutung. Diese Farbe ist ein Zeichen der Hoffnung. Ich will Euch eine Geschichte erzählen, vielmehr: sie wird auch ein bißchen gespielt werden. Ich finde, diese Geschichte macht deutlich, worauf so ein Tannenzweig hinzeigt, warum er ein Zeichen der Hoffnung ist.

Die Geschichte passierte vor langer, langer Zeit. Damals war die Erde noch jung. Gott hatte gerade die Welt geschaffen. Alles war da, nur: es gab noch keine Tannenbäume und keine Fichten. Die Menschen freuten sich an den Blumen und an den grünen Bäumen. Aber dann kam der Herbst. Die Bäume wurden braun, verloren ihre Blätter, die Sonne schien seltener und die Tage wurden kurz. Schließlich hatte der Wind alle Zweige kahl geschüttelt.

Da begannen die Menschen zu weinen und zu klagen und wollten damit überhaupt nicht mehr aufhören. Gott hörte das, und darum kam er zu den Menschen und fragte: »Warum weint ihr dann so?«

1. Mensch: »Ach, jetzt geht ganz bestimmt die Welt unter. Die Sonne scheint nicht mehr, die Bäume sind ganz kahl. Bald wird alles tot sein.«

2. Mensch: »Ja, gar nichts ist mehr freundlich. Die Welt sieht so gar nicht schön aus. In einer solchen Welt macht das Leben gar keinen Spaß mehr.«

Gott: »Aber das wird doch alles wieder anders. Wartet nur! Nach dem Winter kommt der Frühling. Da bekommen die Bäume neue Blätter. Dann sehen sie wieder schön grün aus!«

1. Mensch: »Ach nein, das glaube ich nicht. Schau doch: kein Schimmer von Grün. Das wird so bleiben, wie es ist.«

2. Mensch: »Ja, davon ist nichts zu merken, daß das mal wieder anders wird. Wir haben keine Hoffnung!«

Da merkte Gott: die Menschen brauchen ein Zeichen, ein Zeichen, das ihnen

Hoffnung gibt: einmal wird es wieder anders werden. Und so erschuf er den Tannenbaum (Das Kind mit den Tannenzweigen wird in die Mitte, zwischen die anderen »Bäume« gestellt). Und Gott sagte:
»Schaut her! Dieser Baum ist immer grün, im Sommer und im Winter. Wenn im Winter alle Bäume kahl sind, wird er euch erfreuen. Sein Grün wird euch zeigen: Das Leben bleibt, es ist nicht alles aus. Ein Zeichen der Hoffnung soll dieser Baum für euch sein.«
1. Mensch: »Ach, wie schön der neue Baum aussieht! – Und immer grün, sagst du?! Ja, das ist gut, das macht uns Hoffnung.«
Gott war zufrieden. Er hatte einen Weg gefunden, den Menschen Hoffnung zu machen. Aber bald merkte er: so ein Bäumchen, das reichte nicht. Daß nach dem Winter wieder ein Frühling kommt – das hatten die Menschen gelernt, und der Tannenbaum half ihnen, darauf zu warten. Aber sonst waren viele hoffnungslos. Hört nur:
1. Mensch: »Ach, meine Mutter ist gestorben! Nun ist sie tot und bleibt tot!«
2. Mensch: »Ach, ich habe soviel Fehler gemacht. Keiner hat mich mehr lieb. Alle sagen nur: Du bist schuld!«
3. Mensch: »Ach, ich bin krank! Und meine Krankheit geht nicht weg. Gott hat mich ganz vergessen.«
4. Mensch: »Ach, ich bin allein. Alle gehen an mir vorbei. Keiner kommt zu mir.«
Als Gott diese Klagen hörte, da schickte er Jesus zu den Menschen. Und Jesus erzählte ihnen von der Liebe Gottes. Er ging zu denen, die krank waren, und machte sie gesund. Er aß und trank mit denen, zu denen sonst keiner ging, und sagte: »Gott hat mich zu dir geschickt. Er hat dich lieb.« Und er besiegte sogar den Tod, Gott schenkte ihm neues Leben und sagte: »So ein neues Leben sollen alle Menschen von mir geschenkt bekommen.«
Da sagten die Menschen:
1. Mensch: »Das ist gut! Nun kann ich wieder neu anfangen. Das Alte ist vergeben und vergessen!«
2. Mensch: »Das ist gut! Krankheit und sogar der Tod – alle sind nicht so stark wie Gott!«
3. Mensch: »Das ist gut! Gott läßt mich nicht allein!«
4. Mensch: »Ja, dieser Jesus ist wie ein Tannenbaum im Winter. Er macht uns froh, er gibt uns Hoffnung.«
Ja, und nun ist Jesus nicht mehr da, so wie damals. »Schade ist das«, wird mancher von Euch denken, »so einen könnten wir gut brauchen!« Ja, wenn das so wäre, liebe Kinder und liebe Erwachsene, wenn die Geschichte hier schon zu Ende wäre, dann wäre Weihnachten und Advent ja eine traurige Sache. Da würden wir nur traurig zurückdenken und seufzen: »Ach ja, damals, als Jesus bei den Menschen war ...«
Aber eben, das brauchen wir nicht. Gott sagt: Meine Geschichte, die Ge-

schichte Jesu mit euch ist noch nicht zu Ende. Damals, da hat Jesus nur angefangen. Das war noch nicht alles. Ein Zeichen war das. Und das, was damals angefangen hat, das soll weitergehen. Jesus wird wiederkommen, und dann wird er bleiben. Und dann wird es das nicht mehr geben: einer, der schuldig ist und bleibt, einer, der allein ist, dann wird es auch keine Krankheit und keinen Tod mehr geben.

Und wenn Euch das unglaublich vorkommt: Dann schaut doch den Tannenbaum an! Sein Grün zeigt, daß einmal der Winter vorbei ist und alle Bäume wieder grün sein werden. Das ist ja ganz und gar unglaublich, wenn wir uns jetzt die kahlen Zweige ansehen und die Kälte spüren, und doch ist es so. Und so ist das auch mit Jesus. Was er damals getan hat, was heute viele in seinem Namen tun, weil sie an ihn denken, das zeigt: einmal wird das, was mit Jesus anfing, ganz Wirklichkeit.

So ist das, was Jesus sagte und tat, selbst so eine Art grüner Zweig. Und wenn wir an Jesus denken und darum anderen helfen, dann sind wir selbst so etwas wie ein grüner Zweig. Ein Zweig, der sagt: Leute, ihr könnt hoffen. Einmal wird alles gut mit dieser Welt. Da könnt ihr ganz sicher sein. Gott will es so. Ganz bestimmt: es wird alles gut.«

2. Sonntag im Advent

Predigttext: Offenbarung 3,7–13
Hans-Georg Lubkoll

Theologisch-homiletische Skizze

Ein ungemein kraftvoller Text. Der erhöhte Herr ruft einer kleinen Gemeinde ins Gedächtnis, über welche Macht er als Pantokrator (1,12–16) verfügt, er lobt die Gemeinde (8,10), er spricht von ihren Möglichkeiten (offene Tür trotz kleiner Kraft), verheißt seine Nähe in schwerer Zeit (10), stuft die Angst der Gemeinde vor den Gegnern herab (9) und erhellt mit strahlenden Bildern (Pfeiler im Tempel, neues Jerusalem) die Zukunft. Der zuversichtliche Grundton der Perikope soll die Predigt und den gesamten Gottesdienst bestimmen. – Er ist ein Therapeuticum gegen die heute weitverbreitete Wehleidigkeit, gegen die Lust an der Klage, christliches Selbstmitleid und wachsende Angst, die der Grundstimmung des Neuen Testamentes widerspricht. Die Losung für den Prediger kann nur heißen: Im Hören auf den Seher von Patmos einen »Exorzismus« in des Wortes bester Bedeutung wagen! Das setzt voraus, daß man zunächst das eigene, oft verzagte Herz dem Sendschreiben an die Gemeinde von Philadelphia aussetzt.
Ein Problem ergibt sich aus dem Gesamtzusammenhang der Offenbarung: Der Seher hat das gewaltige Bild des erhöhten Herrn vor Augen (1,12–16), die Majestät des kyrios. Seine kosmologische Christologie läßt keinen Raum mehr für den Bruder Jesus, der mit staubigen Füßen über diese Erde gegangen ist. Das möchte ich – ganz im Sinne des späteren redaktionellen Einschubes von Kolosser 1,19–20, der ein triumphierendes Himmelfahrtslied der Gemeinde an den irdischen Jesus bindet – in der Predigt korrigieren. Die Ermutigung werde ich also nicht nur aus der Weltherrschaft Christi, sondern auch aus seinem Leben unter Gott hier auf Erden ableiten.

Vorschläge zur Liturgie

Als *Introitus* bietet sich Psalm 24,7–10 an. Auch kann EKG 6 die Funktion des Introitus übernehmen.

In einem meditativen Teil kann das Thema »Tor und Tür«, das wiederum in der Predigt eine Rolle spielen wird, zum Kyrie führen. Vielleicht so:
Jesus ist durch viele Türen und Tore gegangen. Durch die Tür des Zöllnerhauses, in dem Zachäus wohnte. Durch die Tür eines Hochzeitshauses. Durch die Tore der Stadt Jerusalem. Und später durch unzählige unsichtbare Türen, die in die Herzen der Menschen führen. Er sagt auch uns: »Siehe, ich stehe vor der Tür und klopfe an« (Offenbarung 3,20). Wir hören seine Stimme gemeinsam mit den Christen in allen Ländern. Wir bekennen uns zu ihm, unserem Herrn, sagen

allen anderen absoluten Herrschaftsansprüchen ab und huldigen allein seinem Namen: *Kyrie eleison!*

Zwischen Kyrie und Gloria in excelsis kann ein weiterer kurzer Wortteil eingeschoben werden:
Christus antwortet auf die Huldigung seiner Gemeinde. Er will uns unsere Ängste nehmen und uns ermutigen. Er sagt: »Siehe, ich bin bei euch alle Tage, bis an der Welt Ende.« Wir danken Gott, der seinen Sohn gesandt hat, als die Zeit erfüllt war: »Ehre sei Gott in der Höhe ...«

Als *Altarlesung* schlage ich Lukas 21,25–36 vor. Dieser Abschnitt stimmt bereits auf den Predigttext ein.

Liedvorschläge
EKG 8,5,14 und vor allem 121.

Vorschläge für die Predigt
Möglicher Anfang
Diese Worte aus der Offenbarung des Johannes sind eine Ermutigung. Sie wollen unsere Zuversicht stärken. Sie sind, genau betrachtet, das ganze Gegenteil von dem, was heute unter Christen oft, ja allzuoft, gedacht und gesagt wird. Der eine beklagt den Lauf der Welt und den Rückgang des christlichen Glaubens; der andere erzählt von seiner Angst vor einer riesigen Katastrophe, die er hereinbrechen sieht. Nichts von alledem in dem biblischen Wort für diesen Sonntag! Johannes, ein Mann, der wegen seines Glaubens von den römischen Behörden auf die Insel Patmos verbannt worden war, hatte »Visionen« gehabt, das heißt, er hatte mit seinem inneren Auge den auferstandenen Christus gesehen und ihn reden hören. Der auferstandene Christus hatte ihm den Auftrag gegeben, der Gemeinde in Philadelphia – das ist das heutige Amman, die Hauptstadt Jordaniens – eine wichtige Nachricht zu übermitteln. Diese Nachricht habe ich zu Beginn vorgelesen – einen Brief, der eine einzige große Ermutigung ist.
Ich weiß nicht, ob Sie sich gern ermutigen lassen. Sagen Sie bitte nicht zu schnell, das sei doch selbstverständlich; ein gutes Wort, das Mut macht, würden Sie gern hören. Mancher, der klagt und schwarzsieht, genießt die eigene pessimistische Stimmung. Und er denkt: »Wenn alles schief geht, habe ich wenigstens Recht gehabt.« Sollten Sie in Ihre pessimistische Stimmung verliebt sein, können Sie denken: »Immerhin ist es der auferstandene Christus, der mir und allen anderen in dieser Kirche Mut machen will.« Vielleicht hilft dieser Gedanke den eingefleischten Pessimisten unter uns ein bißchen.
Der auferstandene Christus, der die Gemeinde in Philadelphia und auch unsere

Gemeinde stärken will, spricht zunächst von sich selbst. Er nennt sich den Heiligen und Wahrhaftigen, der den Schlüssel Davids in der Hand hält, der aufschließt, und niemand schließt zu, der zuschließt, und niemand tut auf. Mit diesem Bild macht er uns deutlich, daß er es ist, der das Schicksal der Welt in der Hand hält.

Skizzierte Fortsetzung:
Was das ganze Neue Testament sagt, z. B. Kolosser 1,17 und Hebräer 1,3 (er trägt alle Dinge mit seinem kräftigen Wort), müssen wir erst wieder lernen. Der Deismus des 18. Jahrhunderts ist unter uns nach wie vor verbreitet, die Meinung, Gott habe die Welt lediglich geschaffen, ihr dann wie einer Kugel einen Stoß gegeben und ihr weiteres Schicksal den Menschen überlassen. Das Neue Testament, auch Offenbarung 3,7, sieht es ganz anders: Gott ist der Herr der Geschichte; im Rahmen dieses alttestamentlichen Bekenntnisses steht die Erhöhung Christi zum Pantokrator.

Ausformulierte Schlußpassage dieses Abschnittes:
Heute meinen viele, auch Christen, Gott habe sich, was die Weltgeschichte angeht, zur Ruhe gesetzt. Die Bibel sagt uns, daß es ganz anders ist. Wir singen ja auch lautstark: »Gott sitzt im Regimente«. Aber das Singen genügt nicht. Wir müssen wieder lernen, das zu glauben, was wir singen.

Skizzierte Fortsetzung:
Nach der Erinnerung an seine eigene Macht wendet sich Christus liebevoll der Gemeinde zu. Er lobt sie, denn sie hat »sein Wort behalten« und das »Wort von seiner Geduld bewahrt«. Was er selbst vorgelebt hat (Hebräer 4,7–8!), ist zur Richtschnur für den Lebensstil der Gemeinde geworden. Heute leiden nicht wenige darunter, daß sie in eine Außenseiterrolle geraten sind, weil sie am Wort festhalten. Aber es ist ja gerade die Liebe zum Wort Jesu, die dem Leben Sinn und Tiefe gibt (Jeremia (15,16).

Ausformuliert:
In den Augen Christi tragen alle, die am Wort festhalten, eine unsichtbare Krone. Sie ist zu kostbar, als daß man sie sich wegnehmen lassen dürfte! Wer spürt, daß er müde wird, denke daran, daß Christus jeden lobt, der sich an seinem Wort festklammert. Besser, von ihm gelobt und von anderen kritisiert zu werden, als umgekehrt! Das ist eine einfache Wahrheit, und es ist gut, sie sich bewußt zu machen, denn es sind die einfachen Wahrheiten, von denen wir leben.

Die *skizzierte Fortsetzung* kreist um die Spannung zwischen »kleiner Kraft« und der Verheißung »ich habe vor dir gegeben eine offene Tür«. Die kleine Kraft ist jedem Nachdenklichen bewußt, man braucht für sie keine Beispiele zu bringen. Anders ist es mit der offenen Tür. Man muß ausprobieren, ob sie sich nicht viel leichter bewegen läßt, als man vermutet. Was uns hindert, ist ein Vorurteil: Die Tür zu diesem oder jenem Menschen bleibt ja doch verschlossen, sein Ohr ist taub für das Evangelium. Jesus dagegen war im Umgang mit den Menschen völlig frei von Vorurteilen, und von dieser Einstellung können wir einiges übernehmen.

Ausformuliert:
Christus sagt: »Ich habe vor dir gegeben eine offene Tür.« Wir haben unsere Zweifel. Vielleicht in Erinnerung an ein Streitgespräch über den Glauben. Es endete damit, daß uns der andere symbolisch die Tür vor der Nase zugeworfen hat. Richtig, Streitgespräche bringen nichts; die Angst, der Verlierer zu sein, läßt uns gar nicht dazu kommen, wirklich zuzuhören. Wir können es aber einmal ganz anders versuchen und einem anderen einfach von unserem Glauben erzählen, unverkrampft, ganz locker, ohne Rechthaberei, ja vielleicht sogar heiter, sozusagen »über den Tisch hinweg«. Vielleicht sagen wir dann am Abend: »Herr, du hast mir heute eine offene Tür gegeben. Ich danke dir.«

Skizzierte Fortsetzung:
Eine solche Erfahrung stärkt die Gelassenheit. Wir brauchen sie, denn es kommt eine Zeit, die nicht leicht sein wird. Christus spricht von der »Versuchung, die kommen wird über den ganzen Erdkreis«. Seine Rede von einer kommenden Krise ist uns heute nicht mehr so fremd wie in der Zeit des Aufbaus zwischen 1950 und 1970. Damals hat das Schlagwort »jährliches Wachstum« fast alle Bürger unseres Landes verzaubert und betört, und in den Evangelischen Akademien konnte man Behauptungen wie diese hören: »Krisen wie 1932 wird es nie mehr geben. Wir haben auch die Instrumente in der Hand, die verhindern, daß es wieder einmal zu einer Massenarbeitslosigkeit kommt. Wir haben alles fest im Griff.« Wer damals Skepsis äußerte, mußte seine Intelligenz in Zweifel ziehen lassen. Das ist in den letzten Jahren anders geworden. Die Grundstimmung in unserem Land ist umgekippt. Hatte man für die Ankündigungen Jesu (Altarlesung am 2. Advent, Lukas 21,25–26) nur ein müdes Lächeln übrig, so ist inzwischen die Katastrophenangst gewachsen, leider aber nicht die Aufmerksamkeit für den Zuspruch Christi, den er mit seinen dunklen Ankündigungen verknüpft hat.
Heute muß uns nicht mehr gesagt werden, daß der Weltkreis in Gefahr geraten ist. Das haben inzwischen auch die letzten begriffen. Was uns gesagt werden muß, ist das gute Wort Jesu: »Weil du bewahrt hast das Wort von meiner Geduld, will ich auch dich bewahren vor der Versuchung, die kommen wird über den ganzen Weltkreis.«

Ausformuliert und als spezieller Predigtteil *für die Konfirmanden* gedacht: Ein Konfirmand hat zu seinem Pfarrer gesagt: »Wir in unserer Gruppe sind Pechvögel, wir sind zur falschen Zeit geboren worden. Wahrscheinlich erleben wir die Katastrophe, die kommt. Ich glaube nicht, daß wir alle einmal im Bett sterben werden, siebzig oder achtzig Jahre alt. Uns wird es sicher vorher erwischen.« Vielleicht denken einige unter Euch, liebe Konfirmanden, so ähnlich. Dann denkt aber auch an das Wort Christi: »Ich will auch dich bewahren!« Dieses Wort ist wichtiger als alles, was Ihr in der Zeitung lest und was Euch die Älteren erzählen, die bei einer Demo dabeigewesen sind. Wie er das macht, wenn Christus Euch, die anderen in der Gemeinde und mich bewahrt, müssen wir ihm überlassen. Er wird es schon richtig machen. – Es kann aber auch sein, daß die schwere Zeit, von der ihr vorhin schon einmal gehört habt, als ich das Evangelium vorgelesen habe, jetzt noch nicht kommen soll. Vielleicht passiert in den nächsten 70 Jahren nichts Schreckliches. Dann wäre es schlecht, wenn Ihr einmal als alte Leute denken müßtet: »Ich habe immerzu Angst gehabt und habe deshalb mein Leben gar nicht genießen können. Und das war dumm von mir.« Ihr könnt etwas gegen Eure Angst tun, wenn Ihr immer wieder einmal an das Wort Jesu denkt: »Ich will auch dich bewahren.« In der nächsten Konfirmandenstunde werden wir uns dieses Wort aufschreiben.

Zusatz für die Erwachsenen:
Jesus sieht die Zukunft nüchtern und nimmt uns zugleich die Angst. Wahrheit und Trost liegen bei ihm ineinander. Er beschönigt nichts, aber die Wahrheit, die er uns zumutet, ist nicht trostlos. Das unterscheidet ihn von denen, die leichtfertig in den Tag hineinleben, ebenso wie von den Panikmachern unserer Tage. Was er sagt, ist gegen das Anti-Evangelium gerichtet, dessen Vertreter nur eines zu sagen wissen: Fürchtet euch!
Skizzierte Fortsetzung:
Wie geht es mit unserer Welt weiter? Viele fragen so. Christus sagt, daß sie an ihr Ziel kommt. Das Ziel ist er selbst: Siehe, ich komme bald! Was er mitbringt, ist das ewige Leben. Manche genieren sich, davon zu sprechen, was wirklich nicht sein muß. Schließlich hat Christus ganz ungeniert vom Reiche Gottes geredet. Wir können immerhin nachbuchstabieren, was er gesagt hat. Von der Hoffnung, die er in den zwei Jahren seines Wirkens verbreitet hat, können wir uns anstekken lassen.
Er hat – wie die Propheten vor ihm und die Apostel nach ihm – vom ewigen Leben in Bildern gesprochen. Beim Nachdenken über die biblischen Bilder ist es wichtig, daran zu denken: Die künftige Wirklichkeit bleibt nicht hinter ihnen zurück, sie übertrifft die Bilder. So ähnlich, wie ein Photo, das eine Landschaft zeigt, von der Landschaft, die wir sehen, übertroffen wird. Jedenfalls für den, der wirklich sehen kann.

Ausformuliert:
Ein Bild für das ewige Leben unter anderen im biblischen Wort dieses Sonntags: »Ich will auf ihn schreiben den Namen meines Gottes.« Wir wissen, was gemeint ist: Schreibe ich meinen Namen in ein Buch, bringe ich an einem Gegenstand einen Zettel mit meinem Namen an, kennzeichne ich mein Eigentum. Wird der Name Gottes auf uns geschrieben, werden wir zu Gottes Eigentum erklärt; wir gehören nun für immer zu ihm. Gott sagt: »Fürchte dich nicht, denn ich habe dich erlöst; ich habe dich bei deinem Namen gerufen; du bist mein« (Jesaja 43,1).
Einmal wird klar sein, was jetzt noch undeutlich ist: Gott nimmt sich des Menschen an, er umgibt ihn von allen Seiten, er läßt ihn bei sich zu Hause sein. Die Hoffnung darauf wird vorerst noch immer wieder – wer wüßte das nicht – von Fragen, Zweifeln an Gott und Ängsten verschüttet. Aber der Schutt liegt nicht so hoch, daß wir uns nicht über den engen Kreis unserer sichtbaren Erfahrungen hinaustasten und lauschen können. Lauschen auf ein Wort, das als warmes Licht in unsere Dunkelheit hineinstrahlt. Etwas von diesem Licht hat den Schutt durchdrungen, der auf unseren Herzen liegt. Dafür gibt es sogar so etwas wie einen Beweis: Sie haben bis hierher zugehört. Amen.

Konkretionsmaterial
1. In Gemeinden, in denen es die Abneigung gegen die Juden noch gibt, wird man auf Vers 9 eingehen müssen. Man beachte: Den jüdischen Glauben anzunehmen, war um 100 n. Chr. weithin Mode im Römischen Reich, daher »die da sagen, sie seien Juden, und sind's nicht«. Die Mehrheit, um die Synagoge versammelt, sah in der kleinen christlichen Gemeinde einen Störfaktor, und die Gemeinde reagierte, was ganz menschlich ist, aggressiv (Offenbarung 2,9: des Satans Synagoge). Für die in der Gemeinde, die den Juden noch immer nicht unbefangen gegenübertreten können, ist es wichtig zu erfahren: Jude war man eben nicht nur kraft Geburt, man konnte es auch werden. – Noch wichtiger: Auch die Mitglieder der Synagoge werden zu einer Erkenntnis geführt. Sie werden die Liebe Christi sehen, die seiner Gemeinde gilt. Nur seiner Gemeinde am Ende der Zeit?
2. Gegenwärtige weitverbreitete Stimmung: Die Lage ist ernst, aber nicht hoffnungslos. Dem eschatologischen Grundgefühl des ganzen Neuen Testaments entspricht besser, was ein Presbyter in Österreich in Umkehrung der gängigen Redewendung gesagt hat: »Die Lage ist hoffnungslos, aber nicht ernst.« Man kann mit einer kleinen Meditation über diesen Satz auch die Predigttext beginnen. Es gibt keine Hoffnung auf den Dauerbestand der Welt, aber es gibt die christliche Heiterkeit und Gelassenheit, die sich von seinem Wort nähren: »Siehe, ich komme bald.«
Der nachdenkliche Zeitgenosse rechnet sich ein Ende mit Schrecken aus. Für die Christenheit ist das Ende der Anfang; er kommt. Was für ein Unterschied!

3. Letztes Wort Karl Barths: »Ohren steif halten!« Das entspricht dem Wort »Halte, was du hast« (3,11). Lassen Christen die Ohren hängen, so ist das unbiblisch; außerdem bietet es ein wenig schönes Bild.
4. Äußerung eines Regisseurs im Deutschlandfunk: »Wir müßten viel zuversichtlicher sein – bei dem Chef, den wir haben.« Gemeint war nicht der Intendant, sondern Christus. Das ergab sich aus dem, was der Regisseur sonst noch zu sagen hatte.
5. »Die Zukunft ist auch nicht mehr das, was sie einmal war«, hat resignierend ein Student festgestellt. Nein, die Zukunft wird immer strahlender; »Die Nacht ist vorgerückt, der Tag aber nahe herbei gekommen« (Römer 13,12). Dieses Wort im Ohr, müssen Christen zur Revolution gegen den gegenwärtigen Zeitgeist, gegen die Dauerbeschwörung der Angst, anstiften.
6. Hiob 36,16: Auch dich lockt er aus dem Rachen der Angst in weiten Raum, da keine Bedrängnis mehr ist.

3. Sonntag im Advent

Predigttext: Offenbarung 3,1–6
Johannes Jourdan

Theologisch-homiletische Skizze

»Tue Buße!« bezieht den Text unmittelbar auf den 3. Advent, den Sonntag des Wegbereiters und Buß-Predigers Johannes. Der Skopus ist leicht erkennbar: »Werde wach und stärke, was am Sterben ist.«

Die Gemeinde in Sardes ist tot. Ihr Leben ist ein Schein-Leben. So eindeutig wird das nur von dieser einen unter den sieben Gemeinden gesagt. Ihre Chance ist, daß der sie Anredende von sich sagen kann: »Ich war tot und siehe, ich bin lebendig von Ewigkeit zu Ewigkeit und habe die Schlüssel der Hölle und des Todes.« (1,18)

Diese Tatsache macht das Totsein nicht zu einer Bagatelle. Es ist ein Totsein coram Deo. Darin liegt der ganze Ernst, aber auch die Verheißung. Nur der Schlafende kann erwachen. Nur der Tote kann lebendig werden. Der kairos ist da. Es ist eschatologische Zeit. Sie weist sich dadurch aus, daß Tote auferstehen (Mt. 11,5)

Wachwerden, bewußt zu leben beginnen, andere aufwecken, darum geht es. Die eigene Existenz als eine empfangene erkennen und annehmen, das gehörte Wort Wirklichkeit werden lassen, indem man selbst Antwort wird, ist das Neue, das es durchzuhalten gilt. So ungewohnt die eschatologische Existenz auch ist, man kann sich an sie gewöhnen. Ihr Kleid wird fleckig. Darum ist Buße notwendig.

Da das Trägheitsmoment nicht nur physikalischer Natur ist, bedarf es des inneren Anstoßes, der Warnung. Die Sorglosigkeit des Schlafens wird eingeschränkt durch die Möglichkeit unangenehmer Überraschung. Wie ein Dieb in der Nacht wird der Herr kommen. Ob und wann, bleibt im Ungewissen. Nur der Überraschungseffekt ist gewiß. Wenn er kommt, wird er reiche Beute machen. Die prächtigen Gewänder, die das Erfolgsdenken und den Lustgewinn wirtschaftlichen Wachstums signalisieren, sind dann nichts mehr wert. Sie werden zu Totenkleidern.

Es gibt in der Gemeinde einige, die sich noch nicht angepaßt haben. Ihr Wandel mit Christus, dem »Erstgeborenen von den Toten« (1,5), kann initiierend wirken. Sie haben den Sog der Welt überwunden und machen das Überwinden als Möglichkeit der neuen Existenz deutlich. Ihnen sind die Kleider des Lebens »angetan« worden. Das ist der Indikativ der Gnade. Aber der Imperativ ist seine notwendige Folge. Der Weg der Überwindung lohnt sich. Er bewahrt vor der Namenlosigkeit der Angepaßten. Der Überwinder ist coram Deo namentlich bekannt. Und das ist das Leben, das nicht von dieser Welt und unüberwindbar ist. Alles kommt darauf an, daß man dafür »das Ohr hat«.

»Man«, das ist nicht nur die Gemeinde zu Sardes. Das ist auch die Gemeinde, zu der man gehört. Das ist die Kirche, die so furchtbar müde geworden ist unter der Last der Anpassungszwänge. »Man«, das ist die Anonymität der Institution Kirche, denn auch von ihr gilt,

daß »zu viele Sätze schon tot sind, ehe wir sie sprechen«. (H. W. Fritz in »Wunschtraum-Alptraum« – Hoffmann und Campe-Verlag)
Darum gilt es, Buße zu tun. Buße ist »Umkehr zum Leben« im Gefolge dessen, der tot war und nun von Ewigkeit zu Ewigkeit lebt. Buße ist die Umkehr aus der Sprachlosigkeit in eine Sprachfähigkeit, die ihre Möglichkeiten aus dem Hinhören auf das, was der Geist den Gemeinden sagt, bezieht. Buße ist der bewußte Aufbruch in die Alternative. Dies zu unterlassen, ist Selbstmord. Da ist es kein Unterschied, ob der General in »Die Jagdgesellschaft« von Thomas Bernhard Hand an sich legt, ob man in seiner Bewußtlosigkeit träge oder aufrührerisch verharrt oder ob man die Nahrungsaufnahme, das »Brot des Lebens« verweigert. Gott hat die weißen Kleider für uns bereit. Anziehen müssen wir sie selbst.

Vorschläge zur Liturgie

Sündenbekenntis

Wir strotzen von Leben – und sind doch tot.
Wir setzen noch immer auf Wachstum – und nehmen erschreckend ab.
Wir machen die Nächte hell – und sind im Innern doch blind.
Wir haben unsere Ziele im Blick – und treiben dann doch im Wind.
Wir machen viel Lärm – und hören das Wort nicht.
Wir weichen dir aus, Herr – sogar mit unserem frommen Betrieb.
Weck uns auf aus dem Schlaf – und mach uns das Sterben bewußt und daß du kommst und Rechenschaft forderst.
Laß uns die Umkehr wagen –––, Herr, vergib!

Gnadenwort

»Ich will lauschen, was Gott mir sagt: Fürwahr, der Herr, er redet vom Heil zu seinem Volk und seinen Frommen, zu denen, die ihm ihr Herz zuwenden. Ja, seine Hilfe ist nahe denen, die ihn fürchten, daß die Herrlichkeit wohne in unserem Lande. Gerechtigkeit geht vor ihm her und Heil folgt der Spur seiner Schritte.« (Psalm 85,9–10 / 14 – Psalm des 3. Advent – Zürcher Übersetzung)

Schlußgebet

Lieber himmlischer Vater: Du hast deinen Sohn für uns dahingegeben. Du ließest ihn unsere Schuld auf sich nehmen und unseren Tod. Du hast ihn auferweckt von den Toten und hast ihm die Schlüssel der Hölle und des Todes übergeben. Dafür danken wir dir.
Im Tode Jesu bist du uns unendlich nahe gekommen. Am Kreuz hat er unsere Verzweiflung und unsere Vergänglichkeit hinausgeschrieen. Darum wagen wir es, aus unserer Tiefe heraus zu dir zu schreien: Erwecke uns aus unserem tödlichen Schlaf.
Schrecke uns auf aus unserer Trägheit und hilf uns, bewußt und wachsam zu leben. Laß uns die unerschöpflichen Möglichkeiten erkennen, die du uns erschließt, und hilf uns, umzukehren in das Leben, das uns mit dir und unserem Nächsten tätig vereint.

Gib uns die Kraft, durchzuhalten und die Angst und Verzweiflung zu überwinden.
Löse uns von den Verflechtungen der vergänglichen Pracht und richte unseren Sinn auf das, was wesentlich ist.
Öffne unsere Ohren für dein Wort, für das Wort der Gerechtigkeit und des Friedens, und laß unser Leben zur Antwort werden auf das, was du uns sagst.

Fürbitten ...

Lieder
EKG 2; 9; 13,1–5; 412,1–3, 6–7, 10.

Al-le Men-schen war-ten
Al-le Men-schen hof-fen,
Wenn die Wol-ken wei-chen,
ist der Him-mel of-fen.

Viele Menschen trauern.
Viele Menschen weinen.
Wenn die Nacht vorbei ist,
wird die Sonne scheinen.

Alle müssen warten,
bis die Früchte reifen.
Wenn die Zeit erfüllt ist,
werden wir begreifen.
(Johannes Jourdan)

Zur Predigt

Möglicher Anfang

Weihnachten ist ein Fest, das nicht kaputt zu kriegen ist. Man hat es oft versucht. Man hat die »Hohe Nacht der klaren Sterne« kreiert. Man hat »Väterchen Frost« erfunden. Man hat dieses Fest verboten, oder man hat es verkitscht. Doch Weihnachten lebt. Und alle Jahre wieder taucht es aus der Versenkung auf und meldet sich vier Wochen lang vorher kräftig an. Weihnachten lebt, doch lebt Weihnachten wirklich? Ist das schon Leben, wenn man alles daran setzt, wenigstens für einige Tage die Lebensqualität zu verdoppeln; Ist diese Lebensqualität nicht genauso fragwürdig wie die, die uns unsere Politiker noch vor wenigen Jahren versprochen haben? Mit einer solchen Frage stehen wir plötzlich vor der Kirchentür. Das ist für manchen wohl recht angenehm. Doch wir wollen nicht ausweichen. Wir wollen in der Kirche bleiben. Wir fragen: Sind nicht auch unsere so aufwendigen Weihnachts-Gottesdienste nichts anderes als der

krampfhafte Versuch, eine verdoppelte Lebensqualität vorzuspiegeln? Weihnachen lebt. Doch lebt Weihnachten wirklich?
Unser Predigttext kennt kein Ausweichen. Die Gemeinde von Sardes wird hier nicht mit Samt-Handschuhen angefaßt: »Du hast den Namen, daß du lebst, und bist tot.« (1) Die Gemeinde ist tot. Und tot heißt hier nicht scheintot, nicht im übertragenen Sinn tot. Sie ist wirklich tot.
Dieses Totsein ist anscheinend nicht sehr augenfällig. Nein, im Gegenteil! Die Gemeinde hat den Namen, daß sie lebt. Da ist sogar reiches Leben. Zu dieser Gemeinde gehören reiche Leute, wie man annehmen kann. Die sorgen für ein blühendes Gemeindeleben, sozusagen für eine doppelte Lebensqualität. Aber da stimmt etwas nicht: Doppelte Lebensqualität ist ein ebensolcher Widerspruch wie »doppelte Moral«. Wenn man von doppelter Lebensqualität spricht, verstärkt man mit einem quantitativen Begriff eine Qualitätsbezeichnung. Das ist, so vielfach das auch bei uns geschieht, eigentlich paradox. Das ist so paradox wie beispielweise der Ausdruck »trockener Wein«. Ein solcher Wein müßte eigentlich in Pulverform aus der Flasche kommen. Dann sollte man ihn gleich in Tüten abfüllen.
Wir müssen also ehrlich mit uns und mit anderen umgehen. Wir müssen präzise reden, wenn wir gültig reden wollen. Es geht doch hier um den Tod. Und wenn in dieser Situation zur Buße, zur Umkehr ins Leben, aufgerufen wird, dann muß doch schwarz schwarz und weiß weiß genannt werden. Wir sollten uns als Christen, als Prediger und Gottesdienstbesucher da nicht von den Schriftstellern beschämen lassen. Sie nennen den Tod beim Namen, auch wenn dann am Ende kein Trost dabei herauskommt.
In seinem Drama »Die Jagdgesellschaft« versammelt der Schriftsteller Thomas Bernhard eine Fülle von Symbolen des prallen Lebens: Da ist das Jagdhaus des Generals. Da ist die Jagd. Da ist der General und seine Gattin, der Schriftsteller, das Kartenspiel, der Alkohol und die »Haffner-Symphonie« von der Stereo-Anlage, doch dieser »General hat eine Todeskrankheit / in Stalingrad haben sie ihm den linken Arm abgerissen / Und eines Tages geht er in den Wald / und verletzt sich mit der Motorsäge am Bein / und zur gleichen Zeit wird festgestellt, daß er den grauen Star hat.« Er hat sogar ein Buch geschrieben, von dem es heißt: »Seine Beschreibung der Erfrorenen ist die meiner Meinung nach ungewöhnlichste und überzeugendste Anschauung des Todes.«
Laßt uns nun auf einen Dialog aus diesem ehrlichen Buch hören:

Schriftsteller legt die Karten hin, lacht:
Gewonnen
Generalin nimmt die Karten, mischt, gibt aus:
Dann spielen wir
Siebzehnundvier
und schweigen

Plötzlich gehen Sie
Schriftsteller
Wenn wir einen Menschen anschauen
gleich was für einen Menschen
sehen wir einen Sterbenden
ein Sterbender ist es
Und immer sehen wir
genau dann wenn wir aufwachen
Wir sind zur Bewegungslosigkeit verurteilt
Verstehen Sie
wir sind tot
alles ist tot
alles in uns ist tot
alles ist tot
Wirft die Karten hin.
gewonnen
Lachend.
gewonnen
gewonnen
Schriftsteller und Generalin lachend:
Gewonnen
Schriftsteller
Wenn es etwas ist
der Tod ist es
Wir hören eine Stimme
Schüsse draußen.
wir fragen
Der Tod ist es
Dieser schöne Mensch sagen wir
Der Tod ist es
Dieses exakte Werk
Der Tod ist es
Generalin mischt die Karten, gibt aus.
Schriftsteller nimmt neun Karten.
Was wir veröffentlichen
Der Tod ist es
Wir sind einsam
Wir sind abgestorben
Der Tod ist es
Alle diese Gesichter müssen Sie wissen
die plötzlich tot sind
wir sehen sie
wir sehen sie
und sehen sie plötzlich tot
plötzlich tot
Jedes Gesicht

als ein totes
Die Infamie mit welcher die Menschen
ihr totes Gesicht
Schüsse.
Die Mittel die wir
Trinkt.
Wenn wir Verstand haben gnädige Frau
verfinstert sich alles
Wir zögern
wir v e r zögern
wir hassen
was wir sind
Was wir aufschreiben
ist der Tod
Generalin legt die Karten auf den Tisch:
Sie haben gewonnen
Sie haben gewonnen
Schriftsteller Was wir sehen
der Augenblick
der Endpunkt
der Tod

(Thomas Bernhard »Die Jagdgesellschaft«, in »Spectaculum 20«, Suhrkamp Vlg., S. 51/52/75/79)

Zum weiteren Verlauf
Der Tod ist im Predigttext nicht das Letzte. Es ist vom »Buch des Lebens« die Rede. (5)
Zwischen Tod und Leben liegt ein Abgrund – aber auch eine Brücke. Über eine Brücke kommt man nur, wenn man sehr wach ist. Aufmerksamkeit, sehr bewußtes Gehen ist notwendig.
Nicht nur Pferde scheuen vor einer Brücke. Man muß sie antreiben. Ehe wir das Risiko angehen, machen wir lieber die Augen zu.
Darum ist ein Aufrütteln nötig. Der »Dieb in der Nacht« macht uns sehr munter. Er jagt uns aus dem Bett. Das ist eine totale Veränderung ins Wachsein hinein. Wir werden sehr lebendig, wir sind alarmiert. Buße ist das Gebot der Stunde (3) – Umkehr ins Wachsein, Umkehr ins Leben.
Ein solcher nächtlicher Alarm stellt uns auch vor die Kleiderfrage. Das Nachthemd (das Totenhemd) ist nicht unbedingt das Wahre in einer solchen Situation.(4) Zur Alarmsituation gehört das »Gegürtetsein«. Da liegen unsere Probleme. Wir »schnallen so gern ab« – auch in der Kirche. Wir sind so müde und ohne Perspektive. Auch die Gemeinde hat weithin Null-Bock.
Wer noch Kraft hat, soll die anderen wachrütteln. Die Gemeinde hat nur als Gemeinde eine Überlebenschance. Und auch der wachsamste einzelne ist verloren. (2) Da ist etwas zu tun. Da heißt es schon: »Packen wir's an!«

Es gilt zu überwinden. Überwinden heißt siegen. Jeder Sieg schafft Besiegte. »Wir sind im Kampfe Tag und Nacht.« Hier ist endlich ein Kampf und ein Sieg, der keine Besiegten schafft, der Sieg über sich selbst. (5) Im Buch des Lebens ist Platz für alle. Da gibt es kein Gerangel. Da bedarf es keiner Ellenbogen. Da gibt es auch keine Anonymität. Jeder ist namentlich bekannt und wird mit Namen genannt.
Wo der Name genannt wird, ist man »in«. Da steht man nicht »draußen vor der Tür« – auch nicht draußen vor der Kirchentür. Gemeinde heißt, daß das Verantwortungsgefühl für den »anderen, der sterben will« ausgeprägter wird.
Doch was nützt der beste Wille anzupacken, wenn der Kreislauf nächtlich gestört ist? Darum gilt es, sich dessen bewußt zu werden, was man empfangen hat. Es ist ungeheuer viel da. (3) Die Ressourcen sind unerschöpflich. Und das ist mehr als ein Gerücht, das man irgendwo gehört hat.

Schluß

Zu uns spricht der »Erstgeborene von den Toten« (1,5) Er ist der verläßliche Zeuge. Er hat den Tod hinter sich und kennt ihn darum nicht nur vom Hörensagen. Deshalb lohnt es sich, auf das zu hören, was er sagt. (6) (s. 1,17) Er ist das Wort des Lebens. Er spricht das Wort des Lebens. Er ist das Wort, das »Fleisch« wird, wie wir in den vor uns liegenden Weihnachtstagen wieder hören werden. Er ist das Brot des Lebens. Dies dürfen wir empfangen im Wort der Predigt und im Sakrament des Altars. Wenn wir es empfangen, wird alles anders sein mit uns. Dann haben wir nicht mehr den Namen, daß wir leben und sind tot. Dann halten uns andere, die sich auch an diesem Weihnachtsfest wieder voll in das brausende Leben stürzen, vielleicht für tot, doch wir leben. Amen.

4. Sonntag im Advent

Predigttext: Jesaja 52,7–10
Heinz-Martin Dormann

Theologisch-homiletische Skizze

Exegetische Erwägungen und gewonnene Einsichten aus dem Text

»Die Botschaft des exilischen Heilspropheten, der den Exilierten im Siegeszug des Perserkönigs Kyros das Befreiungswerk ihres Gottes, die Rückkehr aus dem babylonischen Exil und den Wiederaufbau Jerusalems ankündigte, kommt hier zu ihrem Ziel« (R. Albertz*). Die Verse gliedern sich: Vers 7–8: Visionäre Schilderung des Eintreffens der Rückkehrbotschaft in Jerusalem. Vers 9–10: Eschatologisches Loblied.

Die theologische Eigenart des Jesaja ist es, daß er »das aufregende Ereignis vom Eintreffen der Heilsbotschaft in Jerusalem schon visionär als *real* geschehend vorwegnimmt«. Die Freudenbotschaft ist: Friede, Glück, Rettung für die noch immer in Trümmern gelegene Stadt Jerusalem (Vers 10). Jahwe zieht an der Spitze der Exilierten zum Zion und nimmt seine ihm zukommende königliche Stellung am Zion ein. Jesaja will die Resignation der Exilierten überwinden, sie sollen durch die Vorwegnahme der Heilswende mitgerissen werden und dem Propheten glauben. Der Skopus dieses Abschnittes scheint mir in folgendem zu liegen: Die Gemeinde im Exil hat das Loben und Danken verlernt. Der Prophet will die Gemeinde schon jetzt motivieren, für das von Gott durch seinen heidnischen Helfer Kyros in Zukunft geschehende Rettungswerk ein Loblied anzustimmen, obwohl real von Gottes Zuwendung noch nichts zu spüren ist. »Die Lieder sollen die Gemeinde bereitmachen, die große weltpolitsche Wende, die sich vor ihren Augen im Aufstieg des Kyros abzeichnet, wirklich als Rettungstat ihres Gottes dankbar und freudig anzunehmen« (R. Albertz). Jahwes Rettungstat geht noch weiter und nimmt universale Züge an (Vers 10). Durch die politische Wende offenbart Jahwe allen Völkern seine Macht. Gott ist König der ganzen Welt. Der kommende Gott als König scheint mir der Anlaß gewesen zu sein, diese Perikope in Anlehnung an »siehe, dein König kommt zu dir, ein Gerechter und ein Helfer«, bezogen auf Jesus, auf den 4. Advent zu legen. Weiter fällt bei Jesaja auf: In der Zeit vor dem Exil war Heilsgeschichte und Profangeschichte geradezu identisch, die Herrschaft war an einen König Israels gebunden, der »Weltherrschaft Jahwes entsprach zumindest dem Anspruch nach die Weltherrschaft des jüdischen Königs (Psalm 72,8–11). Deuterojesaja jedoch verheißt Israel kein irdisches Königtum mehr ... die Funktion des Gesalbten nimmt für ihn der Perserkönig Kyros wahr, also ein Fremder. Damit entspricht der universalen Macht Jahwes als König keine politische Macht Israels mehr. Jahwe regiert als König allein ... Hier ist vor allem an die *neue, machtlose Mittlergestalt* des Gottesknechtes zu denken, entscheidend ist, daß Deuterojesaja erstmals die bei ihm

* Gottesdienstpraxis 6.Perikopenreihe. Ergänzungsband Exegesen. Gütersloh 1983

noch gesteigerte und universal ausgeweitete Macht Jahwes radikal von allen politischen Machtansprüchen seines Volkes trennt« (R. Albertz). –
Es geht um die Zukunft Gottes mit seinem auserwählten Volk und um die Zukunft des Volkes, das aus seiner Existenzbedrohung von Gott befreit wird. Es geht um den in seiner Existenz bedrohten Menschen zu allen Zeiten, der der Rettung bedarf. Nur kann er sich selbst nicht retten, die Rettung kommt von Gott her. »Es geht ja im christlichen Glauben um das Heil des Menschen und der Welt, und Heil heißt das gleiche wie Ganzheit.« (F. Gogarten, Verhängnis und Hoffnung der Neuzeit S. 123) »Heil ist darum, was sich öffnen und sich seine Ganzheit von außen zukommen läßt« (F. Gogarten ebd. S. 126). Gott kommt als Kind in der Krippe von Weihnachten her auf die wartende Gemeinde und Menschheit zu. Die glaubende Gemeinde lebt in ihrer Bedrohtheit und Verlorenheit vom Advent auf Weihnachten hin: auf Jesus Christus hin, der der »Friede« genannt wird (Eph. 2,14ff.). »Die Zukunft, mit der der Glaube zu tun hat, ist reine Zukünftigkeit. Das Wesen dieser Zukunft ist, daß gegen Hoffnung auf Hoffnung geglaubt wird. Röm. 4,18« (F. Gogarten S. 127). Die Gemeinde hofft in Jesus Christus auf die Zukunft Gottes –, und zwar des Gottes, der die Toten lebendig macht ...

Konsequenzen für die Predigt und den Gottesdienst
Die Manifestation Gottes auf dem Zion muß christologisch von Weihnachten her gedeutet werden. Gott manifestiert sich als der auf uns erlösungsbedürftige Menschen *zukommende Gott* in der Person Jesu von Nazareth an Weihnachten als *der* Friedensbringer der Welt. Jesus in Wort und Tat, in Kreuz und Auferstehung ist die Freudenbotschaft für die heillose Welt. Sein Kommen ermöglicht insbesondere, sich der Friedensproblematik und Thematik (homiletische Schlüsselwörter wie: gute Nachricht, Sieg, Frieden, Rettung, Herrschaft!!) in Predigt und Gottesdienst anzunehmen. Geschichtliche Analogien zu Text und der alttestamentlichen Situation und unserer heutigen weltweiten Bedrohung des Friedens legen eine Predigt über den Frieden und die mögliche Bewältigung des Friedens aus christologischer Sicht nahe. Ebenso der Versuch, dem Gottesdiensthörer bewußt zu machen, wo die Ursachen und Mechanismen, die den Frieden auf der Erde bedrohen, liegen. Da es in der Predigt um den von Weihnachten her auf uns zukommenden Gott geht, also um eine Begegnung Gottes mit uns Menschen, darf, wenn es um die Beziehung der Menschen untereinander im Wertbereich dieses Gottes geht, in der Predigt im Imperativ geredet, d. h. an den Menschen appelliert werden. Die Legitimation dafür scheint mir auch in den Adventssonntagen selbst zu liegen, die ja den Charakter von Bußsonntagen haben (als Sonntage, die in der Kirche schon immer der Selbstbesinnung und Umkehr dienten). Als Gottesdienstform schlage ich einen Bittgottesdienst für den Frieden in der Welt vor.

Vorschläge für die Liturgie

Die Gemeinde vor Ort wird ausschlaggebend sein, ob man sich streng an die Liturgie hält oder den Gottesdienst freier gestaltet.
1. Glockengeläut
2. Orgelvorspiel (sollte meditativ, getragen sein)
3. Liturg: Im Namen des Vaters, des Sohnes und des Heiligen Geistes. Amen.

Es herrscht kein Friede in der Welt. Unser Herz ist voll Sorge und Unruhe, wenn wir das Weltgeschehen bedenken.
(hier können Konkretionen eingefügt werden)
4. Gebet: Wir beten mit den Worten des 69. Psalmes:
(Gemeinde I) Gott, hilf mir! Denn das Wasser geht mir bis an die Kehle.
(Liturg II) Ich versinke in tiefem Schlamm, wo kein Grund ist;
(Gemeinde I) Ich bin in tiefe Wasser geraten, und die Flut will mich ersäufen.
(Liturg II) Ich habe mich müde geschrien, mein Hals ist heiser.
(Gemeinde I) Meine Augen sind trübe geworden, weil ich solange harren muß auf meinen Gott.
5. Gemeinde: EKG 282,1–4: Wenn wir in höchsten Nöten sein ...
6. Liturg: Wir fragen nach unserem Anteil am Unfrieden. Wir rufen Gott um Vergebung an und bitten für alle Menschen um Rettung. Wir suchen, was wir zum Frieden beitragen können.
7. Liturg und Gemeinde: Kyrie und Gloria
8. Gemeinde: EKG 131,1: Allein Gott in der Höh' sei Ehr' ...
*9. Schriftlesung:*Psalm 85,9–14 (Die gute Nachricht, die Bibel in heutigem Deutsch)
10. Liturg: Christus ist unser Friede. Das ist unser Glaube und unsere Hoffnung. Darum bekennen wir mit der ganzen Christenheit:
11. Glaubensbekenntnis
12. Gemeinde: EKG 185,1–3: Herr, der du vormals hast dein Land mit Gnaden angeblicket ...
*13. Predigt:*über Jesaja 52,7–10 (Text: Luther)
*14. Gemeinde:*EKG 139,1: Verleih uns Frieden gnädiglich
15. Fürbittgebet:
Herr, unser Gott, du weißt, was uns fehlt, ehe wir bitten. Wir möchten Frieden halten und fördern, dennoch sind wir nicht einig, was dafür zu tun ist. Wir wissen vieles, was den Frieden gefährdet, aber nur wenig davon können wir hindern. So tragen wir unsere Verlegenheit um den Weg zum Frieden vor dich und bitten: wende du das Verhängnis, löse unsere Verstrickung, weise uns, Herr, deinen Weg und brich dem Frieden die Bahn.
Viele Jahre schweigen in Europa die Waffen. Verfeindete Völker sind sich näher gekommen und arbeiten in weiten Bereichen zusammen. Trotzdem ist der Friede nicht sicher geworden, Vorurteile und Gegensätze in den Interessen bleiben unter uns wirksam. In Ost und West häufen sich furchtbare Waffen, einander damit zu bedrohen. Zeige den Völkern Wege zu einer Sicherheit ohne gegenseitige Bedrohung, verhilf uns zum Abbau von Gegensätzen und Vorurteilen, reinige Sprache und Denken von Unterstellungen und falschen Beschuldigungen, wecke Verständnis untereinander und Bereitschaft, unsere Interessen zu verflechten, hilf denen zum Erfolg, die sich um Vereinbarungen bemühen über Zusammenarbeit und umfassende Abrüstung.

Wir haben genug zu essen und leben in Wohlstand. Die Spuren des letzten Krieges im Bild unserer Städte und in den Herzen der Menschen sind verblaßt. Doch in vielen Teilen der Welt herrscht Hunger und Elend. Gewalt, Unterdrückung und Kriege lasten auf unzähligen Menschen.
Öffne Herzen und Verstand, damit wir in Gemeinschaft mit allen Menschen und Völkern leben können. Mach uns bereit, unseren Reichtum in Europa mit den Menschen in den Elendszonen der Erde zu teilen. Laß uns Mittel und Wege finden, Unterdrückung und Terror zu überwinden, die Ursachen der Ungerechtigkeit zu bekämpfen, Kriege zu verhindern und eine Ordnung gerechten Friedens in aller Welt zu errichten.
Erhöre unser Gebet! Amen.
16. Gemeinde: Kanon: Herr, gib uns deinen Frieden (aus: Den Glauben bekennen, 450 Jahre Augsburgisches Bekenntnis)
17. Vaterunser und Segen
18. Schlußlied: EKG 393,1–3: Herr Gott, dich loben wir ...
19. Gebetsstille
20.Orgelnachspiel: Gemeinde bleibt dabei sitzen.

Weitere Vorschläge zur Liturgie
Anstelle der angegebenen Lesung: Lukas 6,27–38 oder Lukas 17,20–30

Neuere Lieder
Für den Kindergottesdienst geeignet: Neue Kinderlieder zum Frieden, zu beziehen bei Rainer Ibe, Rostocker Str. 22, 4000 Düsseldorf 13. Daraus: »Die Blumen tanzen auf den Wiesen«; »Geh'n wir in Frieden«; »Halleluja«; »Polnisches Friedenslied«; »Gott, gib uns Wasser in der Wüste«; »Bring den Frieden auf die Straße«; »Sing mir das große Lied vom Frieden«; »Gott gib Frieden«. Dazu auch die Cassette: Neue Kinderlieder 3 – Wachsen wie ein Baum – Lieder zum Frieden ...
Weil du uns gerufen hast, Lieder der Frohbotschaft: »Gib uns Frieden jeden Tag«, Versand: Versandstelle der »Briefe an unsere Freunde«, Kirchplatz 65, 8096 Gars am Inn.
Sein Ruhm unsere Freude, von Pfr. Dr. Joachim Cochlovius, Krelingen 37, 3030 Walsrode 11; es sind viele gute und brauchbare Lieder in diesem neueren Liederbuch. Bestellung: Adresse oben.
Was nennen wir uns Christen, Melodie EKG 294, Text von Volker von Törne:
1. Was nennen wir uns Christen / so weiter fort und fort, / wenn wir uns, Herr, nicht rüsten / allein mit deinem Wort? / Ist uns dein Wort nur nütze / zu segnen Krieg und Tod: / Und brauchen wir Geschütze / als unser täglich Brot?
2. Vor dir, zu dem wir beten, / Herr unser Friedensgott, / sind Panzer und Raketen / nichts als ein Haufen Schrott. / Du hast die Welt geschaffen / für Mord nicht und für Krieg. / Dein Wort ist unsere Waffe / für einen bessren Sieg.

3. Im Glanze deines Lichtes / wird sich die Welt befrein: / was stark war, wird zunichte, / was groß war, das wird klein. / Schon seh'n wir Blumen brechen / aus Wüsten und Asphalt, / die Stummen werden sprechen / von deiner Allgewalt.

Das Brot ist unsre täglich Nahrung, Melodie EKG 238, Text: H.-M. Dormann

1. Das Brot ist unsre täglich Nahrung, / die wir bekommen von dir, Herr. / Es soll zum Dank an dich uns mahnen, / weil es als Stärkung kommt von dir; / drum woll'n wir danken Tag für Tag, / daß Brot im Überfluß uns labt.

2. Das Brot soll doch für alle reichen, / aber das Teilen fällt uns schwer, / weil wir schon immer zu den Reichen / uns zählen auf dem Erdball hier. / Das Brot gehört ja arm und reich, / vor Gott sind alle Menschen gleich.

3. Wir danken dir für diese Gabe / Gott Vater, Sohn und Heil'ger Geist, die wir von dir empfangen haben, / zu stärken Leib, Seele und Geist. / Von dir kommt alles Leben her, / drum sei dir Dank, Lob, Preis und Ehr'.

Predigt

Möglicher Anfang

Liebe Gemeinde im Advent! Sicher sieht sich manch einer wieder in der Schilderung des Propheten. Die trostlose Lage eines Volkes, das fern von der Heimat lebt und sich nach nichts anderem sehnt als nach Frieden, Befreiung und Rettung. Die geradezu phantastische Vision des Propheten wird wahr durch den Fremdherrscher Kyros. Gott hat selbst das Regiment übernommen und sein Volk in die Heimat zurückgeführt.

Auch wir kennen solche Situationen in unserem Leben, wo manchmal alles so sinnlos erscheint und uns wider Erwarten eine gute Nachricht erreicht. Da kommt eine gute Nachricht, durch den Postboten überreicht, endlich hat man nach langem Warten wieder einen Arbeitsplatz gefunden. – Auch bei uns gibt es Menschen, denen eine Ausreise in ihre Heimat nach wie vor nach jahrelangen Ausreisegesuchen verweigert wird. Sie fühlen sich weiterhin im Exil. Unsere Erwartungshaltungen von heute sind:

daß doch im persönlichen wie weltweiten Maßstab endlich Friede auf Erden sei. Das Auf und Ab in unserer Gesellschaft ist der Anlaß, daß so manch einer wieder den starken Mann mit erhobenem Arm sich im Staate wünscht, der für Zucht, Recht und Ordnung sorgt. – Wir sprechen beim politischen Wechsel in der Regierung von Tendenzwende. Wir sprechen von Neuorientierung und vom Ende einer Ära Schmidt. Unsere Sehnsüchte sind in der Tat groß, wie etwa in Polen, wo man sich durch die Gewerkschaft und einem starken Führer einiges an persönlicher Lebensverbesserung erwartete. Wir haben gesehen, was starke menschliche Arme alles können, um Menschen, die nach persönlichem Glück und Frieden sich sehnen, mundtod zu machen. Man steckt sie zu Tausenden in Internierungslager. – Im persönlich – gesellschaftlichen Bereich warten bald 2,5 Millionen Menschen auf Arbeit. Mit all dem Wissen und vielleicht ei-

gener Betroffenheit warten wir als Gemeinde am 4. Advent auf die bevorstehende Geburt Jesu Christi, den Retter und Heiland der Welt, der sich für einen Frieden verbürgt, den Gott mit ihm für alle Menschen gestiftet hat und den wir nicht machen, sondern nur empfangen können.
Frieden ist das Schlüsselwort unserer Tage. Aber was ändert sich, wenn wir uns mit Krieg und Frieden auseinandersetzen? Bleibt da nicht dieses schale Gefühl von Ohnmacht zurück, das z. B. ein polnischer Bürger angesichts der waffenstrotzenden Kriegsmaschinerie verspüren muß? Können wir überhaupt etwas ändern? Oder überziehen Kriege quasi naturgegeben den Erdball wie Pest und Cholera die mittelalterlichen Städte? Die Worte »Krieg« und »Frieden« erwekken bei uns Gefühle. Wir verbinden sie je nachdem mit Sehnsucht und Angst, Grauen und Abscheu. Krieg heißt für viele Vernichtung all dessen, was uns menschliches Leben ermöglicht. Andererseits reden wir über das »Gleichgewicht des Schreckens«, als ginge es um Qualitäten zweier guter Schachspieler und die Auflistung der Waffensysteme, ihrer Sprengkraft in Kilotonnen. Die Diskussion um Neutronenbombe und SS 20 führen wir, als ginge es um Taktik und Treffgenauigkeit zweier Fußballteams. Krieg reduziert sich auf Tagesschaubilder über zerbombte Dörfer und Städte, die allesamt mehrere 1000 Kilometer von uns entfernt sind. Wir identifizieren uns, je nach politischem Standort, mit den siegenden Israelis oder den flüchtenden Palästinensern. Oder wir schließen einfach die Augen und verdrängen diese Schreckensvisionen aus unserem Bewußtsein. Ohne Zweifel haben viele Menschen in unserem Land Angst. Angst vor der ständigen Aufrüstung, wo es einfach nicht mehr gelingen will, sie wenigstens zu stoppen. Angst vor Menschen in Machtpositionen, die sogar die Möglichkeit eines begrenzten Atomkrieges erwägen. Wer kann uns da eigentlich noch helfen? Wer bringt uns zu der großen Freude, »die bald das ganze Volk ergreifen wird«?
Jesus der Retter kommt von Weihnachten her auf uns zu! Da leuchtet der helle Schein, der Abglanz Gottes, der das Licht aus der Finsternis hervorkommen ließ, aus unseren Herzen. Wir werden hineingezogen in den Frieden der Weihnachtsgeschichte.

Zum weiteren Verlauf

1. Das Leben Jesu als gewaltloses bis hin zur vorgelebten Feindesliebe gibt uns Mut, als Christen eine »Bewegung der Mutigen, nicht der Ängstlichen, der Diskutierenden, nicht der Schreienden, der Selbstkritischen, nicht der Arroganten, der einfallsreichen Agierenden, nicht der stumpf Parierenden, der Friedlichen, nicht der Gewalttätigen, der Fröhlichen, nicht der Fanatischen, der Liebenden, nicht der Hassenden« zu werden. (E. Eppler)
2. Die Frage der Gewalt bei Jesus taucht nicht da erst auf, wo es um die Gefahr von Beraubt- und Geschlagenwerden geht. Von Anfang an sind bei Jesus die *Ursachen* der Gewalt im Blick: Angst, Schuld, Haß, Unterdrückung und soziale Ungerechtigkeit.

3. In der Nachfolge Jesu lernen die Menschen ein davon befreites Leben: im Miteinanderteilen, im fröhlichen Feiern, in der risikobereiten Zuwendung zu den Kranken und Abgeschriebenen, im Verzicht auf Reichtum, in der gegenseitigen Vergebung, in der geschwisterlichen Ergänzung der Gaben und Funktionen. *Darin* sind alle Kräfte und Mittel zu investieren. Wenn das geschieht, gehen die Chancen der Gewalt zurück. In *dieser* Dimension fallen die eigentlichen Entscheidungen über Krieg und Frieden – nicht erst dann, wenn die Bomber aufsteigen und die Landungsboote anlegen.
4. Auch das Evangelium rechnet nicht damit, daß wir in dieser Weltzeit eine Gesellschaftsordnung und ein Konfliktverhalten realisieren können, die der Christuswirklichkeit ungebrochen entsprechen. Aber es gibt keinerlei Glaubensgrund, die Möglichkeiten neuer, aus dem Geist der Versöhnung kommender Verhaltensform und Weltgestaltung unausgeschöpft zu lassen, die sich tatsächlich bieten. Was geschehen kann und muß, ist die Einübung in die schöpferische Erfindungskraft der Feindesliebe.
5. Wann wird es zu politisch-gesellschaftlichen Konsequenzen wie der Einübung der Bevölkerung in einer von ihr mitgetragene gewaltlose Verteidigung oder zu Schritten konkreter Abrüstung kommen?
6. Was ist zu tun? Wenn ein gedemütigtes Selbstwertgefühl mit quasi unbezähmbarer Naturgewalt zum Kriege drängt und nur diese gewaltsame Lösung akzeptiert – welche Konsequenzen ergeben sich daraus für die Politik?
7. »Die Konsequenz liegt zumindest in der Theorie nahe: Alle Politiker dieser Welt hätten alle Formen von Machtpolitik, Hegemonialstreben, Drang nach Vorherrschaft, Besetzung fremder Territorien, Unterdrückung fremder Weltanschauungen und ähnliche Maßnahmen, die auf eine *Demütigung* anderer Nationen hinauslaufen, zu unterlassen – nichts weiter. Daß diese Form zum festen Bestand unseres öffentlichen Bewußtseins gehört, davon sind wir weit entfernt. Aber muß sie deshalb Utopie bleiben? Gib es denn keinen Fortschritt des Bewußtseins?« (K. B. Leder in SZ vom 24. 12. 82)

Gedanken zum Predigtschluß

Im Advent kommen Christen von der Erfahrung her, daß Gott in Christus ihre Angst und ihr Verlorensein auf sich genommen hat. Sie können fortan nicht mehr anders leben als in einer Praxis, die sich von diesem Dienst Gottes an ihnen her auf die *Versöhnung* ausrichten läßt, auf die die Erde wartet. Von daher ergeben sich für den Christen konkrete Erkenntnisse und daraus folgende Handlungsanweisungen. Konzepte des Friedens müssen als positive Utopie, d. h. als Ziel und Maßstab menschlichen Handelns davon ausgehen, daß gesellschaftliche Verhältnisse so geändert werden können, daß sie allen Menschen zur Befreiung verhelfen, denn sie sind von *Menschen* gemacht und nicht von Gott. Darum müssen solche Konzepte im kleinen beginnen und von so vielen verwirklicht werden, daß sie ihre Wirkung im großen nicht verfehlen können.

Am Predigtende eine positive, ermutigende Utopie:

Das wird ein / Fest sein / wenn sie / Pflugscharen / aus allen Waffen / machen / und / die Hungernden / satt werden / die Waffengeschäfte / und / der Streß / auslaufen / die Kinder / den Frieden lernen / und die / Kasernen / zu Hotels / umgebaut werden / wenn der / Leistungsdruck / der Kriegsmaschinerie / die Völker / nicht mehr foltert / und einer / den anderen / achtet und ehrt / und keiner / den anderen / wegen des Geldes / aus Neid / umbringen muß / wenn die Schwerindustrie / nicht mehr / die Luft verpestet / und die Wasser / wieder / kristallklar / fließen / der Wein nicht mehr / bitter schmeckt / und die Drogen / nicht mehr die / Angst / verdrängen müssen / wenn sie / die Uniformen / an den Nagel / hängen / statt der Menschen / wenn es keine / Millionäre / und keine / Verhungernden / mehr gibt / wenn nicht mehr / zurückgeschossen wird / und sie / miteinander / reden / die Versöhnung / wächst / und alte Feindbilder / abgebaut werden / zwischen / Ost und West / Schwarz und Weiß / wenn das Öl / nicht mehr / von der Rüstung / verschlungen wird / und die Mütter / wieder / mit Freuden / ihre Kinder / gebären / Dann werden wir / frei sein / und / in Frieden / leben / wir werden sein / wie die Träumenden / wenn wir / erkannt haben / was / zu unserem Frieden / dient.«

(Charlotte Schmitthenner in: Sammelt die Schwerter ein, mit neuer Stimme Frieden schaffen, Verlag am Eschbach Gmbh, Im alten Rathaus, D-7841 Eschbach)

Heiligabend

Predigttext: 1. Timotheus 3,16
Heinz Behrends

Theologisch-homiletische Überlegungen

Einem jungen Vikar, der in seiner Weihnachtspredigt die Inkarnation nur problematisierte, sagte der alte Pfarrer: ›Der Engel hat den Hirten nicht zugerufen: Siehe, ich verkündige euch große Probleme; er hat gesagt: Siehe, ich verkündige euch große Freude‹.
Der Predigttext mutet zu, das Problematisieren zu lassen und die Inkarnation bekennend zu besingen.
Die Exegeten sind sich darin einig, daß der Text Teil eines Bekenntnisses in Form einer Liedstrophe der frühchristlichen Gemeinde ist. Der präexistente Christus wird als der kosmische Herrscher besungen. »In diese Welt hinein, die ihren Himmel verloren hatte, sang die Gemeinde ihr Bekenntnis: ... Erde und Himmel sind wieder eins geworden, neu zusammengeschlossen in Jesus Christus.« (Ed. Schweitzer in: Gottesdienstpraxis, Ergänzungsband Exegesen VI/4). Schwerpunkt der Liedstrophe ist der Beginn des Heilshandelns Gottes an der Welt in Christus, »geoffenbart im Fleisch«. Das »gottselige Geheimnis« bleibt Geheimnis. »Das Amt der Theologie ist, Gottes Geheimnis gerade als Geheimnis zu begreifen, zu verteidigen, zu verherrlichen« (Bonhoeffer in: Bonhoeffer-Brevier, hrsg. v. Dudzus). Walter Hollenweger macht Mut, die vielfältige Auslegung des Weihnachtsmythos als Bereicherung zu verstehen (in: Umgang mit Mythen, 1982). Dennoch: Die Menschwerdung Gottes ist geschehen. Das muß ich durch die Predigt nicht noch schaffen. Gott setzt sich der Welt aus. Die Geschichte der Menschwerdung Gottes ist auch meine Geschichte, sonst ginge sie mich nichts an. Meine Erfahrungen von Menschwerdung bilden die Menschwerdung Gottes ab und verheißen mir menschliches Leben.

Homiletische Konsequenzen: Lobgottesdienst und Lobpredigt am Heiligabend. Der Text als Hymnus muß hymnisch zum Sprechen gebracht werden. Die Sprechakttheorie hilft mir dabei, eine Lobpredigt zu verfassen. Diese folgt der Einsicht, daß
a) die Beziehung zwischen Hörer und Prediger bestimmt, wie die Inhalte verstanden werden.
b) Sprechen ein Handeln nach bestimmten Regeln ist.
Das bedeutet für eine Lobpredigt: Inhalt des Lobes ist eine in der Vergangenheit liegende Tat Gottes, die Menschwerdung Gottes in Christus. Für die Bestimmung von Sprecher und Hörer des Lobes gibt es drei Möglichkeiten:
a) Die Gemeinde ist Sprecher des Lobes. Hörer ist Gott.
b) Einer aus der Gemeinde ist Sprecher des Lobes im Gottesdienst der Gemeinde. Hörer ist Gott. (»Ich lobe Dich, Herr«)

c) Einer aus der Gemeinde ist Sprecher des Lobes. Hörer ist die Gemeinde. (»Ich lobe jemanden [Gott] vor anderen.«)

Die Schwierigkeit von a) ist, in der Heiligabendgemeinde einen Konsens für das Loben zu schaffen. b) und c) lassen dem Hörer die Möglichkeit offen zu sagen: »Ich kann (noch) nicht in den Lobgesang einstimmen.« Ich versuche, die hymnische Struktur durchzuhalten, nicht durch Behaupten, Auffordern, Bitten, Klagen zu verwässern; auch nicht über Lob zu reden, sondern zu loben. Das hilft mir, dem Hörer unmißverständlich zu sagen, was ich in *dieser* Predigt will. Deshalb auch nicht »Ich möchte loben«, denn dann kann der Hörer sagen: »Dann tu's doch auch« oder »Sag mir, warum du nicht loben kannst, obwohl du es möchtest.«

Um das Lob darzubringen und das Einstimmen zu ermöglichen, suche ich Erfahrungen, in denen Menschwerdung durchschimmert. Im Glücksfall erschließe ich erzählend Situationen, die ein neues Lob der Menschwerdung im Hörer erzeugen.

Die Heiligabendgemeinde ist zum Singen bereit. Im Singen erfährt sie den Weihnachtsmythos an sich selbst. Die Lieder dichten 1. Tim. 3,16 nach, stützen die hymnische Struktur der Predigt ab und verstärken sie.

Alternativ

Kritische Besinnung am Heiligabend vom erwachsenen Jesus her. Ich möchte auch Mut machen, die eigene Situation als Prediger bewußt wahrzunehmen und zu beobachten, wo sie in den Gottesdienst einfließt. Das Bemühen sollte sein, Freude nicht zu verderben, sondern zu vertiefen (Gollwitzer). Meine Schwierigkeit mit der Weihnachtstheologie und -predigt: Alles, was ich christologisch sagen möchte, kann ich an anderen Tagen (Passionszeit, Ostern z. B.) auch sagen: Das Kind in der Krippe ist immer der erwachsen gewordene Jesus und der Auferstandene Christus. Im Handeln und im Leiden ist Gott noch deutlicher Mensch geworden denn als Kind. Außerdem ist Weihnachen nicht nur ein Fest der Kerngemeinde. »Es gibt Christen, die möchten Weihnachten für sich behalten, für sich, die treuen Christen. Sie meinen, nur wer auch das Jahr hindurch Christ sei, dürfe an Weihnachten singen: Herbei, o ihr Gläubigen. Von Ungläubigen sei hier keine Rede.« (Hollenweger, Umgang mit Mythen, S. 110). Zur Krippe in Bethlehem kamen Ungläubige. Wem als Prediger nicht zum Loben zumute ist, sollte eine alternative Konzeption wählen: Den erwachsen gewordenen Jesus predigen, in dessen Geburt Gott seine Geschichte mit den Menschen beginnt und zum Ziel führt, gemäß: »geoffenbart, gepredigt, geglaubt«, weil erhöht.

Wer den Text in einer Christvesper mit Erwachsenen und Kindern predigt, muß die Konkretion der Erfahrungsbeispiele in einer Lobpredigt ernst nehmen. In einer Christmette ist der Text wohl am leichtesten zu predigen. Für eine Christvesper mit überwiegend Kindern siehe Alternative II.

Vorschläge zur Liturgie
15 Minuten vor Beginn ›Offenes Singen‹. Heiligabendgemeinde ist nicht lärmende Gemeinde im kalten Wartesaal. Sie singt.

Begrüßung
Ich heiße Sie herzlich willkommen an diesem Abend, an dem wir die Geburt Gottes als Menschen feiern. Ich wünsche mir, daß sie *hier* sein können mit ihren Fragen und ihrer Freude und Gott danken und lobsingen.

Introitus
Psalm 98: Singet dem Herrn ein neues Lied (Loblied auf Weihnachten)

Gebet
Unser Gott, du kommst ganz anders, als wir dich erwarten. Im Kind in der Krippe bist du geworden, wie wir wirklich sind, hilflos und gefährdet. Gib, daß wir uns in dir erkennen und menschlich werden. (in: Liturgische Entwürfe, Heft 36 der Beratungsstelle für Gottesdienste in Frankfurt)

Lesung mit Präfamen
Engeln wird die Auslegung der Weihnachtsgeschichte und der Lobgesang in den Mund gelegt. Ich lese aus der bekannten Geschichte Lukas 2,1–14

Fürbittengebet
Herr, wir loben dich und sagen Dank, daß du nicht im Himmel geblieben bist, daß du immer schon auf dem Wege zu uns bist.
Wir bitten dich an diesem Abend für alle, die die Erfahrung, Mensch geworden zu sein, noch nicht kennen. Mache sie frei, daß sie sich nicht verstellen müssen;
für alle, die an diesem Abend alleine sind. Laß sie nicht ohne das Gefühl deiner Nähe und öffne unsere Augen für einen von ihnen;
für alle, die unter Hunger und Unterdrückung leiden. Gib, daß alle ihre Not sehen und anfangen zu helfen;
für alle, die in besonderem Maße Verantwortung für den Frieden in der Welt tragen. Gib ihnen Einsicht und hilf uns, Schritte auf den Weg des Friedens zu setzen, wo wir leben.
Wir legen alles, was wir für uns erbitten, vor dein Angesicht, indem wir die Worte deines Sohnes nachsprechen und gemeinsam beten: Vater unser ...

Entlassung und Segen
Geht alle hin in Frieden auf den Platz, an den euch Gott gestellt hat in Verantwortlichkeit, und er selbst wird euch segnen, der Vater, der Sohn, der Heilige Geist (H. Osterhuis in: Im Vorübergehn).

Lieder
Freu dich, Erd' und Sternenzelt; Tochter Zion; Oh, du fröhliche; Herbei, o ihr Gläubigen.
Uns wird erzählt von Jesus Christ (in: Watkinson, 111 Kinderlieder zur Bibel)
Du Kind, zu dieser heil'gen Zeit (in: Beiheft zum EKG der DDR)
Spruch zu Weihnachten (von A. Goes, in: Watkinson, 9 × 11 Kinderlieder)
Der Mensch war Gottes Bild (mit Ostinato: Gelobet seist du, Jesus Christ, in: Watkinson, 9 × 11 Kinderlieder)
EKG: 15; 20; 21; 27; 33,4; 34,4; 96,10; bezogen auf die 6 dogmatischen topoi in 1. Tim. 3,16: 15; 75; 17; 189; 181,1–2; 21.

Predigtskizze
»Wir haben gerade die bekannten Weihnachtslieder gesungen. An verborgener Stelle in der Bibel, im 1. Timotheusbrief, besingt eine Gemeinde auf ihre Weise das Weihnachtsgeschehen.« (Textlesung)
»Die Geschäfte sind geschlossen. Niemand eilt mehr auf die Hauptstraße. Wer noch auf der Straße zu sehen ist, ist auf dem Weg in die Kirche.
Mancher hatte vielleicht, als er den Mantel in die Hand nahm, Grund, ihn wieder aufzuhängen; einfach zu müde, überspannt, unruhig war er. Gut, daß er gekommen ist; denn hier ist es schön.
Mancher mag das Wort im Ohr haben »Was willst du in der Kirche, gehst doch sonst auch nicht hin«. – »Aber ich bin doch eingeladen wie alle.« Ja, das stimmt. Sie sind eingeladen, herzlich eingeladen.
Nun sind wir hier. Vielleicht fällt es Ihnen noch schwer, sich richtig hinten in der Bank anzulehnen. Es sind da so viele Vorbehalte und Fragen.«
Nun muß der Hörer abgeholt werden, um ihn für das Lob zu öffnen, indem ich seine Befindlichkeit und Fragen anspreche, sie stehenlasse bzw. behutsam-vorläufig-beantworte.
Z. B.: »Mir ist das Ganze zu sentimental, sagte mir jemand. Ich kann die Lieder nicht mehr hören. Und doch ist er heute abend hier, weil sein Sehnen größer ist als sein Widerstand und Überdruß.« Oder
»Ich kann mir Gott einfach nicht vorstellen. Das ist doch nur eine Vokabel, von Menschen gemacht, sagte mir einer. Ich kann mich gut in ihn hineindenken und möchte ihm antworten: Darum ist Gott Mensch geworden, damit er greifbar, begreifbar für uns wird.« (Jetzt möchte ich das Loben versuchen.)
»Ich möchte Gott loben an diesem Abend, daß er Mensch geworden ist, nicht als König, als General auf einer Kommandozentrale, nicht als Pastor im zentralbeheizten Pfarrhaus; sondern als Kind. Ich möchte Gott loben, daß er mich als Menschen ganz ernst nimmt.
Ich mache Erfahrungen, in denen Gott ganz nahe kommt, Erfahrungen, in denen Gottes Menschlichkeit und Gottes Verheißung durchschimmern.«

Von Situationen erzählen, in denen die Verheißung Gottes, Hoffnung durchscheint, in denen [nach Luther] der eine dem anderen zum Christus wird. Die Erfahrungen müssen von möglichst vielen nachvollziehbar sein. Z. B. »Die beiden hatten Streit gehabt. Irgendeine Kleinigkeit war Anlaß gewesen. Und doch wußten sie, daß tiefere Gründe dahinterstanden. Nun hat er beschlossen, das Gespräch wieder zu wagen. Er würde es nicht so ausdrücken, aber er ahnt, daß im Gesicht des anderen Gottes Angesicht durchschimmert. Ich lobe Gott, daß er Mensch geworden ist, um uns aus den Verstrickungen herauszuholen.« Oder »Ich habe die Frau vor Augen, die ihre Scheidung hinter sich hat. Es war ein schwerer Weg für beide bis zu dieser Entscheidung hin. Nun hat sie es durchgestanden. Ich sehe sie irgendwo in einer Kirche sitzen. Sie weint. Es kommt sie alles an. Sie sieht, was sie verloren hat, ist aber auch froh über die Freiheit, die sie durch ihre Entscheidung in Schmerzen gewonnen hat. Sie darf hier heute sein, so wie ihr ist. In ihren Tränen bricht sich das Weihnachtslicht.
Ich lobe Gott, daß sie erfahren darf, daß Gott Fleisch geworden ist und ihr eine Zukunft auf Trümmern und Enttäuschungen ermöglicht.« (Loben könnte man auch das ›Geheimnis‹, das nicht verrechenbar ist.)

Schluß
»Das erwachsen gewordene Kind, der Mann Jesus, hat manches gesagt und getan, was uns fremd bleibt. Das bleibt mir ein Anstoß. Seine Auferstehung, seine Himmelfahrt bleiben mir Geheimnis. Für mich bleibt Raum zum Staunen, Singen und Denken. Ich lobe Gott, daß er Mensch geworden ist, meine Fragen und mein Staunen ernst nimmt. Ich möchte den Lobgesang fortsetzen, indem ich eine Lobrede unserer Väter singend mit Ihnen nachspreche und das Lied Nr. 15 singe.«

Alternative I
»Sie haben in der Lesung die vertrauten Worte der Weinachtsgeschichte gehört. Ist diese Geschichte eigentlich wahr oder ein Märchen? Manches Kind erlebt an diesem Abend ein Krippenspiel und ist fasziniert von Licht und Kostümen. Wird es die Geschichte unterscheiden von ›Hänsel und Gretel‹ oder ›Schneewittchen‹? Ich bin im Zweifel. Aber das geht ja nicht nur Kindern so. Die Frage kommt auch dem, der sich nach allem Trubel auf die Geschichte einläßt und über sie so nachdenkt, wie er über andere Fragen nachdenkt. Ich könnte die Frage schnell beantworten. Märchen fangen an mit: Es war einmal. Die Weihnachtsgeschichte fängt an mit einer Zeitangabe: Es begab sich aber zu der Zeit, als ...
Wem diese Antwort nicht genügt, für den mache ich einen neuen Versuch. Wichtig ist nicht, ob die Geschichte wahr ist, sondern wie sie wahr werden kann. Die Weihnachtsgeschichte ist Beginn einer Geschichte, deren Wahrheit sich noch erweisen muß.«

(Sehnsucht nach Ruhe, Frieden beschreiben in ihrer Spannung zur Atemlosigkeit des Festes; die Fragen nach Weihnachten benennen)
»Da möchte man wenigstens das Kind in der Kirche festhalten, im Krippenspiel, in den Liedern. Der Mensch sagt »Ja« zu dem Kind, weil sich in ihm sein Sehnen widerspiegelt. Im Kind allein ist es nicht festzumachen. Das Ja wird auf die Probe gestellt, wenn es am erwachsenen Jesus überprüft wird. Christen vor uns haben Weihnachten und das Kind nie für sich gesehen. Sie haben ihn zugleich immer als den Mann Jesus, den Christus in seiner Wirkung auf die Welt gesehen. Als diesen haben sie ihn besungen und bekannt. So z. B. im 1. Tim. (Textlesung) Was sie dort als Geheimnis beschreiben, mag uns als Fremdheit erscheinen.«
(Den Mann Jesus in seinen Worten und Taten beschreiben. Wie durch ihn Gott Menschen begegnet.)
»Die Weihnachtsgeschichte kann wahr werden. Jemand drückte es salopp so aus: Mach's wie Gott. Werde Mensch. Wieso? Bin ich nicht Mensch? Mensch ist der, der Gott Gott sein läßt.«
(Beschreiben, woran Menschen sich halten, was sie vergöttern.)
»Was ist mit meinem Glauben, wenn das Leben all das auf die Waagschale legt und auf der Skala steht: für zu leicht befunden. Wenn das Sprichwort: ›Hauptsache gesund‹ sich als banal erweist, weil ich nicht mehr gesund bin. Der Glaube an Gott, der Fleisch und Blut geworden ist, trägt.«
(Von dem Jesus erzählen, der sich nicht aufhalten ließ von Gelehrten, Besserwissern, vom Grab, um zu lieben und zu leben, der Menschen mitriß) »Die Zahl der Menschen, die mitgehen, kann mehr werden. Er sorgt selbst dafür. Weihnachten ist nicht das Fest der Familie. Es muß es erst werden. Fest einer Familie, die ihm Glauben schenkt und ihm nachfolgt. Die Weihnachtsgeschichte wird wahr, wenn wir dem Gott vertrauen, der alles aufgeboten hat, um uns Leben zu geben.«

Alternative II
Wenn in der Christvesper überwiegend Kinder erwartet werden, würde ich den Text als Motiv für die Grundstimmung nehmen, d. h. viel singen und von dem ›im Fleisch Offenbarten und Gepredigten‹ erzählen mit Hilfe der Legende vom 4. König (nacherzählt in: Tragt seinen Frieden in die Zeit, Burckhardthaus-Verlag). Die einzelnen Szenen der Legende lassen sich von Konfirmanden während des Erzählens pantomimisch darstellen. Die Schlußszene nicht darstellen, sondern mit Richtstrahler Kreuz in der Kirche anleuchten. Den Predigttext als Lesung nehmen.

Kontexte

»Edgar, ein junger Mann, der Franziskanermönch gewesen war und der jetzt bei uns zu Besuch war: ›Gott kann im Himmel nicht gelobt werden, solange es auf der Erde keinen Frieden gibt – das heißt Gerechtigkeit, Brüderlichkeit, Gleichheit. Das alles ist Frieden. Die Reichen glauben, sie lobten Gott, aber sie halten keinen Frieden und üben keine Gerechtigkeit. Darum loben sie Gott auch nicht wirklich, denn beides geht Hand in Hand.« (E. Cardenal in: Das Evangelium der Bauern von Solentiname)

»Er, der der Geschichte das Fatalistische, das Zwanghafte genommen hat ... Alle Götter waren tot, und der Mensch begann. Er war die Neugeburt des Menschen.«
R. Garaudy, zitiert in: Hollenweger, Umgang mit Mythen)

»ABER DAS FLEISCH
ist wort geworden
(das wort
ist vom fleisch gefallen)
und trotz konträrer
behauptungen
zuständiger
ämter
hat auch das wort
keine bleibe gefunden
(ist es immer
ein fremdwort geblieben)
in unseren engen
breiten«
(P. Henisch in: Weihnachten, Matthias Grünewald-Verlag)

»Indem wir die Menschwerdung unseres Erlösers anbeten, feiern wir offenbar den Beginn unseres eigenen Lebens.«
(Leo, der Große, 6. Predigt auf Weihnachten)

»Mutter hatte Malte erzählt, daß er an jedem Adventssonntag ein kleines Geschenk bekäme. Aber durch den Trubel und die Hektik im Haus hatte sie vergessen, es einzupacken. ›Wo ist denn mein Geschenk‹, sagte er, nachdem er voller Erwartung aufgestanden war. ›Ich hab's noch nicht geschafft, es einzupacken. Heute mittag bekommst du es schön eingepackt. Da kannst du dich noch freuen.‹ Malte rannte traurig und wütend in sein Zimmer.
Er soll warten, weil seine Eltern noch nicht alles vorbereitet haben. Gut, daß das bei Gott nicht so ist. Er hat schon alles vorbereitet. Er hat Christus leben, sterben und auferstehen lassen. Wir müssen nichts mehr dazu tun, es nur noch feiern.«
(Anregung des Verfassers)

1. Weihnachtsfeiertag

Predigttext: Galater 4,4–7
Nikolaus Schneider

Theologisch-homiletische Skizze

Die Predigtperikope ist in sich geschlossen. Sie weist eine traditionelle Sprachform auf. Damit ist deutlich, daß Paulus an dieser Stelle eine allgemeine Überzeugung der Gemeinde aufnimmt. Er führt also kein besonderes Kapitel paulinischer Theologie vor, sondern stellt sich bewußt in den Zusammenhang allgemein christlicher Überzeugung seiner Zeit. Die einzelnen Ausdrücke, wie »Fülle der Zeit«, »Loskaufen vom Gesetz« und »Abba« sind für die damaligen Leser eindeutig theologisch gefüllt. Fülle der Zeit setzt voraus, daß die Zeit nicht einfach wie ein blindes Geschehen abläuft. Zeit ist qualifizierte Zeit. In der Zeit wird Gottes Handeln mit der Welt erfahrbar in geschichtlichen Ereignissen. Diese konkreten geschichtlichen Ereignisse machen aus der Retroperspektive heraus deutlich, warum alles so ablief, wie es vorher – anscheinend sinnlos – geschah.

Die Fülle der Zeit hebt in unserem Zusammenhang auf das Weihnachtsgeschehen ab. Weihnachten bekommt so eine Offenbarungsqualität zur Einordnung der Zeitabläufe für die Völker und auch jedes einzelnen Menschen. An Weihnachten entscheidet sich, in welcher Weise sich insbesondere das Volk Israel, aber auch jeder einzelne Gläubige selbst zu verstehen und sein konkretes, alltägliches Leben einzurichten hat. Weihnachten setzt Maßstäbe für die alltäglichen Entscheidungen unseres Lebens, Weihnachten hilft, unsere Lebensperspektiven zu bewerten und einzuordnen. Weihnachten fordert schließlich unsere persönliche Entscheidung heraus, die in der Folge unser Leben als von Weihnachten her bestimmt auszuweisen hat.
Auf den konkret irdischen und geschichtlichen Bezug macht uns die Formulierung »geboren von einer Frau« aufmerksam. Diese Formulierung unterstreicht, daß mit Weihnachten keine neue Philosophie in die Welt gekommen ist, sondern daß Gottes Wollen mit den Menschen ablesbar ist an dem irdischen Schicksal des Menschen Jesus von Nazareth.
»Loskaufen vom Gesetz« ist das wesentliche Ereignis für alle Menschen, das mit dem Leben Jesu verbunden ist. Loskaufen vom Gesetz deutet auf ein Datum des Lebens Jesu hin: das Kreuz. So wird deutlich, daß wir das Weihnachtsereignis und den Lebensweg Jesu nur in Zusammenhang mit seinem Sterben am Kreuz richtig verstehen können. Ich möche so weit gehen, zu sagen, daß erst aus der Perspektive des Kreuzes Weihnachten und Jesu Reden und Tun richtig einzuordnen sind. Inhaltlich bedeutet diese Zuordnung, daß Weihnachten vom religiösen Kitsch durch die soteriologische Qualifizierung freizuhalten ist.
Eine weitere theologische Perspektive des Weihnachtsereignisses ergibt sich aus der Aufnahme des aramäischen Kosenamens für Vater: Abba. Abba kann nur sagen, wer vom Geist Gottes selbst dazu getrieben wird. So wird deutlich, daß Gott seine beinahe

zärtliche Beziehung zu den Menschen durch die Sendung seines Geistes für alle Zeiten sicherstellt. Weihnachten und Pfingsten gehören also zusammen unter der Perspektive der kontinuierlichen Zuwendung Gottes zu uns Menschen.
Predigen möchte ich, daß Gottes Wort Fleisch geworden ist in der geschichtlichen Gestalt des Jesus von Nazareth. Es soll zum Ausdruck kommen, daß damit eine Lebensperspektive für alle Menschen eröffnet ist. Diese Lebensperspektive ist nicht aus der rationalen Analyse zeitlicher und psychologischer Gegebenheiten zu erreichen, sie wird quasi von außen durch das Handeln Gottes geschenkt. Eine eigene menschliche Leistung ist in diesem Zusammenhang ausgeschlossen, die Möglichkeit, Wege des Heils auf dieser Welt zu gehen, steht allein in der unverfügbaren Erfahrung des Geistes Gottes mit den Menschen. Das sollte uns alle demütig machen in bezug auf unsere Fähigkeiten, es sollte uns mutig machen gegenüber den Anforderungen und selbstherrlichen Darstellungen psychologischer und politischer Systeme.
In der Predigt möchte ich auch all das zur Sprache bringen, was mit dem Kosenamen ›Abba‹ mitschwingt. Gottes Zuwendung zu den Menschen gewinnt im Weihnachtsgeschehen eine Nähe und Dichte, wie sie bis zu diesem Zeitpunkt noch nicht erreicht wurden. Diese neue Qualität der Nähe soll in dem Begriff ›Zärtlichkeit‹ zur Sprache kommen. So soll die Dimension der direkten, körperlichen Erfahrung des ›Sich-Wohlfühlens‹ und ›Geborgenseins‹ ausgedrückt werden.

Vorschläge zur Liturgie

Eingangsgebet

Lieber Vater im Himmel, öffnen wollen wir uns für dein Wirken mit uns. Daß wir genau hören auf die Bedürfnisse unserer Mitmenschen; daß wir mit kritischem Verstand unsere Zeit beobachten, daß wir ein deutliches Zeugnis geben für dein heilschaffendes Handeln mit dieser Welt: dazu bringe uns auf den Weg!

Als *Lesungen* schlage ich vor: Römer 8,3ff., Matthäus 25,31–46. Besonders die Evangelienlesung gibt auch inhaltliche Kriterien an die Hand, nach denen das Wirken Gottes bei den Menschen aufzuspüren ist.

Fürbittengebet

Lieber Vater im Himmel, wir bitten dich für unsere Gemeinde in ... um die Gegenwart deines Geistes. Hilf uns, daß wir Weihnachten nicht in seligem Kitsch verkommen, sondern daß uns dein Anspruch auf unser Leben wieder deutlich wird. Wir wollen die nicht vergessen, die unter Trauer und Einsamkeit leiden und ihnen unser Ohr anbieten. Wir wollen die nicht vergessen, die im Streit leben und verbittert sind, und ihnen unsere Phantasie anbieten, um auch in verfahrenen Situationen einen Weg nach vorn zu finden. Wir wollen die nicht vergessen, die sicher und selbstherrlich auf ihren Wegen gehen, und ihnen unseren kritischen Verstand anbieten, damit sie aufmerksam werden für die Ungesichertheit ihrer Maßstäbe und Kalkulationen.
Wir denken heute auch an unsere fernen Geschwister, insbesondere in den Fol-

terregimen der Dritten Welt. Wenn Weihnachten und Karfreitag für sie zusammenfallen, dann bitten wir, daß sie in ihrem Leiden dir ganz nahe sein dürfen und sich in dem Leben und Leiden deines Sohnes Jesu von Nazareth wiedererkennen mögen. Amen.

Lieder:
EKG 14,27,33; aus dem Bereich der neueren Lieder empfiehlt sich: K. Berg, O. G. Blarr, Weihnachtslied, in: Ich sing' dir mein Weihnachtslied, Voggenreiter-Verlag.

Vorschläge für die Predigt
Einstieg
Schlüssel schließen Türen auf, liebe Gemeinde, Türen zu einem Raum, aber auch zu unserer Zeit und zu uns selbst. Wir sprechen von Schlüsselerlebnissen, wenn uns ein ganz bestimmtes Geschehen auf einmal durchsichtig wird. Wir sprechen von Schlüsselerlebnissen, wenn wir die Geschehnisse um uns herum plötzlich verstehen und einordnen können. Wir sprechen von Schlüsselerlebnissen, wenn wir uns selber schließlich näher kommen und deutlicher als vorher begreifen, wer wir sind.
Schlüssel zum Verstehen unserer Zeit und unserer selbst trägt man nicht einfach am Schlüsselbund mit sich herum. Solche Schlüssel stehen uns auch nicht allein durch eine kritische Analyse der gesellschaftlichen Verhältnisse und der geschichtlichen Abläufe zur Verfügung. Auch die Einsicht in psychologische Zusammenhänge, selbst das Trainieren psychischer Abläufe in mir selbst garantieren noch nicht, daß ich einen solchen Schlüssel in die Hand bekomme. Solche Schlüssel werden geschenkt. Sie werden uns von außen gegeben. Solche Schlüssel finden wir überraschend und plötzlich bei uns vor. Ein solcher Schlüssel ist unser heutiger Predigttext am 1. Weihnachtstag.
Verlesung des Predigttextes (»Die Gute Nachricht, Die Bibel in heutigem Deutsch«).

Gedankenskizze zum weiteren Verlauf
Weihnachten mit all der Hirten-und-Engel-und-kleinen-Kinderromantik verstellt uns nur allzuoft den Blick dafür, daß Kreuz und Krippe zusammengehören. Weihnachten ist nur dem verständlich, der das Kreuz über der Krippe wahrnimmt. Weihnachten ist schließlich nur dem nachvollziehbar, der dazu vom Wirken Gottes selbst geführt wird.
Fragen wir also heute früh, in welcher Weise dieses Schlüsselerlebnis Weihnachten für unser Leben von Bedeutung ist. Dabei wollen wir zuerst nach dem Lebensweg Jesu von Nazareth nach Golgatha fragen und dann unseren eigenen Lebensweg auf diesem Hintergrund beleuchten.

Jesus Christus ist auf dem Wege von Nazareth nach Golgatha unser Bruder geworden. Er hat die Niedrigkeiten des menschlichen Lebens nicht gescheut. Kranken ist er nicht ausgewichen, vor Toten hat er kein Tabu aufgerichtet, die allgemein schlecht Angesehenen hat er aufgesucht. Mit anderen Worten: Er hat sich nicht von dem bestimmen lassen, was man so allgemein denkt und tut. Er lebte quer zu den moralischen Maßstäben und sittlichen und politischen Forderungen seiner Zeit. Er konnte es einfach nicht übers Herz bringen, Menschen nach gesellschaftlichen Bedürfnissen und Erfordernissen einzuordnen, zu benutzen und – je nach Bedarf – zu belohnen oder zu verwerfen. Damit ist die Frage nach der Herrschaft über die Menschen gestellt; zu seiner Zeit und für uns heute: Verhalten wir uns knieweich, in brüderlicher Eintracht mit den Herren und ihren Vasallen oder nach der Lebensperspektive des Jesus von Nazareth, in Solidarität mit den Armen, Kranken und Verachteten?
Es sollte nun möglich sein, diesen Satz mit einem konkreten Beispiel aus der jeweiligen Gemeindesituation heraus zu belegen und anschaulich zu beschreiben. Dabei sollten auch die möglichen Konflikte mit der weltlichen und auch kirchlichen Obrigkeit zur Sprache kommen.
Weihnachten, das bedeutet, hier ist ein Schlüssel angeboten für mich und meine Zeit. Dieser Schlüssel aber hat die Gestalt des Kreuzes. Dieser Schlüssel sucht beinahe wie von selbst mein Herz und meinen Verstand. Er will sie aufschließen und füllen mit der Zärtlichkeit Gottes zu uns Menschen. Er will uns die Liebe Gottes zu den Menschen, so, wie sie am Leben und Sterben Jesu von Nazareth erfahrbar waren, ins Herz senken.
Psychologische Trainings und Kurse liegen im Trend unserer Zeit. Selbsterfahrungsgruppen und oft sündhaft teure Sitzungen mit ernstzunehmenden Psychologen, aber auch so manchen Scharlatanen sind »in«. Viele hoffen, sich damit einen Zugang zu sich selbst erarbeiten zu können. Das psychische Elend treibt viele dazu, in Gruppen und oft auch esoterischen Zirkeln den Bedürfnissen ihrer Seele auf die Spur zu kommen. Dabei ergibt sich oft genug, daß das Suchen nach dem eigenen Ich zu einem endlosen Herumirren in den dunklen Gängen der eigenen Seele wird. Weihnachten will auch für dieses Suchen ein Ziel anbieten. Der Schlüssel zu den verborgenen Kammern unserer Seele ist uns angeboten in der Menschwerdung Gottes. Wir erfahren hier etwas von der Zärtlichkeit, mit der Gott unsere Nähe sucht. Diese Zärtlichkeit Gottes ist der Schlüssel zur gesunden Behandlung meines eigenen Ich.
Ich würde nun beschreiben, wie sich etwa die Zärtlichkeit einer Mutter oder eines Vaters im konkreten Umgang mit einem Baby darstellt. Dabei sollte auch beschrieben werden, in welcher Weise diese Zärtlichkeit verbunden ist mit Wohlgefühl, Sicherheit, Tröstung und »hautnaher« Kommunikation.
Weihnachten ist ein Schlüssel, liebe Gemeinde, ein Schlüssel zum Verstehen unserer Zeit und unserer Gesellschaft. Weihnachten schließt mir auch die verborgenen Räume meiner Seele auf. In Weihnachten erschließt sich Sinn und

Ziel meines Lebens. Dies aufzunehmen für unseren Alltag bleibt die Aufgabe für die kommenden Tage, ja für unser Leben überhaupt. Dies aufzunehmen ohne jede Romantik, sondern unter der nüchternen Perspektive des Kreuzes, soll unsere Motivation sein im Umgang mit unseren Nächsten und den Problemen unserer Zeit. Dies aufzunehmen in dem Bewußtsein, daß Weihnachten ein Geschenk ist, das wir nicht kaufen können und auch selber nicht herstellen können, soll unsere Demut ausmachen im Umgang mit unseren Nächsten und mit uns selbst.
Als Konkretion könnte man noch darauf hinweisen, daß das Problem vieler Schwiegerkinder ›Vater‹ oder ›Mutter‹ sagen zu können, darin besteht, daß ihnen eine ›Baucherfahrung‹ als Schlüssel zum Zugang ihrer Schwiegereltern fehlt. Ein juristischer Akt oder eine intellektuelle Bemühung leisten dies nicht, genauso wie wir nicht aus theologischer Einsicht oder nach dogmatischem Studium ›Abba‹ sagen können.

Ein Kontext

Max Frisch, Tagebuch 1946–1949, Frankfurt/Main 1950, Lizenzausgabe Knaur Taschenbuch München-Zürich 1970, S. 26:
»Wir wissen, daß jeder Mensch, wenn man ihn liebt, sich wie verwandelt fühlt, wie entfaltet (wie entschlüsselt [N. S.] und daß auch dem Liebenden sich alles entfaltet, das Nächste, das lange Bekannte. Vieles sieht er wie zum ersten Male.«

2. Weihnachtsfeiertag

Predigttext: 2. Korinther 8,9
Rolf Heinrich

Theologisch-homiletische Skizze
Als ich in der Christvesper Heiligabend erzählte, daß Maria und Joseph »nur« verlobt waren, Jesus ein uneheliches Kind war und daß die ersten Besucher in Bethlehem – die Zigeuner der damaligen Zeit – Hirten waren, da sagte ein Mann am Ausgang zu mir: »Mußten Sie das ausgerechnet heute erzählen?«
An Festtagen sind Menschen eingestellt auf Nicht-Alltägliches. Dahinter verbirgt sich der Wunsch, sich eine Atempause zu gönnen und für den oft tristen und grauen Alltag Mut und Kraft zu schöpfen; dafür werden die Anstrengungen der Vorbereitungen für die Festtage Jahr für Jahr unternommen. Der Wunsch des natürlichen Menschen ist es, die Geburt Jesu Christi dem grauen Alltag zu entreißen, sie zu verklären.
Gott begegnet aber den Menschen in der Geburt seines Sohnes auf der Seite der Schwachen und Armen mitten im Alltag der Welt – da, wo Menschen ihn eigentlich nicht erwarten. Deshalb steht am Anfang der Stall und am Ende der Galgen, deshalb scheinen Leben und Kreuz Jesu vor in der Geburt.
Für den Alltag der Welt steht das Geld und die Macht des Geldes. Das wird in der Regel verschwiegen (»Über Geld redet man nicht, man hat es«), aber auch die, die es nicht haben, die verschämten Armen in unserer Umgebung, können ihre Armut nicht zugeben, weil sie diese als Makel und persönliches Versagen empfinden in einer Gesellschaft, in der propagiert wird, daß jeder es zu etwas bringen kann, wenn er nur will. *Das Evangelium der Armen wird in den materiellen Bedingungen des Alltags gelebt und verkündet.* Gewöhnlich besteht – auch bei mir – der Hang, von so etwas Schmutzigem und Profanem wie Geld nicht zu reden, jedenfalls nicht im Zusammenhang mit dem Heilswerk Jesu Christi. Mit Paulus muß ich es nicht für einen Raub göttlicher Souveränität halten, wenn ich im Zusammenhang mit einer so profanen Bitte um Geld vom Heilswerk Christi rede. Ganz alltägliche Dinge des Zusammenlebens werden theologisch verstanden und gewertet, entscheidend ist dabei die Frage nach dem Verhältnis von Armen und Reichen.
Gewohnt bin ich es, von Armen in der sogenannten Dritten Welt zu sprechen. Aber ich übersehe, daß in meiner eigenen Nachbarschaft, in unserem Land Arme leben. Für den fernen Nächsten kann eher Mitleid geweckt werden als für das Elend und die Armut vor der eigenen Haustür. Die Solidarität der Armen und mit den Armen beginnt in der eigenen Gemeinde, vor der Haustür. Solidarität heißt nicht in erster Linie, freiwillig verzichten. Freiwillig verzichten kann nur der, der etwas ist oder hat. Vom Überfluß etwas abgeben (gegen Spendenbescheinigung) ist etwas anderes als teilen. Es geht um wirtschaftliche Gerechtigkeit und wirtschaftliche Gleichheit, es geht um Ausgleich (2. Kor. 8,13 u. 14). Ausgleich, nicht Strafe soll die Reichen treffen (Lk. 1,53). Der beste Kommentar zu 2. Kor. 8,9 ist daher nicht so sehr Phil. 2,5–11, sondern sind die biblischen Geschichten, in denen

vom Verhalten Jesu zu Reichen berichtet wird (Mk. 10,17ff.), besonders zu beachten ist dabei das Verhalten Jesu gegenüber den »häßlichen« Reichen: Zöllnern, Prostituierten. Es gibt nicht *die* Reichen und *die* Armen, es muß jeweils der konkrete Reiche und Arme im Blick sein. So hat Jesus sich dem reichen Jüngling gegenüber ganz anders verhalten als dem reichen Zöllner oder der reichen Prostituierten gegenüber. Vom reichen Jüngling hat er das Teilen gefordert, den reichen Zöllner hat er angenommen, wie er war, weil er ausgestoßen und verachtet war, trotz seines Reichtums, und das Teilen war Folge der Annahme durch Jesus.

Im Mittelpunkt steht, was Jesus tat, nicht was er war. Jesus verzichtete freiwillig, er verzichtete freiwillig darauf, ein religiös, politisch oder wirtschaftlich Mächtiger zu werden, er verzichtete auf Karriere und Macht, er verzichtete darauf zu fliehen, als er verfolgt und gekreuzigt wurde. Er verzichtete »um unseretwillen«: Wenn ich daran erinnere, daß Jesus bedingungslos an der Seite der Armen und Leidenden lebte und ihnen die frohe Botschaft verkündete, damit sich in ihrem Leben etwas änderte, dann weist mich diese Erinnerung darauf hin, daß die materiellen Beziehungen nicht den Wert oder Unwert des menschlichen Lebens ausmachen. Das muß in den Ohren der Armen, die zuwenig haben, um überhaupt leben zu können, wie Hohn klingen. Aber die, die reich sind, können oft nicht teilen, weil sie Angst haben zu verlieren, was sie sind. Wenn ich nur das bin, was ich habe und besitze, wenn ich den Wert meiner Person von meiner Macht und Stellung abhängig mache, dann habe ich Angst, ein Niemand zu sein, wenn ich verliere, was ich habe (»Hast-du-was-dann-bist-du-was«). Wenn ich erfahre, daß der Wert meines Lebens nicht im Haben, sondern in meinem Sein liegt, weil ich ein Mensch bin, geliebt und geachtet von anderen Menschen und von Gott, dann muß ich mich nicht krampfhaft an meine Güter und Gelder klammern. Solange ich in einer Gesellschaft lebe, in der der Wert oder Unwert des Menschen über die Haben-Strukturen (Geld, Ansehen, Macht, Titel, Prestige) läuft, fällt es mir schwer zu teilen und anders zu leben. Aber es ändert sich nichts im Zusammenleben, wenn ich warte, bis die Strukturen geändert werden, sie ändern sich nur, wenn Menschen anders leben. Deshalb hat Jesus den reichen Jüngling konkret aufgefordert zu teilen und zugleich allgemein von »den Reichen« gesprochen und damit die Strukturen der Gesellschaft im Blick gehabt und öffentlich angegriffen (Lk. 6,20ff., Mk. 10,25; Lk. 14,13–21;) Aber: »Erst wer Maßstäbe eines besseren Lebens kennt oder antizipieren kann, reagiert sensibel auf Armut und Elend.« (G. Theißen, Soziologie der Jesusbewegung, München, 1981[3], S. 40)

Am 2. Weihnachtstag stellen sich Menschen wieder auf den Alltag ein, zugleich wollen sie etwas von der Weihnachtsstimmung bewahren und in den Alltag hinüberretten. Die Erwartungen und der Druck der Anforderungen an ein harmonisches und friedliches Familienfest sind vorbei, einige sind froh, daß die Feiertage überstanden sind, weil besonders an Festtagen schmerzliche Erinnerungen gegenwärtig werden oder weil besonderes Leiden die Familie belastete (Arbeitslosigkeit, Krankheit, Einsamkeit). Zugleich haben Menschen ein wehmütiges Gefühl oder das Gefühl, das einen schalen Geschmack hinterläßt, das sie sagen läßt: »Das soll alles gewesen sein, dafür die großen Anstrengungen?« »Im nächsten Jahr machen wir alles anders.« In dieser Situation sollte der Gottesdienst versuchen, eine Brücke zu schlagen zwischen den Stimmungen und Gefühlen der Festtage und dem Alltag, indem der Zusammenhang zwischen der Weihnachtsbotschaft vom Armwerden Jesu und unserem Umgang mit Geld deutlich wird. Nicht um Menschen nachträglich oder vorausschauend ein schlechtes Gewissen zu machen, sondern um etwas sichtbar werden zu lassen davon, daß wir durch Jesu Armut reich und ermutigt werden, anders zu leben, zu teilen und mitzuteilen, was uns ängstigt und wo wir selbst arm sind.

Vorschläge zur Liturgie

Begrüßung

Wir reichen uns die Hände. Ich gebe mich in die Hand des anderen. In seinen Händen schlägt der Puls. Ich nehme teil am Leben des anderen. Das ist oft gar nicht so leicht, am Leben des anderen teilzunehmen. Viele Dinge halten mich ab. Bin ich nicht mit mir selbst genug beschäftigt? Trotzdem wünsche ich mir, am Leben des anderen teilzunehmen, mich anrühren zu lassen von dem, was ihn betroffen hat, wo er arm ist und wo er reich ist durch Jesus Christus.

Eingangsspruch

Selig sind die Armen, denn das Reich Gottes gehört ihnen. Es sind Menschen da, die machen sich Sorgen um uns, sind vertraut mit uns, geben uns von ihren Kräften ab. Menschen leben mit uns, die lassen uns spüren: Du brauchst dich nicht zu fürchten, ich bin bei dir.

Sündenbekenntnis

Ich bekenne, daß ich Jesus übersehe / den Jesus, der in einer Futterkrippe liegt / und als uneheliches Kind zur Welt kommt. / Ich bekenne, daß dieser Jesus mir unbequem ist / zu dessen Geburt Hirten kommen / die von frommen Leuten gemieden werden. / Ich bekenne, daß dieser Jesus meine Gedanken und Gefühle stört / der als Erwachsener Reiche stören wird / Armen helfen wird / und aufdeckt, was nicht stimmt. / Manchmal decke ich diesen Jesus zu / mit Lametta und Goldkugeln / Ich höre dann lieber vom süßen Knaben mit lockigem Haar / der von Königen bei seiner Geburt besucht wird. / Aber ich tue das, weil ich selbst Angst habe / und dem Dunkel der Welt ausweichen möchte. / Ich bitte Dich, komm Du, Jesus / in mein Denken, Fühlen und Handeln / Du bist dem Dunkel nicht ausgewichen / Du wohnst in der Finsternis / und hast sie doch erhellt.

Gnadenspruch

Jesus Christus verspricht uns nicht, daß alle unsere Wünsche in Erfüllung gehen, er verspricht uns aber, daß seine Verheißungen erfüllt werden.

Gebet vor der Lesung

»Du bist der Vater welcher Armen? Ohne Zweifel der Hilfsbedürftigen, / der Unterdrückten, der Recht- und Stimmlosen. / Aber vergiß nicht die anderen Arten der Armut: / Die Armen an Liebe, / die Armen an Träumen, / die Armen an Glaube und Hoffnung. / In deiner unendlichen Barmherzigkeit / umhülle die

Ärmsten der Armen / – die reichen Armen, / die die Schatten der Macht umarmen / und durch das Leben gehen / im Glauben, intensiv zu leben / ohne tatsächlich zu leben / (Helder Camara)

Lesung
Apg. 4,32–35; Mk. 10,17–25; Lk. 4,17–19; Lk. 1,45–55.

Als Fürbittengebet
Teile alles, was du hast. Du wirst Freiheit darin finden. / Widerstehe dem Konsumzwang. Je mehr du kaufst, desto abhängiger wirst du. / In der Anhäufung von Rücklagen für dich oder deine Kinder liegt der Beginn von Ungerechtigkeit. / Es ist nicht möglich, seinen Lebensstandard innerhalb eines Tages zu ändern. Deshalb richten wir an alle die dringende Bitte, innerhalb von 7 Jahren schrittweise alles aufzugeben, was nicht unbedingt erforderlich ist. / Mache deine Wohnräume zu einem Ort, an dem andere immer willkommen sind, zu einem Haus des Friedens und des Verzeihens. / Du hast Nachbarn im Treppenhaus, im Wohnviertel. Nimm dir Zeit, immer wieder auf sie zuzugehen. Du wirst dabei oft auf große Einsamkeit stoßen und feststellen, daß die Grenze der Ungerechtigkeit nicht nur zwischen Kontinenten, sondern einige hundert Meter von deiner Wohnung entfernt verläuft. / Lade andere zum Essen ein. Ein Fest wird eher bei einem einfachen als bei einem übertriebenen Mahl entstehen. / Setze deine Kraft dafür ein, daß für alle menschenwürdige Arbeitsbedingungen erreicht werden. / Wenn es dir bei deiner Arbeit nur auf Karriere, Konkurrenz und hohes Gehalt ankommt, bist du nahe daran, andere auszubeuten oder selbst ausgebeutet zu werden. / Wir Menschen sind eine einzige große Familie. Kein Volk, kein einziger Mensch ist von ihr ausgeschlossen. / Kann einer, der menschliche Liebe nicht erfahren hat oder sie anderen nicht entgegenbringt, den Kampf für den Menschen und ein Leben in Gemeinschaft mit Gott verstehen? / Laß in der Stille ein Wort von Christus in dir lebendig werden und setze es gleich in die Tat um. (nach dem 2. Brief an das Volk Gottes von Roger Schutz, Taizé, geschrieben in den Slums von Kalkutta, Dezember 1976).

Lieder
EKG 27,1,2,3,4,9; EKG 414,1,2,3,6; EKG 218,1–5; EKG 159,1–3; EKG 486,1+2

Zur Predigt

Möglicher Anfang
Ich weiß nicht, wie Sie die Feiertage erlebt haben. Ich wünsche mir, daß die Weihnachtstage so verlaufen sind, wie Sie es sich gewünscht und vorgestellt haben. Ein Fest im Kreis Ihrer Familie. Es war etwas zu spüren von Wärme und

Geborgensein. Sie haben gefühlt, daß jemand an Sie gedacht hat und Ihnen mit seinen Geschenken eine Freude machen wollte, selbst wenn die Geschenke nicht so ganz Ihren Geschmack getroffen haben. Sie haben sich erinnert an Ihre Kinderzeit. Wenn Sie mit Kindern gefeiert haben, sind Sie angesteckt worden von der Freude und den leuchtenden Augen der Kinder. Vielleicht sind einige von Ihnen erleichtert, daß die Feiertage bald vorbei sind, weil sie allein waren, weil schmerzliche Erinnerungen sie bedrückten oder weil sie Weihnachten nicht so unbeschwert feiern konnten wie in den vergangenen Jahren. Vielleicht waren einige von Ihnen von den Mühen des Alltags noch so gestreßt, daß sie gar nicht richtig zur Ruhe gekommen sind. Sie konnten die Ruhe der Feiertage nicht genießen, weil sie noch zu sehr im Alltag gefangen waren. Jahr für Jahr nehmen Menschen Kraft, Anstrengungen und Mühen der Vorbereitungen auf sich, um Weihnachten so zu feiern, wie sie es von den alten Weihnachtsliedern her fühlen: Still und fröhlich und: Freue Dich, freue Dich!
Manchmal möchte ich an diesen Feiertagen nicht daran erinnert werden, wie Jesus geboren ist und warum er arm geworden ist. Manchmal möchte ich – gerade in harten Zeiten –, daß Jesus geboren ist in einer warmen Stube, draußen liegt Schnee, die Bratäpfel schmoren im Ofen und die Famiie sitzt um den Tisch und singt Lieder. Manchmal möchte ich, daß Jesus als Sohn ehrbarer Eltern zur Welt gekommen wäre, wenn schon nicht als Sohn eines mächtigen und angesehenen Mannes. Aber Jesus begegnet mir da, wo ich ihn nicht vermute, ja wo ich ihm nicht begegnen möchte. Er ist dem Elend nicht ausgewichen. Manchmal – besonders an Feiertagen – möchte ich nicht schon wieder an all das Elend erinnert werden. Ich möchte abschalten, ausspannen, das Leben ist hart genug. Mußt Du, Jesus, mich dann noch darauf stoßen, wie hart es sein kann? Aber ich muß hindurch, um Dir zu begegnen: In der Nacht lernt der Christ sehen, und Du wohnst im Finstern und hast es doch erhellt.

Zum weiteren Verlauf

Als ich in diesen Tagen den Brief eines achtjährigen Mädchens las, ist mir der Sinn von Weihnachten aufgegangen. Es gibt in Deutschland ein Dorf, das heißt »Himmelpforten«, und immer in der Vorweihnachtszeit schreiben viele Kinder an das Christkind oder den Weihnachtsmann. Diese Briefe werden dann nach Himmelpforten (in der Nähe von Stade) geschickt. Die Post hat extra einen Beamten abgestellt, um all diese Briefe zu beantworten. Die achtjährige Bianca und die siebenjährige Biggi haben an das Christkind folgenden Brief geschrieben: »Liebes Christkind, wir haben viele Wünsche, aber leider dürfen wir uns nichts wünschen, weil unser Vater schon lange keine Arbeit mehr hat. Die Mutter weint viel, weil wir soviel Schulden haben und die Miete nicht mehr zahlen können. Papa ist schon 55 Jahre alt und sehr krank. Mutti weiß nicht mehr, was sie uns anziehen soll.« Dieser Brief ist kein Einzelfall, der Postbeamte war ratlos. Ich weiß nicht, was er getan hat, vielleicht eine Sammlung unter den Kolle-

gen und im Dorf organisiert, um Bianca und Biggi zu helfen, wenn diese Hilfe auch nur kurze Zeit wirkt. Was aber ist mit den vielen Kindern, die in einer ähnlichen Situation sind? Was kann die Gemeinde tun, wenn sie entdeckt, daß in ihr Menschen arm sind oder werden?
2. Kor. 8,1–15 frei nacherzählen, darin einbetten 2. Kor. 8,9
Das Geld, um das Paulus bittet, sind nicht Almosen oder Brosamen, die vom Tisch der Reichen fallen, sondern er bittet um eine gerechte Verteilung des Geldes. Finanzieller Ausgleich ist etwas anderes als vom Überfluß spenden.
Zunächst aber macht Paulus das Armsein und die Armut öffentlich. Aufgabe der christlichen Gemeinde ist es, verschämte und verschwiegene Armut öffentlich zu machen und Menschen zu ermutigen, offen über ihr Armsein zu reden, ohne Angst zu haben, ausgestoßen oder bemitleidet zu werden.
»Geld regiert die Welt«, nach dieser »Weisheit« leben auch Christen, und besonders die, die zuwenig zum Leben und zuviel zum Sterben haben, wissen, wie wahr dieser Satz ist. Das, was Jesus getan hat (2. Kor. 8,9), wofür er gelebt hat und wofür er gestorben ist, ist nicht zu erhaben über menschliche Dinge oder gar zu »heilig«, daß es nicht mitten im harten Erdreich des Geldes geschieht.
Warum fällt es Menschen so schwer zu teilen – auch mir selbst? Viele Entschuldigungen fallen mir ein: »Jeder muß selbst sehen, wo er bleibt.« – »Jeder ist sich selbst der Nächste.« – »Hilf dir selbst, dann hilft dir Gott.« – »Ich muß hart arbeiten für mein Geld.« – »Ich brauche schließlich ein paar Notgroschen.« – »Wer arbeiten will, der bekommt auch Arbeit.« – »Wer Verantwortung trägt, der muß auch besonders viel verdienen.«
Solange der Wert des Menschen davon abhängt, wieviel er verdient, was er sich leisten kann und was er besitzt, so lange wird er Angst haben, nichts mehr wert zu sein, wenn er keine Macht, kein Ansehen und keine Reichtümer hat.
(Zwei Frauen unterhalten sich über den Beruf ihrer Männer. Die eine sagt: »Mein Mann verdient 3000,– DM im Monat.« – »Und meiner hat 30 Leute unter sich«, antwortet die andere. Sie erzählen sich nicht, worunter ihre Männer am Arbeitsplatz leiden, wovor sie Angst haben, wie schwer ihre Arbeit ist. Sie gewinnen ihr Selbstwertgefühl durch den Geldwert der Arbeit und die Macht und Stellung ihrer Männer)
Jesus erinnert uns daran, daß der Wert des Menschen nicht von dem abhängt, was er hat oder besitzt, sondern sein Wert liegt in seinem Mensch-Sein. Das erkennen und auch so leben können, das wird uns reich und fröhlich machen, deshalb ist Jesus arm geworden, damit wir den Wert des menschlichen Lebens nicht länger abhängig machen müssen von dem, was wir haben. Wenn ich erlebe, daß ich als Mensch angenommen und geliebt bin, unabhängig von meinem Ansehen und meinem Besitz, dann kann ich brüderlich teilen. So zu leben aber ist unsagbar schwer.

Beispiele in der Predigt (alternativ):
1. In einer Gemeindegruppe – während einer Gesprächswoche zum Thema ›Arme und Reiche‹ – haben alle auf einen Zettel geschrieben, wieviel Geld ihnen im Monat zur Verfügung steht, was sie davon unbedingt brauchen, wieviel Kinder sie ernähren müssen, wie groß die Familie ist. Die Zettel wurden eingesammelt, und eine gewählte Gruppe (3 Personen) rechnete die Einnahmen zusammen und verteilte dann das Geld neu nach den Bedürfnissen der einzelnen. Es kam dabei eine Umverteilung des Geldes heraus. Als gefragt wurde, ob diejenigen, die auf einen Teil ihres Einkommens verzichten müßten, das für gerecht hielten und auch wirklich tun würden, antworteten einige: »Ja, aber es müßte gewährleistet sein, daß sich einige nicht auf Kosten der anderen ein schönes Leben machen.« Im Spiel war die Verteilung des Einkommens möglich, aber in Wirklichkeit?
2. *Symbolhandlung* (kann erzählt oder im Gottesdienst gespielt werden, im Anschluß an das Spiel: Gespräch)
Eine Gruppe sitzt im Kreis, jeder hat einen 1 m langen, vorne angespitzten Holzstab (dünne Bambusstäbe gibt es in Gärtnereien zu kaufen), in der Mitte des Kreises steht eine Schüssel mit Brot. Jeder soll nun versuchen, ein Stück Brot zu essen. Dabei darf der Holzstab nur am Ende angefaßt werden. Erfahrungsgemäß versucht jeder zunächst, das aufgespießte Stück Brot in den Mund zu bekommen. Es gelingt ihm nicht, da der Stab zu lang ist. Erst wenn einer den anderen füttert, können alle essen.
3. *Halbsätze vollenden* (kann im Gottesdienst geschehen oder vorher in Gemeindegruppen, dann davon erzählen)
Auf einem Zettel stehen zwei Halbsätze, die ergänzt werden sollen: »Ich bin arm dran, weil ...« – »Menschen in unserem Stadtteil sind arm dran, weil ...«
Beispiel: »Ich bin arm dran, weil ich wenig Zeit für Frau und Kinder habe; weil ich viel zuwenig das sagen kann, was ich fühle; weil ich andere brauche, denen es noch schlechter geht als mir; weil meine Meinung nichts gilt. Menschen in unserem Stadtteil sind arm dran, weil sie ihre Arbeit verloren haben; weil sie in schlechter Luft leben müssen; weil sie nicht anerkannt werden; weil sie ohne Hoffnung sind; weil sie allein leben müssen; weil sie mit 350 DM im Monat auskommen müssen.«
Nur wer über sein eigenes Leiden, über sein eigenes Arm-Sein reden kann, kann mit anderen leiden und teilen. Gott ist in Jesus Mensch geworden, er ist in ihm arm geworden, weil er in dem harten Erdreich von Geld und Gewinn, von Armut und Leiden Geschichte machen will, damit sich doch noch was ändert in diesem Leben. Jesus wird der Freund der Menschen, die arm sind, die ausgestoßen und einsam sind, die verzweifelt sind, die von sich selbst und anderen nichts mehr erwarten. Nicht damit alles beim alten bleibt, nicht damit Menschen, die leiden, weiterleiden, er wird Freund der Menschen und arm, damit die, die im Dunklen wohnen, nicht verzweifeln. Er wird Freund der Menschen, damit Men-

schen nicht aufgeben, weder sich selbst noch andere Menschen. Er wird Freund der Menschen, damit die Armen reich werden, auch die, die arm an Liebe, arm an Träumen, arm an Glauben und Hoffnung sind. Er wird Freund der Menschen, damit wir nicht aufhören zu hoffen und dafür zu leben, daß es eine Erde gibt, auf der alle Menschen glücklich und in Frieden leben können. Ist das zu viel und zu groß, was wir erwarten?
Konfirmanden, mit denen ich die Weihnachtsgeschichte nach Lukas gelesen habe, haben anschließend ihre Wünsche zu Weihnachten aufgeschrieben: »Alle Menschen sind gleich viel wert. Jeder Mensch hat eine gute Wohnung. Jeder Mensch hat genug zu essen. Jeder hat eine Arbeit, die ihm Spaß macht. Jeder teilt mit jedem. Wer zuviel hat, gibt dem, der weniger hat, was er zum Leben braucht.«
Ich finde es ermutigend, daß unsere Kinder auch heute noch solche Wünsche haben. Können wir diese Wünsche auch leben? Ich stelle mir das so vor: Wenn in unserer Gemeinde Menschen entlassen werden müssen, weil zuwenig Geld da ist, dann verzichten die übrigen, die noch Arbeit haben, auf einen Teil ihres Gehaltes, z. B. auf das Weihnachtsgeld, damit unsere Schwester oder unser Bruder nicht arbeitslos wird. Wenn das geschieht, dann ist Weihnachten, auch wenn es mitten im Sommer ist.

Kontexte

»Geht uns mit gutem Beispiel voran und beseitigt die Unrechtssituationen, die in eurer eigenen Gesellschaft bestehen. Ändert zunächst einmal bei euch die falschen Strukturen, damit es keine Armen mehr gibt inmitten eures Reichtums! Geht uns mit gutem Beispiel voran und schafft schnell und entschieden Gerechtigkeit bei euch!« (Helder Camara)

»Die Nachtlager.
Ich höre, daß in New York / An der Ecke der 26. Straße und des Broadway / Während der Wintermonate jeden Abend ein Mann steht / Und den Obdachlosen, die sich ansammeln / Durch Bitten an Vorübergehende / Ein Nachtlager verschafft. / Die Welt wird dadurch nicht anders / Die Beziehungen zwischen den Menschen / Bessern sich nicht / Das Zeitalter der Ausbeutung wird dadurch / Nicht verkürzt. / Aber einige Männer haben ein Nachtlager / Der Wind wird von ihnen eine Nacht lang / Abgehalten / Der ihnen zugedachte Schnee fällt auf die Straße. / Leg das Buch nieder, der du das liesest, / Mensch. / Einige Menschen haben ein Nachtlager / Der Wind wird von ihnen eine Nacht lang / Abgehalten / Der ihnen zugedachte Schnee fällt auf die Straße. / Aber die Welt wird dadurch nicht anders / Die Beziehungen zwischen den Menschen / Bessern sich dadurch nicht / Das Zeitalter der Ausbeutung wird dadurch / Nicht verkürzt.« (Bertolt Brecht, in: Gesammelte Werke, Frankfurt, 1967)

Das himmlische Mahl. Ein reicher Mann starb und erwachte im Paradies. Eine reichgedeckte Tafel verhieß wahrhaft himmlische Freuden. Er fragte nach dem Preis der köstlichen Gerichte. »Alles kostet nur einen Pfennig«, war die Antwort. Der Mann freute sich, denn er war sehr reich. Aber als er bezahlen wollte, schüttelte man den Kopf: »Bei uns gilt nur das Geld, das einer verschenkt hat.« Da wurde der Mann traurig. Er war plötzlich bettelarm, denn er hatte nichts in seinem Leben verschenkt.« (Nach einer alten Sage Asiens)

Wußten Sie schon? »457 000 Haushalte bei uns haben weniger als 300 DM im Monat. / 2 555 000 Haushalte haben weniger als 600 DM im Monat. / 2 065 000 Haushalte haben weniger als 800 DM im Monat. (Jürgen Roth, Armut in der Bundesrepublik, Fischer-Taschenbuch, Nr. 1427)

»Nicht der Machthaber – / der ohnmächtige / den sie verlachten / hat an mich gedacht / Nicht der Gewinner – / der Verlierer / hat mich gewonnen.« (L. Zenetti, Texte der Zuversicht, 1976, S. 261)

Altjahrsabend

Predigttext: Hebräer 13,8–9b
Jürgen Frank

Theologisch-homiletische Skizze

»Jesus Christus ist gestern und heute derselbe und bleibt es auch in Ewigkeit.« (NT 75) Liest man den Kernsatz unserer Perikope in ihrem Kontext, wiederholt sich der Höreindruck, wie ihn W. Jetter beschreibt: »Das ist ein fast verwirrender Platzregen von lauter Ermahnungen. Man weiß kaum, wo man zuerst hinhören soll, so kommt das Schlag auf Schlag: die brüderliche Liebe, die Gastfreundschaft, die Solidarität mit den Gefangenen, der christliche Ehestand, die rechte Einstellung zum Geld, die Sorglosigkeit im Alltag und die Zivilcourage unter den Leuten. Dazu, nicht zu vergessen, die Pietät gegenüber der Kirche, ihren Einrichtungen und Vertretern, die Bewahrung des Herkommens ... die Glaubensbeständigkeit also, das feste Herz. Aber aus den vielen Ermahnungen ragt ein Satz heraus, der uns in die Augen sticht wie die Schlagzeile in der Zeitung; der aus dem Rahmen fällt und einer ganz anderen Dimension anzugehören scheint ... Ist der es nicht, den wir hier zuerst und vordringlich ansehen müssen, um die anderen Ermahnungen alle recht zu begreifen; Geht es am Ende in den andern allen um diesen einen? Will der sich in ihnen entfalten?« (Unterwegs mit dem Wort, 134)
Der Ertrag der Exegese zeigt: Er will – und er kann dies sogar über die Grenzen des unmittelbaren Kontextes hinaus. In seiner Formelhaftigkeit verträgt es der Bekenntnissatz, als »Brennpunkt« des gesamten Hebräerbriefes aufgefaßt zu werden. Den ganzen Brief »trägt eine tiefe Gottesgewißheit, daß in dem Geschehen ›Jesus Christus‹ Gott auf eine unüberbietbare, endzeitlich-endgültige Weise gesprochen hat und spricht.« (Exegetisches Beiheft, MA 3) Wer also in der »Scheitelpunktsituation« Silvester für die Gedankenfülle aus Rückblick und Vorausschau eine ordnende Mitte, einen »Brennpunkt« sucht, mag sich von dem Verfasser des Hebräerbriefes anregen lassen. Die zahlreichen Predigten über diesen Text zeigen, daß er diese Brennpunktfunktion offenbar auch haben kann, wenn man ihn von den speziellen Konkretionen des Hebräerbriefes löst. Situation und Adressaten wechseln, wenn er als Predigttext bei den verschiedenen Amtshandlungen in hervorgehobenen Situationen nicht nur des persönlichen Lebens zur Sprache hilft, sondern auch des kirchlichen und gesellschaftlichen Lebens. Im Blick auf erlebte oder zu erwartende Wechselfälle des Lebens den Glauben an seinem Grunde zu stabilisieren, »Jesus neu in lebendige Erinnerung zu rufen« (Exegetisches Beiheft) – ich mache mir das Anliegen des Hebräerbriefes für die Planung des Silvestergottesdienstes gern zu eigen.
»Jesus Christus ist gestern und heute derselbe« – soll die Gemeinde dieses Bekenntnis mitvollziehen und diese Hoffnung – »und bleibt es auch in Ewigkeit« – nachsprechen können, muß der Gottesdienst mit Musik, Texten und Bildern reizen, den weiten Horizont mit eigenem Leben zu füllen. Die Zusammenstellung der verschiedenen Medien steht unter dem Leitgedanken: Jesus begegnet Menschen zu verschiedenen Zeiten und in unter-

schiedlichen Lebenszusammenhängen jeweils anders. Die Aktualisierung dieser Erfahrung ermutigt zu der Hoffnung: Warum sollte das morgen nicht so sein? Diese Erfahrung und diese Hoffnung finden ihren Ausdruck in der Rede vom »Erhöhten«. »Sie hält zweierlei fest, nämlich das Christus-sein Jesu und zum andernmal seine gottgleiche Unveränderlichkeit«. (Strobel, NTD 9,247) In der Möglichkeit seiner Erfahrbarkeit gerade in der Vielfalt der Gestaltungen in der Geschichte nicht nur des persönlichen Glaubens, sondern der Kirche ist er derselbe, ist er treu. Damit wird die Treue Jesu, seine Identität in der Vielfalt, zum Leitmotiv der Gottesdienstgestaltung. Es gilt verständlich zu machen, daß »der Christus von gestern nicht eine bloße Erinnerung, ein Ideal oder ein erstarrtes Dogma bleibt, sondern heute so lebendig wird wie einst; aber auch, daß der Jesus Christus von heute derselbe sei und kein anderer als der von gestern«. (Jetter, 142)
Die durch Musik, Texte und Bilder dargestellte Vielfalt der Jesusbilder mag für Wahrnehmung auch künftiger Vielfalt öffnen, mag dafür sensibel machen, in ganz neuen und überraschenden Erscheinungsformen ›denselben‹ Jesus zu erkennen. Will eine Silvesterpredigt Neugier für vorausliegende Erfahrungen mit Jesus wecken, muß sie sich gegen eine vorschnelle Stabilisierung schützen, die durch den Kurzschluß entsteht: das Altvertraute wird auch das zu Erwartende sein. Der Versuch, auf vielfältige und überraschende Erfahrungen einzustimmen, wird mit Widerständen rechnen. Das Verlockende kann auch als bedrohlich erlebt werden. »Dem Menschen ist die Stabilität eines auf welche Art immer zustande gekommenen Weltbildes (bzw. Jesusbildes) so wichtig, daß er für sie allerlei Kräfte mobilisiert. Neue Informationen, die mit dem einmal gewonnenen Urteil oder Bild in Widerspruch stehen, stören dessen Eindeutigkeit und Sicherheit und werden darum instinktiv abgewehrt. Selbst wo solche Informationen – etwa aufgrund von Augenschein – unwiderlegbar sind, versucht man sie als Ausnahme zu werten, nur damit das ursprüngliche Vorurteil beibehalten werden kann.« (E. Lemberg, Ideologie und Gesellschaft, 1971)
Wie die Verfestigung des Jesusbildes die Erfahrung der Gegenwart Christi verhindert, soll durch die Zigeunergeschichte vom ›Besuch des Herrn‹ anschaulich werden.
Dem Morgen Jesu, seiner Zukunft, wird sich der öffnen, der liebt – in jenem aktiven, als Kunst verstandenen Sinn (E. Fromm). Lieben als erlernbare Fähigkeit, nicht als Warten auf das große Gefühl, sondern als Bemühen, die Liebesfähigkeit zu verbessern, die sich zeigt im geduldigen Suchen, Schauen und Lauschen. Diese Liebe ist offen für die Entfaltungen Jesu, weil sie offen ist für die Verwandlungen des Geliebten (vgl. die in den Kontexten zitierten Beispiele von M. Frisch). Daß dieses Bemühen und diese Offenheit die Erfahrung der Begegnung, die Erfahrung der Ereignung Jesu in meiner Lebenswirklichkeit nicht garantiert, steht außer Frage. Aber könnte nicht der Silvestergottesdienst wie die Gottesdienste des kommenden Jahres zu Stationen einer Abenteuerreise werden für die Gemeinde und den Prediger, sich auf neue Entfaltungen Jesu einzulassen? Das wäre eine leidenschaftliche Spurensuche, die zur Identifizierung des Gesuchten den Schatz der Geschichte von Suchen und Entdecken zu nutzen weiß. ›Du suchtest mich nicht, wenn du mich nicht gefunden hättest‹ – es ist eine Spannung zwischen den Liebenden, und man lernt sich lieben, indem man sich genauer kennenlernt. Mit diesem Vorsatz treten wir in den Horizont des Bekenntnisses: »Jesus Christus ist gestern und heute derselbe und bleibt es auch in Ewigkeit.

Vorschläge für die Liturgie

Anhand von Christusbildern Erfahrungen aktualisieren und für neue Erfahrungen öffnen – dieser Leitgedanke bestimmt die Auswahl der liturgischen Stücke. Christus-Bilder: Damit sind Bilder der Tradition und der Gegenwart gemeint, äußere und innere, Bilder aus Glauben und Zweifel entstanden, Bilder, wie sie sich in biblischen, literarischen Texten, in der Malerei und in der Musik Ausdruck verschafft haben.

Vorbereitung

»Wenn ich an Jesus denke, fällt mir viel ein. Und zugleich merke ich, wie wenig ich von ihm weiß. Auf unzähligen Bildern habe ich ihn gesehen, immer wieder anders. In Gestalt eines Lehrenden, eines richtenden Herrschers, ein Jüngling, ein Alter, ein Armer, ein Fürst und ein Bettler, stilisiert und mystifiziert oder in greifbarer Leiblichkeit, menschlich mehr, göttlich mehr, und immer wieder, auf all den Altären: Am Kreuz. Man kennt das. Er ist bekannt wie keiner.« (H. Nitschke, Jesus: Ihr seid meine Freunde, 7).
Wo die technischen Möglichkeiten bestehen, mag diesem Text eine Meditation exemplarischer Christusdarstellungen folgen (Dias).
Den gleichen Sinn hat es, wenn die ausgewählten Lieder im Blick auf das sich in ihnen artikulierende Christusverständnis eingeführt werden.

Lieder

Gelobet seist du, Jesu Christ EKG 15; Herr, der du Mensch geboren wirst EKG 34;

Texte

Die Weite des angestrebten Horizontes läßt sich am besten durch den Christushymnus des Philipperbriefes beschreiben. Phil. 2,5–11

Als nichtbiblische Texte können von Gedichten Anstöße zur Aktualisierung eigener Erfahrungen ausgehen:
Was Jesus / für mich ist? / Einer, der / für mich ist. Was ich / von Jesus halte? / Daß er / mich hält. (L. Zenetti)

Neunundzwanzig Namen für Jesus von Nazareth
Nächster. Fremder. Jude. Same.
Baum an der Quelle. Bräutigam. Weg.

Traummensch, Offene Tür, Eckstein, Schlüssel.
Löwe Judas. Lamm. Gerechter.

Hirte. Perle. Zweig. Fisch. Brot.
Wort. Weinreben. Sohn. des ... Gott. Knecht.

Ströme lebendigen Wassers. Morgenstern.
Bahnbrecher. Einziger. Unsagbar Gesagter. (H. Oosterhuis)

Gebete
Jesus, mutig träumender Bruder, / mit wachen Augen schaffst du den Tag um, / versinnlichst die Bilder, / mit denen die hungrige Seele ihr Brot bricht, / das der Tag noch verweigert. / Gib deinen Traum in unsere Träume / und mach uns beharrlich / bei neuen Gestaltungen / an dir erfahrenen Lebens.

Jesus, Nähe suchender Bruder, / Tage und Nächte hast du geteilt mit den Freunden / und auch die Erfahrung, daß in größerer Nähe / auch der Schmerz sich vergrößert und unsere Schwächen, / durch die wir aneinander leiden. / Erwärme die Kälte gegeneinander, / den Stolz, der sich sperrt, / aus der Vergebung zu leben. / Damit wir nicht warten auf die Wandlung des andern, auf den vollkommneren Nächsten, / sondern in schmerzoffener Liebe den anderen suchen, / bereit zum Vergeben.

Wenn wir uns bewegen, bist du noch zu fühlen, / Jesus, unser Bruder, / und wenn wir sprechen, hört man dich auch. / Da, wo wir essen und mit uns die Brüder, / kann man dich schmecken, genießen im Wein. / Auch als Berührung von Händen, / die trösten und segnen, / und als vorsichtig suchende Schritte, / die tastend sich nahn, / gebrauch du unsre Sinne und mach sie empfindlich, / die Sehnsucht nach Leben weiterzugeben.

Vorschläge für die Predigt
Möglicher Anfang
In seinen Geschichten von Herrn Keuner erzählt Bertolt Brecht: Ein Mann, der Herrn K. lange nicht gesehen hatte, begrüßte ihn mit den Worten: »Sie haben sich gar nicht verändert.« – »Oh!« sagte Herr K. und erbleichte.
»Sie haben sich gar nicht verändert – gestern und heute derselbe.« Ein Satz, geeignet, zwiespältige Gefühle in uns hervorzurufen. Unserer Eitelkeit tut er gut, weil ja gemeint sein kann, daß der Zahn der Zeit uns nichts anhaben konnte, das Altern keine Spuren hinterließ, der Alltag nicht, der Kummer nicht.
Nicht nur das Äußere, auch das Innere lassen wir uns gern so spiegeln: Wir hören dann einen tieferen Sinn mit, daß in allem Umbruch nämlich, in allem Wandel, in aller Unsicherheit, wir als verläßlich gelten. »Gestern und heute derselbe« – Worte anderer zu uns gesagt, von denen lassen wir uns erfassen, anfassen wie einen Halt. Ein fester Halt sein, der auch morgen noch steht – von dem man auch in einem weiteren Jahr, am besten bis in alle Ewigkeit, noch sagen kann: Er ist derselbe. Für solche Menschen ist Bedarf, man braucht sie. Wenn man uns so sieht, sollen wir es nicht gerne gelten lassen? »Sie haben sich gar nicht verändert.« Sollen wir nicht rot werden vor Freude?
Herr K. allerdings erbleichte. Denn das ist die andere Seite. »Sie haben sich gar nicht verändert«, das heißt dann schlicht: Sie sind stehengeblieben, innerlich und äußerlich hat keine Veränderung stattgefunden. Das Leben hat nicht an Ih-

nen gearbeitet, es ist spurlos vorbeigegangen – ist möglicherweise ganz ausgewandert, erloschen, erstarrt. Darüber erbleichte Herr K. In dem vorgehaltenen Spiegel sah er Totenblässe: Gestern und heute derselbe – und auch in Ewigkeit. Wenn die Eindrücke, die Bilder, die Erinnerungen an Farbe verlieren, ist das Leben auf dem Rückzug. In einem der bekanntesten Passionslieder, »O Haupt voll Blut und Wunden« – einem Lied von Paul Gerhardt – heißt es von Jesus ... »Wie bist du so erbleichet!« – ein Ausdruck der Klage und des Erschreckens über das weichende Leben. »Jesus Christus ist gestern und heute derselbe und bleibt es auch in Ewigkeit.« Ein feierlicher Satz. Läßt er erröten, bringt Farbe ins Leben – oder spiegelt er die Blässe erstarrten Lebens?

Zum weiteren Verlauf

Anhand des Zigeunermärchens »Die Alte, die auf den Herrn wartete« (Aus: Tillhagen, Taikon erzählt Zigeunermärchen, 1973), kann anschaulich werden, daß die Fixierung auf eine bestimmte Christus-Vorstellung neue Erfahrungen verschließt.

Es war einmal eine alte Frau, der hatte der Herr versprochen, sie heute zu besuchen. Darauf war sie nun natürlich nicht wenig stolz. Sie scheuerte und putzte, buk und tischte auf. Und dann fing sie an, auf den Herrn zu warten. Auf einmal klopfte es an die Tür. Geschwind öffnete die Alte, aber als sie sah, daß draußen nur ein armer Bettler stand, sagte sie: »Nein, in Gottes Namen, geh heute deiner Wege! Ich warte eben gerade auf meinen lieben Herrn, ich kann dich nicht aufnehmen!« Und damit ließ sie den Bettler gehen und warf die Tür hinter ihm zu. Nach einer Weile klopfte es von neuem. Die Alte öffnete diesmal noch geschwinder als beim ersten Mal. Aber wen sah sie draußen stehen? Nur einen armen alten Mann. »Ich warte heute auf den lieben Herrn. Wahrhaftig, ich kann mich nicht um dich kümmern!« Sprach's und machte dem Alten die Tür vor der Nase zu.« Ein weiterer Besuch ließ nicht lange auf sich warten. Die Bitte um ein Dach über dem Kopf für die Nacht schlug sie ab. Der Bittsteller mußte weiterwandern, und die Alte fing aufs neue an zu warten. Die Zeit ging hin, Stunde um Stunde. Es ging schon auf den Abend zu, und immer noch war der Herr nicht zu sehen. Die Alte wurde immer bekümmerter. Wo mochte der liebe Herr geblieben sein?

Zu guter Letzt mußte sie betrübt zu Bett gehen. Bald schlief sie ein. Im Traum erschien ihr der Herr. Er sprach zu ihr: »Dreimal habe ich dich aufgesucht, und dreimal hast du mich hinausgewiesen!«

Weit pointierter will ein Text von R. O. Wiemer für die Erfahrung Jesu im Alltag sensibilisieren:

Jesus wohnt in uns'rer Straße, / ist ein alter Mann. / Gestern bin ich ihm begegnet, / und er sah mich an. / Und er kam mir sehr allein vor, / und er sah mich an und sprach: / Kehrvers: Wer weiß denn schon, / wer weiß denn schon, / daß ich in dieser Straße wohn', / gleich um die Ecke nebenan. Jesus wohnt in uns'rer Straße, / ist ein Schlüsselkind. / Gestern bin ich ihm begegnet, eiskalt pfiff der

Wind. / Und es stand am Zaun und weinte, / und es sah mich an und sprach: / Kehrvers. (Weitere Motive sind: alte Frau, Strafgefangener).
Die Intention der verschiedenen Beispiele ist es, den Satz »Jesus, gestern und heute« nachvollziehbar zu machen. Ich kann ihn nachsprechen, wenn ich ihn als Ausdruck einer Liebe verstehe, die dem anderen seine unerschöpfliche Geräumigkeit läßt, ihn in der Schwebe des Lebendigen hält. Ein Satz, als Absichtserklärung, von dem Objekt der Liebe nicht zu lassen – und Jesus in den verschiedenen Erscheinungsformen aufzuspüren.

Möglicher Schluß
Ebensowenig wie wir unser eigenes Wesen von einem einzelnen Augenblick her erfassen können, so können wir die Bedeutung Jesu von einer einzelnen Lebensphase – vielleicht der gegenwärtigen – her erfassen. Jesus für mich – das ist zugleich immer seine Geschichte mit mir. Die Entfaltung meines Wesens in meiner Lebensgeschichte ist zugleich die Geschichte meiner Begegnungen mit Jesus. So lernen wir ihn kennen, lernen aber auch zugleich die Unabgeschlossenheit dieses Weges, die Unfertigkeit seines Bildes kennen. Das Gestern und das Heute kann uns nicht festhalten – so wichtig zu unserer Orientierung der Rückblick am Ende eines Jahres auch sein mag. Das Morgen lockt mit neuen Erfahrungen, verlockt uns zur Offenheit neuer Begegnungen mit ihm: »Jesus Christus ist gestern und heute derselbe und bleibt es auch in Ewigkeit.«

Kontexte

Zum Zusammenhang von Liebe, Offenheit und Freiheit von der Fixierung auf ein bestimmtes Jesus-Bild: Es ist bemerkenswert, daß wir gerade von dem Menschen, den wir lieben, am mindesten aussagen können, wie er sei. Wir lieben ihn einfach. – Eben darin besteht ja die Liebe, das Wunderbare an der Liebe, daß sie uns in der Schwebe des Lebendigen hält, in der Bereitschaft, einem Menschen zu folgen in allen seinen möglichen Entfaltungen ... Die Liebe befreit aus jeglichem Bildnis – Das ist das Erregende, das Abenteuerliche, das eigentlich Spannende, daß wir mit den Menschen, die wir lieben, nicht fertigwerden: weil wir sie lieben; solang wir sie lieben ... So wie das All, wie Gottes unerschöpfliche Geräumigkeit, schrankenlos, alles Möglichen voll, aller Geheimnisse voll, unfaßbar ist der Mensch, den man liebt ... (M. Frisch, Tagebuch, 31)

Zum Zusammenhang von Offenheit für neue Entfaltungen Jesu und der Fähigkeit zu lieben: Unsere Meinung, daß wir das andere kennen, ist das Ende der Liebe, jedesmal, aber Ursache und Wirkung liegen vielleicht anders, als wir es anzunehmen versucht sind – nicht weil wir das andere kennen, geht unsere Liebe zu Ende, sondern umgekehrt: weil unsere Liebe zu Ende geht, weil ihre Kraft sich erschöpft hat, darum ist der Mensch fertig für uns. Er muß es sein. Wir können nicht mehr. Wir kündigen ihm die Bereitschaft, auf weitere Verwandlungen einzugehen. Wir verweigern ihm den Anspruch alles Lebendigen, das unfaßbar bleibt, und zugleich sind wir verwundert und enttäuscht, daß unser Verhältnis nicht mehr lebendig sei. (M. Frisch, Tagebuch, 32)

Neujahr

Predigttext: Philipper 4,10–20
Walter Krug

Theologisch-homiletische Skizze

1. ›Dankloser Dank‹. Mit dieser Formel hat E. Lohmeyer 1930 Auslegern und Predigern die Schwierigkeiten, aber auch den Reiz der Arbeit an diesem Briefabschnitt angezeigt. Warum bringt Paulus es nicht fertig, vernehmlich ›Danke‹ zu sagen? Kann er von anderen nichts annehmen? Zwar quittiert er die Geldsendung, die ihn im Gefängnis in Ephesus erreicht (Vers 18), er freut sich über sie (Vers 10,14), doch nicht, weil sie ihm in der Not Hilfe war. Der Glaube der Philipper habe Frucht gezeigt. Die Antwort ist für Paulus bezeichnend: Er zeichnet seine gegenwärtigen Lebensumstände ein in den Herrschaftsbereich Christi. Dabei spürt er eine erstaunliche Fähigkeit seines Christusglaubens auf und gießt sie in feierliche Sentenzen: Ich kann die Lebenssituationen, in die ich geführt werde, bewältigen. Dazu helfen mir nicht allein die Menschen, mit denen ich verbunden bin. Christus befähigt mich, meine gegenwärtigen Lebensumstände zu relativieren. Im-Überfluß-Haben wird mich nicht korrumpieren, Hungern wird mich nicht zerbrechen. Das alles bekommt durch Christus ein spezifisches Leichtgewicht. Die Last – auch der Überfluß ist eine – wird geringer, so daß ich sie sogar lächelnd tragen kann, wie der Exeget im Supplementband* entdeckt hat. Dennoch bleibt es bei der Freude an der erfahrenen Hilfe. Der Sachverhalt – eben dankloser Dank – bleibt in eigentümlicher Schwebe.
Die Parallele zu Röm. 14 fällt auf. Auch dort (Vers 8) findet Paulus angesichts einer einfachen Frage feierliche Sätze von theologischer Reichweite: Meine Zukunft ist nicht mehr meine Sache. Ob ich lebe oder sterbe, mir ist gesagt: Du bist nicht allein. Ähnliches bekennt Röm. 8,39: Weder Hohes noch Tiefes kann uns trennen von der Liebe Gottes in Christus.
2. Was ist gewonnen? Es ist in zwei Sätzen zu sagen: 1. Paulus und die Gemeinde bleiben voneinander unabhängig. In der ›Gemeinschaft des Gebens und Nehmens‹ wird weder gefordert noch insgeheim erwartet; keiner ist verpflichtet, alles geschieht in freier Zuwendung zum andern. 2. ›In dem Herrn‹ bleiben Apostel und Gemeinde einander zugeordnet. Der ›oben‹ ist und ›unten‹ ist, beide stehen vor Gott. Sie geben beide teil, der eine an seiner Not, der andere an seiner Habe. Sie nehmen aneinander teil. Der Glaube weiß, was er zu tun hat.
3. Der Kasus ›Neujahr‹ bestimmt die homiletische Überlegung. Mehr als sonst finden sich überwiegend ältere und der Dienstgemeinschaft zugehörige Gemeindeglieder im morgendlichen Gottesdienst. Sie bringen ein nicht leicht zu entwirrendes Bündel von Gefühlen mit: Ergebene Zuversicht, die sie im Gottesdienst zu verstärken suchen; Ahnungen, ausgelöst auch durch die täglichen ›schlechten‹ Nachrichten; sie spüren leise Angst, die

* (Gottesdienstpraxis. VI. Perikopenreihe, Ergänzungsband Exegesen. Gütersloh 1983)

sich besonders bezieht auf Krankheit und Siechtum. In dieser kasuellen Situation gewinnen die Verse 11–14 noch mehr Gewicht.

4. Konkretionen liegen besonders nahe zur ›Gemeinschaft des Gebens und Nehmens‹. Es ist freilich zu fragen, ob hier das Schwergewicht der Predigt liegen sollte. Immerhin ließe sich der Sachverhalt festmachen an Vorgängen in der Ökumene, die unter dem Stichwort ›Moratorium‹ den Anfang eines Umdenkens der alten Missionskirchen zur Folge hatten. Im engeren Raum ist zu denken an alle Hilfsaktionen, die nicht anonym blieben, etwa die Hilfe für Polen oder der Versuch, gleichgewichtete Partnerschaft aufzubauen mit einer Gemeinde in der DDR. Im gemeindlichen Bereich legen sich nahe die menschlichen Verflechtungen, in denen partnerschaftlicher Umgang das Denken von ›oben‹ nach ›unten‹ ablösen muß. Das sensible Verhalten unter Gesunden und Versehrten und Behinderten steht auf dem Prüfstand, verglichen mit dem Taktgefühl des Paulus, das keinen verletzt, sondern alle von Gott umfaßt sein läßt.

5. Mit dem Gottesdienst will ich versuchen, Menschen eintreten zu lassen in den Wirkungsbereich Jesu, in dem sich das ambivalente Geschick der kommenden Lebensstrecke relativiert. Ich möchte gerne die Stärke Jesu ausspielen gegen die Angst vor dem, was kommen kann.

Vorschläge zur Liturgie

Begrüßung

Ein neues Jahr hat begonnen. Einige mögen sagen: Silvester und Neujahr sind Tage wie andere auch, von Kalendermachern so festgelegt. Wozu dann dieses ganze, große Aufheben? Das neue Jahr bringt ja doch die alten Wege und Gesichter. Andere fühlten sich in der vergangenen Nacht des Übergangs eigentümlich berührt. Der Stundenschlag um Mitternacht war ein tiefer Einschnitt für sie. Haben in dieser Nacht nicht die Glocken mit größerem Ernst geläutet? Schicksalsschwer und schicksalsbang? Wie wir es auch halten, es ist gut, mitten im Gefälle der Zeit einen Gottesdienst lang einzuhalten, nachzudenken und sich rüsten zu lassen für kommende Tage. Ich begrüße Sie herzlich zum ersten Gottesdienst in diesem Jahr.

Introitus

Psalm 8 (›Was ist der Mensch, daß du seiner gedenkst ...?‹)

Einleitung zum Bittruf

Laßt uns Gott um Erbarmen bitten / im Namen Jesu Christi, der am Anfang seines Weges / die Bibel zur Hand nahm, um alles Leben, auch unser Leben unter das Gottesrecht der Liebe zu stellen. Laßt uns rufen: ...

Einleitung zum Lobpreis

Der allmächtige und barmherzige Gott hat sich unser erbarmt. Denn so bekennt sein Apostel: Ich bin gewiß, daß weder Tod noch Leben, weder Gegenwärtiges noch Zukünftiges, weder Hohes noch Tiefes kann uns scheiden von der Liebe

Gottes, die in Christus Jesus ist, unserem Herrn. Darum laßt uns ihm lobsingen, mit allen, die an ihn glauben...

Eingangsgebet
Wir danken dir, unser Vater, daß du aller Zeit und jedem Ort gleich nahe bist. Wir bitten dich, begleite uns durch dieses Jahr mit dem einfachen Wort deiner Wahrheit und mit den Gaben deiner Liebe, damit wir uns zurechtfinden und den Mut behalten und als deine Gemeinde zusammenbleiben zu einem dienstbereiten Leben vor dir und unserem Nächsten. Durch Jesus Christus, unseren Herrn. Amen.

Schriftlesung
Lukas 4,16–21: Jesu Anfang in Nazareth

Lieder
42,1–7; 39,1–3; 288; 139 oder 274; aus ›Singe Christenheit‹ eine der beiden Vertonungen des Neujahrsliedes von Dietrich Bonhoeffer (627/628).

Vorschlag für die Predigt

Möglicher Anfang
Vor Weihnachten, liebe Gemeinde, war in der Badischen Landesbibliothek in Karlsruhe eine Ausstellung zu sehen: ›Kalender im Wandel der Zeiten‹. Der Anlaß: Der gregorianische Kalender wurde 400 Jahre alt. Und da lagen sie nun, die alten Buchkalender, ein ›ewig währender‹ vom Simplicius Simplicissimus, daneben, etwas bescheidener, ein »Hundertjähriger« Kalender, versehen mit Heiligennamen, mit Wetter- und Gesundheitsregeln, mit ergötzlichen Geschichten und – selten fehlend – mit einem großen Horoskop. In einem wird auf das Jahr 1618 gefragt: »Astrologia und Philologia, Philosophia und Theologia, Historia und Alchymie, was sagen die?«
Wird heute viel anders gefragt? Der Kalender verspricht Antwort. Weiß er sie wirklich? Der Kalender für 1618 wußte nicht, daß in diesem Jahr ein 30 Jahre dauernder Krieg anfangen wird. Aber auch so war in ihm viel von Angst die Rede. Doch er sei eine ›Mixtur gegen die Angst‹, sagt er von sich. Eine Mixtur gegen die Angst?
In diese Gedanken hinein treffen uns die Worte des Paulus, die wir gehört haben: Ich habe gelernt, mir genügen zu lassen, wie ich's finde. Ich kann niedrig sein, ich kann hoch sein. Mir ist alles und jedes vertraut; satt sein und hungern; alles vermag ich durch den, der mich stark macht. – Paulus würfelt nicht, er gießt nicht Blei, liest nicht in Sternbildern. Er richtet sich ein aufs Obensein und aufs Untensein. Es wird Zeiten geben, in denen er's im Überfluß hat, es wird Tage geben, an denen es am Nötigsten fehlt.

Weiterer Verlauf

1. Gott führt uns in verschiedene Situationen, auf die Höhe, in die dunklen Täler. Paulus schreibt diesen Brief im Gefängnis. ›Es kann mir nichts geschehen.‹ Wirklich nichts? Jeden Tag kann alles Erdenkliche und sogar Unausdenkliche geschehen. Gott gewährt den Seinen keinen Rechtsanspruch auf seinen Schutz. – Die Christen in der Gemeinde in Philippi sind »oben«, Paulus ist »unten«. Die Spende, die sie geschickt haben, zeigt es augenfällig. Tagtägliche Situation: Die einen sind vergleichsweise reich, die andern im Schatten bitterer Armut. Die einen haben Arbeit, die anderen stehen vor dem Tor, die einen sind gesund, die anderen leiden unter täglicher Beschwer. Zum erzwungenen Verzicht tritt das Gefühl: Ich bin zurückgesetzt, komme allein nicht mehr zurecht. Angewiesen bin ich auf Hilfe, abhängig von anderen. Es gibt nicht wenige unter uns, die nichts so sehr fürchten wie dieses: Abhängig zu sein.

2. Unter den verschiedenen Bedingungen hält Gott uns als seine Gemeinde zusammen. »Ich habe gelernt«, schreibt Paulus, und das läßt spüren: Nicht ohne in seine Schule gegangen zu sein, kann er niedrig oder hoch sein. Nicht das entscheidet, was wir auf unseren Lebensstrecken haben, sondern wer wir in ihnen sind, nämlich Menschen vor Gott im Herrschaftsbereich Christi. Er und die Philipper leben nicht in zwei Welten. Sie leben, oben oder unten, hungrig oder satt, in der einen Welt Gottes. Gott ist im Mangel so nahe wie im Überfluß; beides umschließt er. Die Entbehrungen der Christen in Polen schließen uns, die wir heute für sie sammeln, mit ihnen zusammen zur Dienstgemeinde Jesu. Als Leute, die ›oben‹ sind oder ›unten‹ sind, sind wir Söhne und Töchter ›unseres Vaters‹. Wer einen Behinderten trägt, kann zu ihm sagen: ›Meine Beine sind jetzt auch deine Beine‹. Wer einem Blinden vorliest, wie das vielfach in unserer Stadt geschieht, kann sagen: ›Meine Augen sind deine Augen‹. Hier ist der Grund, warum Paulus nicht ausdrücklich ›danke‹ sagt. Er braucht's nicht. Die Philipper haben den Dank schon empfangen. Ihr Helfen hat sie erneut eingebunden in die Gemeinde Jesu. Ihr Glaube hat Frucht gebracht, eine Sache, die Gott gefällt.

3. ›Ich vermag alles durch den, der mich stärkt‹, sagt Paulus. Ich kann ›oben‹ sein. Auch dazu braucht er Gott. Sattsein ist nicht leichter als Hunger haben. Und hungern ist weiß Gott schwer. Wir brauchen einen Hüter über unserem Gewissen, auch in dem, was wir ›unser bescheidenes Auskommen‹ nennen. Das Übrighaben will gelernt sein. Wer es geübt hat unterm Wort Jesu, verstehend zu haben, was er hat, wer also seine Dinge nicht so hat, als müsse er sie unter allen Umständen haben und sogar noch mehr bekommen, er wird auch leichter hineinwachsen in die andere Möglichkeit, die am Wege liegt, nämlich zu verlieren, herzugeben, wenig zu haben und ›unten‹ zu sein.

4. Ein kurzer Hinweis: Hunger und Mangel gehen dem Paulus schon unter die Haut. Er predigt nicht die dicke Elefantenhaut. Die bekommen wir nicht. Da ist keine Sorge. Nein, Paulus freut sich über die Gabe aus Philippi, so wie er wirklich gelitten hat unter den fürchterlichen Zuständen in jenen antiken Gefängnis-

sen. Also keine stoische Unempfindlichkeit. Wir brauchen einen anderen Hüter unserer Menschlichkeit.

Möglicher Predigtschluß
Wie Christus Kraft gibt, dem Glück und dem Unglück dieses Jahres entgegen zu gehen? Ich möchte mein Leben nicht abhängig sehen von dem, was man besitzen kann. Ich will, daß es aufruhe auf dem, der mein Herr ist und der mir heute einen kleinen neuen Anfang schenkt. Und ich finde einen breiten Gedankenstrom bei Paulus, der mich mitnimmt: Ich bin gewiß, sagt er, daß weder Hohes noch Tiefes mich trennen kann von der Liebe Gottes. Wir leben, hoch oder niedrig, miteinander vor Gott. Der Höhenunterschied ist nicht so groß, wie es das erschrockene Herz fürchtet. Ich höre den ruhigen Perpendikelschlag des Römerbriefs, der uns begleitet durch die Zeit dieses Jahres: Sei's Leben, sei es Tod, wir gehören dem Herrn. Darum kann Paulus diesen Briefausschnitt beginnen: Ich freue mich mit großer Freude. Woran freut er sich? Am Geschenk der Philipper? Oder an seinem Gott? Im einen freut er sich am andern. Und davon wollen wir nun singen. Amen.

Kontexte

1. Martin Gray erzählt eine Geschichte über zwei Menschen, die den gleichen Weg ein Leben lang gegangen sind und deren Lebensergebnisse ganz verschieden sind: »Weiter unten an der Straße, in der Nähe der Stadt liegt ein weißes Haus. Wir haben, die Meinen und ich, dort oft haltgemacht. Die Kinder kletterten auf die Bäume am Rand des Gartens. Wir redeten ein wenig mit dem alten Paar, das dort wohnte, ein Mann mit runzeligem, lächelndem Gesicht, voll innerer Fröhlichkeit. Der die kleinen Kinder auf den Arm nahm und sie auf die untersten Äste hob; ein schweigsamer Mann, bei dem nur der Blick sprach. Seine rundliche Frau, die Hände über den Knien gekreuzt, war dagegen geschwätzig, doch ihre Augen traurig, die Stimme schwermütig, und ohne Ende sprach sie von ihrer Jugend, von der Vergangenheit, glücklichen Stunden, die sie erlebt hatte vor langer Zeit ... Zwei Menschen hatten Seite an Seite das gleiche Leben gelebt, einer war heiter, fröhlich und gelassen daraus hervorgegangen, der andere eingesunken in den Treibsand der Sehnsucht nach gewesenen Tagen. Warum solche Verschiedenheit zwischen zwei Menschen? Woher nehmen die einen ihre Kraft und woher kommt den anderen ihre Neigung zu Trauer und Entsagung?« (Martin Gray, Des Lebens Ruf an uns wird niemals enden, Stuttgart 1979)

2. *Mangel und Wohlstand*
Herr, ich bin hungrig und durstig, / Lebe in einem Wüstenland;
Mein Land ist sehr rauh, / Es hat kein Wasser
Und läßt keinen Baum wachsen; / Nur Sand ist da, nur Sand.
Andererseits habe ich Öl – / nur das kann ich nicht trinken.
Und mein Land ist voller großer / geschichtlicher Überlieferungen –
Aber ich bin arm dabei. / Wie kann ich überleben?

Ich brauche Nahrung und Wasser.
Herr, ich bin ein anderer / Und habe Nahrung in Fülle.
Dafür habe ich kein Öl / Wie kann ich kochen ohne Strom?
Wie mich gegen Kälte schützen ohne Energie?

Ihr Menschen, lernt doch endlich,
Eure Güter zu teilen mit denen, die sie brauchen.
Es sind eure menschlichen Nöte, die euch
zu Menschlichkeit und Liebe verbinden sollten.«
(M. J. Joseph »Geben und Empfangen« 62 Gebete [aus Indien] Erlangen 1978, S. 47)

3. »Wir machten mit einer befreundeten Familie Urlaub. Mein Aktions-Radius wurde wesentlich größer dadurch, daß mein Freund mich Treppen hochtrug, meinen Rollstuhl auch durch fast unwegsames Gelände schob, mich ins Schlauchboot setzte und anderes mehr. Als ich mich wieder einmal bedankte, sagte er: Sag doch nicht dauernd ›danke‹; laß diese vier Wochen einfach mal meine Beine deine Beine sein; ich bedank' mich bei meinen Beinen auch nicht.«
(Ulrich Bach, Göttinger Predigtmeditation 1976, S. 335)

Epiphanias

Predigttext: 2. Korinther 4,3–6
Hermann Otto Geißler

Theologisch-homiletische Skizze

Man vergleiche die Übersetzungen der Lutherbibel und der Guten Nachricht! Die Gute Nachricht historisiert durch die Verwendung des »ich«, Bultmann folgend in seiner Auslegung, nicht in seiner Übersetzung. Dadurch verstärkt sich der Eindruck, daß Paulus hier entgegen der Beteuerung in Vers 5 seine eigene Sache betreibt. Luther behält das »wir« des Paulus bei und schafft so Raum, daß auch der heutige Leser, Prediger und Hörer sich einbezogen wissen können.

Die existentielle Frage in dieser Alternative verdeutlicht sich an Vers 6: Leuchtet etwas in meinem, in unseren Herzen oder nur im Herzen des Paulus (aufgrund seines persönlichen Bekehrungserlebnisses)? Ist das Angesicht Jesu Christi auch uns eine wahrnehmbare Epiphanie der Herrlichkeit Gottes oder erhalten wir bloß Kenntnis davon durch Hörensagen?

Predigen will ich nicht, wenn ich nur eine Lehre mitteilen soll (was Erleuchtung ist und wie man sie erhält). Predigen kann ich nur, wenn in meinen Worten (oder trotz ihrer) das Angesicht Jesu Christi selbst den hellen Schein in die Herzen der Hörer und des Predigers hineinstrahlen läßt oder doch lassen kann.

Gehöre ich dann schon unter die Gnostiker, die eine religiöse Erfahrung aus erster Hand fordern und deshalb die Verkündigung des Paulus als Verschleierung abqualifizieren? Bin ich auf dem Weg in den formalistischen Pietismus, der die Echtheit des Glaubens in der Subjektivität des Bekehrungserlebnisses vergewissert? Ich möchte mich davor hüten. Denn: »Selbstverständlich ist das ›prosopon Christou‹ sichtbar nicht in einer ekstatischen Vision, sondern im Glauben an das verkündigte Wort.« (Bultmann, Der zweite Brief an die Korinther, Göttingen 1976, S. 111)

Immerhin wird etwas sichtbar, ein Bild des Bildlosen. Paulus rekurriert auf das Schöpfungslicht und setzt es in Beziehung zu dem Licht, das von dem Angesicht Christi ausgeht. Ich folge diesem Gefälle in der Predigt. Bei der Vorstellung vom Gesicht Christi denke ich an Abbildungen: den ehemals volkstümlichen Guten Hirten aus der Nazarenernachfolge, das Pantokratormosaik der byzantinischen Tradition (Monreale bei Palermo, später dann Maria Laach und Erlöserkirche in Bad Homburg) und Christusdarstellungen aus dem 20. Jahrhundert wie O. Kokoschka, Die Speisung der Kinder, und E. Scheibe, Kruzifixus (beide in KU-Materialien 10, Modelle 1, Gütersloh, M 1 und M 5 zu »Jesus Christus«).

Es ist gemeinsame Überzeugung der Ausleger, daß die Herrlichkeit Gottes, die vom Angesicht Christi ausgeht, das Licht der Liebe ist. Ich sehe darin die personale Bindung dessen, was der christliche Glaube unter Erleuchtung versteht im Gegensatz zu den östlichen Religionen. Aber diesem Gegensatz explizit nachzugehen erscheint mir für die Predigt zu lehrhaft. Die Textverlesung beginne ich mit Vers 1, lasse aber 2a aus.

Vorschläge für die Liturgie

Lieder

EKG 48 (Strophe 4!), 337, 349; Hessischer Anhang: 451 (Licht, das in die Welt gekommen)

Introitus

Psalm 34,2–4 + 6 (Gute Nachricht)

Sündenbekenntnis

Herr, wenn wir einander begegnen, so sehen wir einander ins Gesicht. Wir suchen darin zu lesen, wie wir miteinander dran sind.
Freundlichkeit möchten wir finden, Verständnis, Ermutigung, Ehrlichkeit, etwas von deiner Wahrheit, von deiner Liebe.
Doch jeder braucht sein Gesicht für sich selbst, um zu verbergen, wie es in ihm aussieht, um seine Gefühle zu verstecken, um als der erkannt zu werden, der er gestern war und der er sein will.
Herr, es ist eine große Gabe, daß du uns mit einem menschlichen Gesicht ausgestattet hast, eine Quelle der Freude, aber oft auch Ursache von Mißverstehen, Einsamkeit und Unfrieden.
Verzeih, daß die anderen so wenig von deinem Licht in meinem Gesicht finden können.

Gnadenwort

Joh. 8,12

Kollektengebet

Herr Jesus Christus, dich wollen wir anschauen und verehren, dich als das Licht der Welt erkennen und in unsere Herzen nehmen, damit es uns mit Freude erfüllt, uns tröstet und Hoffnung schenkt.
Laß uns dein Angesicht erkennen, das Angesicht dessen, der uns kennt, versteht und liebt, damit wir hören und glauben.

Lesung

Joh. 1,1–5 + 14 (Gute Nachricht)

Fürbittengebet

Herr Gott, unser Vater, du läßt dein Angesicht leuchten über uns. Wir danken dir, daß du Jesus Christus für uns zu deinem Licht gemacht hast, damit wir dich in ihm erkennen. Menschen waren es, die uns aufmerksam gemacht haben, damit dieses Bild nicht untergeht in der Vielzahl der Gesichter, die uns begegnen. Wie könnten wir je das Gesicht eines Menschen vergessen, der uns liebt: unserer Mutter, unseres Vaters, unseres Freundes, unseres Gatten, unserer Kin-

der? So laß auch das Angesicht Jesu Christi mit uns gehen in Jugend und Alter, Gesundheit und Krankheit, Freude und Trauer, Leben und Sterben. Wir wissen nicht, wie er wirklich aussah. Aber das ist gut, damit wir ihn in den Gesichtern der Menschen suchen, die uns helfen oder uns brauchen. Herr, laß dein Angesicht leuchten!
Wir sind traurig darüber, daß vielen Menschen das Angesicht Jesu Christi nicht mehr wichtig und keine Hilfe mehr zum Leben ist: Menschen in unserer Stadt und in aller Welt, alte und junge. Sind wir daran schuld? Liegt es an unserer Kirche, daß ihr Zeugnis nicht mehr wirkt? Junge Menschen fahren weit weg in ferne Länder, um sich dort Erleuchtung zu holen; oder geraten in schlimme Bindungen, die Freiheit versprechen und in Unfreiheit enden. Bei Jung und Alt breitet sich Resignation aus. Man vergräbt sich im Alltag und begnügt sich mit dem, was momentan befriedigt. Ja, selbst das große Ziel des Friedens läßt viele nur die Achsel zucken. Herr, laß dein Angesicht leuchten!
Wir bitten für die vielen Menschen, die von den Dunkelheiten des Lebens gefangen sind: in Trauer oder in Schmerzen, in Angst oder in Einsamkeit, in Arbeitslosigkeit oder ohne Ausbildungsplatz, in Hunger oder in Gefangenschaft, in ausweglosen Situationen ohne Hoffnung auf Änderung, in Verpflichtungen und Aufgaben, die über die Kräfte gehen, ohne die Möglichkeit zum Atemholen und Ausspannen. Herr, laß dein Angesicht leuchten!
Gib du uns immer wieder den hellen Schein in unsere Herzen, der uns zu leben hilft und den wir anderen weitergeben können, weil dein Angesicht über uns leuchtet.

Vorschlag für die Predigt

Möglicher Anfang

Ich möchte Ihnen, liebe Zuhörer, von einem Erlebnis erzählen, das sich bei mir mit dem Jahresbeginn verknüpft hat. Ich saß an einem der ersten Tage des Jahres an einem Fenster: Vor mir die bewegte Nordsee, deren schaumgekrönte Wellen zum Strand hin ausrollten unter einem strahlend blauen Himmel. Eine Welt ohne Schatten, durchglänzt von der gelbleuchtenden Wintersonne. Hervorgegangen war dieser Tag aus den trüben, regnerischen Tagen am Jahresschluß und einer nebligen Silvesternacht.
Mich packte dieses Erlebnis der Helligkeit. Vorbei war das Vergangene, die Dunkelheit der Nacht, die Dunkelheiten des zurückliegenden Jahres, das Mißlungene, die Verluste, die Sorgen, die Schmerzen. Hineingestellt sah ich mich in einen wunderbaren, hellen, neuen Tag.
Ich zog den Anorak an und die Gummistiefel, wickelte den dicken Schal um den Hals und lief hinaus, nein – hinein in dieses Licht, in diese Frische, hinein in das Neue, das mit seiner prickelnden Kälte meine Lebensgeister hervorrief und mich von innen her erfüllte mit Wärme und mit der Freude zu leben.

Meine Gedanken gingen nach Hause zu dem jungen Freund, der mit einer Hirnoperation in einer Klinik liegt, – zu dem einsamen alten Herrn, der am Leben verzweifelt, weil er nicht über den Tod seiner Frau hinwegkommt, der sich in diesen ersten Januartagen zum zweitenmal jährt, – zu den Menschen in Lateinamerika, deren Texte am Silvesterabend im 3. Programm des Fernsehens gesprochen wurden: »Ich bin verfolgt«, »Ich werde gefoltert« und »Ich bin davongekommen mit dem Blut der Genossen an den Händen«. Nein – nicht alle Menschen können diesen Tag erleben wie ich! Doch das darf ihn mir nicht verdunkeln. Für sie alle ist dieser Tag auch da. Ich muß ihn nur recht begreifen, soll ihn verstehen als einen Widerschein von jenem Licht, das hervorbrach, als der Schöpfer sein erstes Wort sprach: »Es werde Licht«.
Die Forscher sagen, wir könnten noch heute aus dem Weltall das Echo des Urknalls hören, mit dem unsere Welt entstand. Es sei das Rauschen, wenn es auf unseren Fernsehschirmen schneit und kein Bild erscheint. Wieviel mehr will mir ein solcher strahlender Wintertag am Anfang eines neuen Jahres als der Widerschein der Erschaffung des Lichts durch das Wort Gottes erscheinen! Ich spüre es, wie ich mit meinem Leben in das Neue hineingezogen bin, in die neuen Lebensmöglichkeiten und die neuen Aufgaben, in die neue Hoffnung. Es ist, als sollte ich um so mehr Licht in mich aufnehmen, um einen Vorrat mitzunehmen in die trüben Tage, in die Dunkelheiten der Nächte, die kommen werden, um selber auszuhalten und austeilen zu können von solchem Schatz. Zitat von Vers 6.

Zum weiteren Verlauf
Andere verbinden andere Erlebnisse mit dem Jahresbeginn: Schneelandschaft im Gebirge, blauer Himmel über der Stadt o. ä. Jeder kann solche Erfahrung machen. Es ist uns aber nicht immer möglich, sie aufzunehmen.
Kann man solche Erfahrung mitnehmen ins neue Jahr? Erlebtes hat doch keine dauernde Kraft. Es verblaßt, welkt und wird kraftlos, wenn es sich nicht erneuert durch Wiederholung oder neue Erfahrung. Daher unsere Jagd nach solchen kostbaren Erlebnissen!
Müssen wir uns daran beteiligen? Das helle Licht der Natur ist Widerschein der Herrlichkeit Gottes, so Paulus. Den gleichen Widerschein möchte er uns zeigen an ganz anderer Stelle, wo wir solche Helligkeit kaum vermuten: auf dem Angesicht Jesu Christi. Der ist nicht mit unseren natürlichen Augen wahrzunehmen. Man braucht andere Augen dafür, Fenster des Herzens.
Wie kann man Menschen dafür die Augen öffnen? Alljährliche Frage des Pfarrers im Blick auf die Konfirmanden. Können die natürlichen Augen nicht wenigstens dabei helfen? Eigene Erfahrungen mit Bildern, die das Angesicht Jesu zeigen, waren wichtig. Welches Bild kann ich meinen Konfirmanden zeigen, mitgeben, vielleicht auf dem Konfirmationsschein?
Ich möchte dann berichten von Erlebnissen mit Bildern Jesu, von dem Guten

Hirten über dem Bett einer alten Tante, bei dem ich mich mit dem Schäflein auf seinem Arm identifizierte und Geborgenheit verspürte. Dann von den Pantokratorbildern im byzantinischen Stil: Abbilder der Macht und Majestät Gottes – genau nach dem Gedankengang des Predigttextes: Christus, der da ist das Ebenbild Gottes, unser Herr, aus dessen Angesicht die Herrlichkeit Gottes hervorleuchtet.
Das ganz andere Jesusbild aus unserem Jahrhundert: vom Thron der Macht herabgestiegen, der Menschenbruder, oft sind nur die Umrisse seines Gesichts gemalt. Dieser Mann könnte jeden Namen tragen. Irgendeinen Menschen aus El Salvador oder aus Südafrika oder auch aus unserer Umgebung könnten wir darin erblicken, vielleicht sogar uns selbst – als Helfende oder auch als Leidende.
Ist die Herrlichkeit im Angesicht Christi unserer Zeit verlorengegangen? Uns tritt Gott in diesem Menschen gegenüber, und wir dürfen seine Herrlichkeit neu entdecken: in dem Menschen, der mit uns leidet, der an seinem Ort lindert, hilft und Liebe übt. Liebe ist ja nie sichtbar. Sie breitet keinen Glorienschein aus um den Kopf. Aber im Herzen dessen, der sie verspürt, bewirkt sie einen hellen Schein. Wir alle erleben dies, wenn wir eine Tat der Liebe vollbringen, sei sie noch so klein. Wir spüren es selbst, wenn jemand Verständnis für uns hat, seine Sympathie oder Freundschaft ausdrückt. Da ist es jedesmal, wie wenn ein Sonnenstrahl durch einen wolkenbedeckten Himmel fällt.
Nun ist von Jesus zu erzählen, wie er dieses Licht zu einzelnen Menschen getragen hat. Diese Geschichten spiegeln den hellen Schein, der von Jesus ausgegangen sein muß.

Möglicher Schluß
Haben wir das leuchtende Angesicht Jesu Christi erkannt? Es gibt ja noch mehr zu sehen. In seinen Worten spiegelt sich ganz klar das Licht, das von ihm ausgeht: »Selig sind, die ratlos sind im Blick auf sich selbst; selig sind, die Leid tragen; selig sind die Barmherzigen; selig sind, die Frieden stiften.« In diesen Worten kann man erkennen, was für ein Licht das ist, das er ausstrahlt: das Licht einer neuen Welt, zu der er uns alle beruft.
Dieses Licht verträgt sich nicht gut mit dem, was gestern war und was wir auch in das neue Jahr mitgebracht haben. Darum ist mir die Erfahrung mit jener Helligkeit am Jahresbeginn so wichtig. Sie ruft mich heraus aus dem Alten, Vergangenen, hinein in das Licht eines neuen Lebens mit neuen Maßstäben und mit neuer Hoffnung. Und ich begreife: Gott hat mir diese Zeit des neuen Jahres gegeben, damit ich im Licht Jesu Christi lebe, in seiner Liebe und in seiner Hoffnung – getrost, ohne Angst, fröhlich. »Denn Gott, der da hieß das Licht aus der Finsternis hervorleuchten, der hat einen hellen Schein in unsere Herzen gegeben, daß durch uns entstünde die Erleuchtung zur Erkenntnis der Herrlichkeit Gottes im Angesicht Jesu Christi.«

Kontexte

1. Max Frisch, Bin oder die Reise nach Peking, Suhrkamp 1952, S. 73f.:
Leute kamen des Weges, Gesichter, als wüßten sie nicht, wie nahe am Glück sie wohnen, wie offen die Tore uns stehen. Man hätte stutzen können, wie sie des Weges kamen, Krämer, die eben auf dem Markte waren, Kulis, die ihre Lasten trugen, die auf den Boden blickten, damit sie nicht stolperten und das Genick nicht brachen unter ihren Lasten, Herren auch, die sich in einer Sänfte tragen ließen, lächelnd, fächelnd. Man hätte stutzen können. Sie gafften mich an, die Träger, die Herren – man hätte sie packen mögen, den ersten besten, einen Wasserträger zum Beispiel: »Mensch, Freund, wissen Sie es denn nicht?« / »Was?« / »Wie selig, wie herrlich, wie wunderlich das Leben sein kann, sehen Sie es denn nicht? Ein solcher Morgen ...«

2. Birgitta Arens, Katzengold, München, 4. Aufl. 1982, S. 193:
Blauer Himmel und das strahlende Licht. Ja, ich kann wahrhaftig sagen, daß sich alle meine Begriffe von Freiheit seit jeher in diesem hellen Licht verkörpern.

3. Leo Lionni, Frederick, Middelhauve:
Rund um die Wiese herum, wo Kühe und Pferde grasten, stand eine alte, alte Steinmauer. In dieser Mauer ... wohnte eine Familie schwatzhafter Feldmäuse ... Alle Mäuse arbeiteten Tag und Nacht. Alle – bis auf Frederick. »Frederick, warum arbeitest du nicht?« fragten sie. »Ich arbeite doch«, sagte Frederick, »ich sammle Sonnenstrahlen für die kalten, dunklen Wintertage.« ... Aber nach und nach waren fast alle Nüsse und Beeren aufgeknabbert, das Stroh war alle und an Körner konnten sie sich kaum noch erinnern. Es war auf einmal sehr kalt zwischen den Steinen der alten Mauer, und keiner wollte mehr sprechen. Da fiel ihnen plötzlich ein, wie Frederick von Sonnenstrahlen ... gesprochen hatte. »Frederick!« riefen sie, »was machen deine Vorräte?« – »Macht die Augen zu«, sagte Frederick und kletterte auf einen großen Stein. »Jetzt schicke ich euch die Sonnenstrahlen. Fühlt ihr schon, wie warm sie sind? Warm, schön und golden?« Und während Frederick so von der Sonne erzählte, wurde den vier kleinen Mäusen schon viel wärmer ...

4. Hermann Hesse, Siddharta, in: Weg nach Innen, Berlin 1932, S. 155:
Hell glänzte Vasudevas Lächeln, über all den Runzeln seines alten Antlitzes schwebte es leuchtend, wie über all den Stimmen des Flusses das Om schwebte. Hell glänzte sein Lächeln, als er den Freund anblickte, und hell glänzte nun auch auf Siddhartas Gesicht dasselbe Lächeln auf. Seine Wunde blühte, sein Leid strahlte, sein Ich war in die Einheit geflossen.

5. William Johnston, Der ruhende Punkt. Zen und christliche Mystik, in: Mircea Eliade, Geschichte der religiösen Ideen – Quellentexte, Freiburg 1981, S. 399: Satori, die »Erleuchtung« im Zen: Offiziell sind für das Satori keine Normen niedergeschrieben worden. Dennoch gibt es ein eindeutiges Kriterium, das in allem, was die Zen-Meister sagen und schreiben, von großer Bedeutung ist – und es verdient auch unsere Aufmerksamkeit, weil es oft zum Konflikt mit westlichen Christen führt. Es ist die Tatsache, daß Erleuchtung eine Erfahrung der absoluten Einheit ist; sie ist jenseits von Subjekt und Objekt; das empirische Ich ist so sehr untergetaucht, daß es kein »Ich« und kein »Es« mehr gibt, sondern nur noch reines Sein oder »Ist«. In den vorbereitenden Phasen wird einem ständig gesagt, daß das Ich nicht existiert, daß es vernichtet werden muß; man wird seiner Identität mit dem Universum versichert ...

1. Sonntag nach Epiphanias

Predigttext: Jesaja 42,1–4 (5–9)
Hans-Joachim Curth

Theologisch-homiletische Skizze

Jes. 42,1–4 ist das erste von vier Gottesknechtsliedern bei Deutero-Jesaja. Das Thema des ersten Liedes ist die Präsentation und Beauftragung des Knechtes Gottes. Er soll mit dem innerlich und äußerlich geknickten Volk Israel behutsam, ermutigend, stützend umgehen. Wie ein geknicktes Rohr müssen sich die Juden vorgekommen sein angesichts ihrer politischen Machtlosigkeit im Exil mitten in einer Kultur (Babylon), die Macht zusammenballte und dann auch geballt einzusetzen wußte (Jes. 50,6; 53,7). Wie ein verlöschender Docht wirkte Israels besiegter und – was die Anschaulichkeit betrifft – so maßlos unterlegener Gott angesichts der übergroßen Fruchtbarkeitssymbole einer Ischtar und eines Marduk und der lautstarken religiösen Großveranstaltungen auf den Prozessionsstraßen Babylons.

Aber gerade dieser Gott hat nicht abgewirtschaftet. *»Siehe«,* so beginnt das Gottesknechtslied. Wie ein Weckruf am Morgen, aufschreckend, aber notwendend. Seht! Merkt doch! Versteht! Hört! Durch alle vier Gottesknechtslieder zieht sich dieser Weckruf: 49,1; 50,9; 52,13. Für eine Predigt am Jahresbeginn ist mir dieser Weckruf entscheidend. Wir brauchen nicht die Augen zu verschließen vor dem, was vor uns liegt. Wir, das müde gewordene, geknickte, verlöschende Volk Gottes.

Was gibt es zu sehen? Einen »Knecht«. Die ewige Debatte, wer dieser Knecht wohl sei, bringt fürs Predigen wenig. Vielleicht wird so merkwürdig verhüllend vom »Knecht« geredet, daß sich darunter nicht nur Erzväter und Propheten, nicht nur Jesus und Paulus subsumieren lassen, sondern in der Nachfolge Jesu jeder Getaufte, der im Sinne Luthers ein *Christenmensch* ist: »Ein Christenmensch ist ein freier Herr über alle Dinge und niemandem untertan. Ein Christenmensch ist ein dienstbarer Knecht aller Dinge und jedermann untertan.« So ist auch der »Knecht« bei Jes. frei von Augendienerei und sklavischer Unterwürfigkeit, denn der Geist Gottes (42,1) macht ihn unabhängig von allen großen und kleinen Geistern um ihn herum. Untertan ist er allein seinem Auftrag (Jes. 42,3f.): dem geduldigen und behutsamen Einsatz für das Geknickte und Verlöschende. Thema meiner Predigt ist dieser Auftrag: der lange Atem, die Achtung und Förderung des Schwachen in der Welt. Dies geschieht allerdings (43,2) ohne Propaganda, eher im Verborgenen, ohne Lautstärke, eher im konkreten Handeln. Bonhoeffers Satz kommt mir in den Sinn: »Unser Christsein wird heute nur in zweierlei bestehen: im Beten und im Tun des Gerechten unter den Menschen.« Dieses Tun erschöpft sich allerdings nicht im Privaten (in 49,2 und 50,4 ist auch der Mund des Gottesknechts eine wichtige Waffe!), sondern auf dieses Tun, auf dieses »Recht« warten die Völker und fernsten Inseln (1b und 4). Gottes Recht ist die »rechte Religion« (v. Rad), die »neue alte Ethik« (Eppler) der Lebensförderung; und »Leben wird da am meisten zu fördern sein, wo es am schwächsten, am meisten gefährdet

ist« (Eppler). Gottes Recht findet sich also nicht mit dem Unrecht in der Welt ab. Gottes Recht mißt alles menschliche Recht daran, ob es dem Schwachen eine Chance gibt und dem geknickten Leben zum aufrechten Gang verhilft.
Bei aller Behutsamkeit und Geduld des Knechtes ist sein Handeln doch von ungewöhnlicher Zuversicht und Siegesgewißheit geprägt (4). Wer auch immer der Knecht ist, man spürt ihm an, daß er aus dem Volk kommt, dessen »Krankheit die chronische Entzündung der Hoffnungsdrüsen« (Pinchas Lapide) ist.
Ich beschränke mich in der Predigt auf Vers 1–4, das eigentliche Gottesknechtslied. Es enthält Pfunde genug, mit denen eine Predigt wuchern kann.

Vorschläge zur Liturgie

Eingangspsalm
34,2,5+6,19.

Lesung
Mt. 3,13–17; alternativ: Lk. 13,6–9 (der geduldige Umgang mit dem Schwachen). Auch: 1. Kor. 1,26–31.

Kollektengebet
Herr, da sind wir wieder am Anfang eines neuen Jahres. Das Lebenslicht, das du in unsere Finsternis gestellt hast, droht immer wieder zu erlöschen, zu ersticken in Mißtrauen und Gewalt, in Angst und Hoffnungslosigkeit. Schenke uns deine geduldige Liebe zum Leben, damit wir dem Tod in uns und um uns nicht das Feld überlassen, sondern einander aufrichten, damit wir nicht schwarz sehen für unsere Welt, sondern die Flamme deines lebenschaffenden Geistes unter uns entfachen durch Jesus Christus, deinen Sohn, unseren Bruder.

Fürbittengebet
(1., 3. und 6. Assoziation zu Jes. 42,3 von De van Nguyen aus Vietnam; in: »Assoziationen«, Band 7, Seite 133ff.; Hg. Walter Jens, Radius-Verlag 1979). (Vorschlag: 2 Sprecher!)
1. Spr.: Von meiner Geburt / bis heute / starben / Millionen / und Abermillionen, / vergast, / ermordet, / gefallen, / mit Napalm verbrannt.
2. Spr.: Dennoch fand ich / immer wieder / am Wegrand meines Lebens / Menschen / und abermals Menschen, / die trotz starker Winde / ein Licht anzünden / und unbeschadet durch hohe Wogen / hinaussegeln.
1. und 2. Spr.: Darum glaube ich: Das geknickte Rohr wird ER nicht zerbrechen. Den glimmenden Docht wird ER nicht auslöschen.
1. Spr.: Heute / in Soweto, / der riesigen Vorstadt / von Johannesburg, / stehen / schwarze Kinder / mit leeren Händen, / dürsten / und hungern / nach Gerechtigkeit.

2. Spr.: Wenn / nicht Menschen da wären, / die trotz Verfolgung, / Folterung / und Gefangenschaft / nicht aufhören, / ein Freund der Armen, / ein Bruder der Unterdrückten, / ein Anwalt der Entrechteten zu sein, / dann wäre /
(1. und 2. Spr.:) Mein Glaube / umsonst, / und wie sollte ich dann sagen: Das geknickte Rohr wird ER nicht zerbrechen. Den glimmenden Docht wird ER nicht auslöschen. –
1. Spr.: Zwischen / Krippe / und Kreuz / wanderte / ein Mensch, / lehrte und heilte. / Menschen und Menschen, / Menschen / und Menschen, / sie hörten ihn, / wunderten sich über ihn, / umjubelten ihn. / Aber nur wenige / wollten / sein Freund sein.
2. Spr.: Und doch / bleibt das Gerücht / über diesen einen, / den verlassenen Wanderer, / der tot war / und noch wirkt. / Menschen und Menschen, / Menschen / und Menschen, / sie begreifen ihn nicht mehr. / Nur einige / und immer wieder einige / möchten / ganz fest / sein Freund sein.
(1. und 2. Spr.:) Der Prophet / lädt uns ein, / seinem Wort zu folgen: Das geknickte Rohr wird ER nicht zerbrechen. Den glimmenden Docht wird ER nicht auslöschen.

Liedvorschläge
EKG 42,1–3,7,8; 53,1,2,8; 45; neue Lieder (»Mein Liederbuch« tvd-Verlag, Düsseldorf): B 97 »Selig seid ihr ...«; B 62 »Ehre sei Gott auf der Erde ...«; D 11 »Du, laß dich nicht verhärten ...«

Vorschläge für die Predigt
Möglicher Anfang
Sie kennen ja wohl, liebe Gemeinde, die drei asiatischen Affen. Vielleicht stehen sie bei manchem zu Hause in der Vitrine. Sie halten sich die Hände vor die Augen, vor die Ohren, vor den Mund. Nichts sehen, nichts hören, nichts sagen? Mag dies auch verständlich sein als menschliche Haltung angesichts der vielfältigen Probleme eines neuen Jahres, dieses Jahres 1984, zu dem die Schrekkensvisionen schon vor Jahren sozusagen druckreif waren. Unser Predigttext ermutigt zum Gegenteil: *»Siehe«,* Seht doch! So beginnt er. Das ist wie ein lauter Wecker am frühen Morgen! Aufrüttelnd, vielleicht auch unbequem, aber nötig, wenn wir am Beginn dieses Jahres nicht verschlafen wollen, was Grund und Hoffnung, Inhalt und Ziel unseres Lebens, unseres Auftrags als Getaufte in der Nachfolge Jesu ist. »Siehe«, ruft unser Wecker. Steck den Kopf nicht in den Sand. Sondern siehe: mein Knecht. Das geknickte Rohr bricht er nicht; den glimmenden Docht löscht er nicht aus. So beginnt unser Text, ein Gottesknechtslied – wie die Gelehrten es nennen –, das Lied vom wahren Christenmenschen.
Wie wäre es, wenn unsere Zeitungen, Fernsehen, Radio einmal gründlich um-

gewichteten und lauter Berichte brächten, aus denen wir sehen, erfahren, lernen könnten, wie Menschen, überall auf der Welt, oft sehr still, sehr verborgen, diese behutsame, geduldige, oft gefährliche Arbeit tun: Mit langem Atem eine Flamme, die schon am Verlöschen ist, wieder anzufachen, einen Lebens-, einen Widerstandswillen; oder mit fester Hand Gebeugtes wieder aufrichten, ein gebeugtes Rückgrat, daß der Kopf wieder oben ist, oder ein gebeugtes Recht, so daß der Getretene nicht zertreten werden kann. Gar nicht auszudenken, wie hell es dann auf einmal in der Welt würde und wie viele Menschen ermutigt würden, aufrechten Ganges zu gehen.
»Siehe!« Wer die Augen dazu hat, der wird überall, wo er genauer hinsieht, mitten in der hoffnungslosesten Finsternis, Gottes Knecht geduldig, lebensschaffend, geistesgegenwärtig am Werke sehen.

Zum weiteren Verlauf
Als Konkretion könnte hier die unscheinbare Geschichte von dem Mann im Rollbett erzählt werden; einem Spastiker, festgebunden, damit er sich nicht selbst verletzt. Jahrzehnte. Sein ganzer Körper nur Zuckung. Kein Arzt kann ihm helfen, keine Tabletten. Eine Krankengymnastin gibt nicht auf. Ein Jahr lang, jeden Tag, redet sie mit ihm, übt mit ihm. Und dann kann er sitzen. Für fast eine Stunde am Tag. Das ist wie eine neue Geburt. Wie ein Aufrichten zu einem neuen Leben. Er lernt, in dieser Stunde mit dem Fuß zu malen. Er macht aus seinem Rollbett einen Verkaufsstand für seine Bilder. Er betreut mit dem Erlös ein Patenkind in Indien. Das sind so Geschichten, die uns Gesunde, müde Gewordene erschrecken und beschämen können, aber auch: ermutigen und aufmerksam machen und entdecken lassen: Ja, solch eine Geschichte kenne ich auch. Jeder von uns kann zwei Hände voll solcher Geschichten erzählen, wo im Verborgenen, nicht laut auf den Straßen, unendlich geduldige, liebevolle Arbeit, die Nächte durch, geleistet worden ist, um einem Menschen das Liegen, das Sitzen, das Atmen, das Leben und das Sterben zu erleichtern.
Aber der Text weist über unsere bescheidene Selbstbeschränkung hinaus, läßt die Sache nicht im Privaten. Dreimal heißt es: Er wird mein Recht unter die Völker bringen. Er wird nicht verlöschen oder zerbrechen, bis er auf Erden das Recht aufgerichtet hat. Die fernen Inseln warten auf seine Weisung. Es geht also nicht nur um das selbstlose Tun im Verborgenen. Es geht um Gottes Recht an seinen Geschöpfen, an allen. Wir können die Welt nicht aufteilen in einen Bezirk, in dem wir aus Glauben handeln, und in einen anderen Bezirk, in dem wir so leben und handeln, als hätten wir nie etwas von Gott gehört. Glaube will sich überall auswirken. Deswegen muß Schluß sein mit der unchristlichen Aufteilung: den Frauen die geduldige Mildtätigkeit – den Männern die harte Politik und das Geld; der Kirche und Diakonie die Betreuung der Alten, Kranken, Schwachen – dem Staat die Arbeits- und Wehrfähigen; der Atheismus für den Fortschritt – das Christentum für die Fußkranken. Das Lied vom wahren Christen-

menschen, das Lied vom stillen Tun der Liebe wird nicht verstummen, bis es das Gesicht unserer Welt verändert hat, bis es die einzig berechtigte Art geworden ist, wie Menschen miteinander umgehen, die göttliche Art.

3. Möglicher Schluß

Solche göttliche Art des Rechts wird sich mit der wölfischen Praxis des Unrechts nicht abfinden. Deshalb wird auch jeder, der sich in den Dienst dieses Rechts stellen läßt, mehr Ärger als Ehre, mehr Konflikte als Komplimente ernten. Sein Dienst wird allemal ein Knechtsdienst und kein Königsdienst sein. Dennoch soll und darf er in großer Zuversicht geschehen. Der Knecht – so hören wir – wird nicht verlöschen noch zerbrechen. »Die allzu hart sind, brechen, die allzu spitz sind, stechen und brechen ab sogleich«, heißt es in einem Lied von Wolf Biermann. Uns braucht nichts zu verhärten in dieser harten Zeit. Uns braucht nichts zu verbittern in dieser bitteren Zeit. Uns braucht nichts zu erschrecken in dieser Schreckenszeit. Uns gilt Gottes Zusage, daß er durch uns und mit uns ein großes Stück vorankommen will mit seinem Recht. Ja, durch das Zerbrechen und Verlöschen seines Knechtes Jesus hindurch hat Gott getan und wird Gott tun, was er zugesagt hat. Und worauf die fernsten Inseln hoffen, das kann auch mein geängstigtes Herz aufrichten. »Siehe, mein Kind, an dem ich Wohlgefallen habe.« So hört es Jesus am Jordan. Möge Gott so zu uns reden, ab und zu, in diesem neuen Jahr.

Alternative

Als Schluß bietet sich auch folgende Geschichte an, die ein amerikanischer Kollege vor einiger Zeit erzählt hat: Im Versammlungsraum eines Indianerreservats hatten sich die Indianer versammelt, um Weihnachten zu feiern. Ihre Situation war alles andere als freundlich und weihnachtlich. Sie war miserabel. Ihnen war alles genommen, was ihren Stolz, ihre Würde ausgemacht hatte: ihr Land, ihre Arbeit, ihre Lebensmöglichkeiten. Menschenunwürdig konnte man ihr jetziges Leben nur noch bezeichnen. Ein Pfarrer leitete die Weihnachtsfeier ein. Dann wurden die Lichter ausgemacht. Die Tür öffnete sich. Ein kleines Kind mit einer brennenden Kerze trat ein: »Ich trage das Licht der Gerechtigkeit Gottes in diese Welt«, sagte es aufgeregt und leise. Alles schwieg. Dann setzte auf einmal Gemurmel ein. Unruhig wurde es. Heftig gezischelte Worte waren zu hören. Dann sprang jemand auf, kam aus dem Dunkeln auf das Kind zu und rief: »Es gibt keine Gerechtigkeit auf dieser Welt«, und blies die Kerze aus. Während es immer unruhiger wurde in dem nun wieder völlig dunklen Raum, ging die Tür wieder auf und herein kam ein weiteres Kind, wieder mit einer brennenden Kerze. Es sprach: »Ich trage das Licht der Liebe Gottes in diese Welt.« Dieses Mal sprang sofort eine junge Frau auf und ging mit hastigen Schritten auf das Kind zu, schlug ihm die brennende Kerze aus der Hand und schrie: »Liebe!? Das ich nicht lache – nein – die einzige Möglichkeit, die wir noch haben, ist der

Kampf. Für Liebe ist kein Platz.« Die Frau lief aus dem Versammlungsraum. Der erzitterte, als sie die Tür zuschlug. Wieder war alles dunkel. Durch die sich öffnende Tür kam wieder ein Kind herein mit einer Kerze, die es mit beiden Händen umfaßte. Und in das Schweigen der verängstigten Menschen hinein sagte es mit einer leisen, aber kräftigen Stimme: »Ich trage das Licht der Hoffnung in diese Welt. Und dieses Licht darf nicht verlöschen, sonst wird es für immer dunkel bleiben.«

Kontexte

Hilfreich und anschaulich zu unserem Text ist folgender Abschnitt aus der Predigt von Albrecht Goes zu unserer Stelle (»Der Knecht macht keinen Lärm«, in: »Kanzelholz«, Siebenstern-Taschenbuch 163, Friedrich Wittig Verlag Hamburg 1971): »Geknicktes Rohr und glimmender Docht warten auf uns. Es gibt eine bestimmte Erweiterung unseres Lebens in der Welt, die uns durch diese Erkenntnis zuteil wird und durch diesen Auftrag, durch diesen und keinen anderen. Leben soll sich verbünden mit allem, was stark und heiter und zukunftverheißend ist; das wissen wir in uns selbst. Aber außer diesem Bündnis braucht es einen Anteil an geschwächtem, verstörtem, geringem Leben. Ihn mußt du dir suchen, denn er tritt dir nicht sogleich in den Weg. Aber du wirst ihn finden. Geh durch eine so rührige Leineweberstadt wie die Stadt Bielefeld mit ihren festlichen Hallen; aber dann versäume es nicht, in die Straßenbahn zu steigen und nach Bethel hinauszufahren. Wag dich in eines der großen Kinderzimmer und bau mit dem Lego-Baukasten ein Haus; sieh nicht weg von den gekrümmten Fingern der Kinder, die nur mit Mühe ein Steinchen halten können; trau dich, ihrem Lächeln zu begegnen, auch wenn es zuweilen ein wunderliches Lächeln ist, und verstehe die Wunde als ein Zeichenwort für dein Leben: wenn du diesen Anteil am »geknickten Rohr« nicht in dir Gestalt gewinnen läßt, dann wird etwas in dir, in deinen Künsten und Fähigkeiten, zu der eleganten Routine, die der Teufel holen soll. Dein Baukastenspiel in Bethel oder was es nun sei, das holt der Teufel nicht; das bewachen die Engel.«

Zum Thema Hoffnung mitten im Verlöschen und Verglimmen, zum Optimismus schreibt Dietrich Bonhoeffer aus dem Gefängnis (»Widerstand und Ergebung«; Chr. Kaiser Verlag München 1961, S. 29): »Es ist klüger, pessimistisch zu sein: vergessen sind die Enttäuschungen und man steht vor den Menschen nicht blamiert da. So ist Optimismus bei den Klugen verpönt. Optimismus ist in seinem Wesen keine Ansicht über die gegenwärtige Situation, sondern er ist eine Lebenskraft, eine Kraft der Hoffnung, wo andere resignierten, eine Kraft, den Kopf hoch zu halten, wenn alles fehlzuschlagen scheint, eine Kraft, Rückschläge zu ertragen, eine Kraft, die die Zukunft niemals dem Gegner läßt, sondern sie für sich in Anspruch nimmt. Es gibt gewiß auch einen dummen, feigen Optimismus, der verpönt werden muß. Aber den Optimismus als Willen zur Zukunft soll niemand verächtlich machen, auch wenn er hundertmal irrt; er ist die Gesundheit des Lebens, die der Kranke nicht anstecken soll. Es gibt Menschen, die es für unernst, Christen, die es für unfromm halten, auf eine bessere irdische Zukunft zu hoffen und sich auf sie vorzubereiten. Sie glauben an das Chaos, die Unordnung, die Katastrophe als den Sinn des gegenwärtigen Geschehens und entziehen sich in Resignation oder frommer Weltflucht der Verantwortung für das Weiterleben, für den neuen Aufbau, für die kommenden Geschlechter. Mag sein, daß der jüngste Tag morgen anbricht, dann wollen wir gern die Arbeit für eine bessere Zukunft aus der Hand legen, vorher aber nicht.«

Da es am ersten Sonntag nach Epiphanias thematisch auch um die Taufe geht, fiel mir – als Kontext, vielleicht sogar als Konkretionsmaterial – aus demselben Buch von Bonhoeffer (S. 206ff.; »Gedanken zum Tauftag von D. W. R.; Mai 1944) folgender Abschnitt auf: »Du wirst heute zum Christen getauft. Alle die alten großen Worte der christlichen Verkündigung werden über Dir ausgesprochen und der Taufbefehl Jesu Christi wird an Dir vollzogen, ohne daß du etwas davon begreifst. Aber auch wir selbst sind wieder ganz auf die Anfänge des Verstehens zurückgeworfen. Was Versöhnung und Erlösung, was Wiedergeburt und Heiliger Geist, was Feindesliebe, Kreuz und Auferstehung, was Leben in Christus und Nachfolge Christi heißt, das alles ist so schwer und so fern, daß wir es kaum mehr wagen, davon zu sprechen ... Es ist nicht unsere Sache, den Tag vorauszusagen – aber der Tag wird kommen –, an dem wieder Menschen berufen werden, das Wort Gottes so auszusprechen, daß sich die Welt darunter verändert und erneuert. Es wird eine neue Sprache sein, vielleicht ganz unreligiös, aber befreiend und erlösend, wie die Sprache Jesu, daß sich die Menschen über sie entsetzen und doch von ihrer Gewalt überwunden werden, die Sprache einer neuen Gerechtigkeit und Wahrheit, die Sprache, die den Frieden Gottes mit den Menschen und das Nahen seines Reiches verkündigt ... Bis dahin wird die Sache der Christen eine stille und verborgene sein; aber es wird Menschen geben, die beten und das Gerechte tun und auf Gottes Zeit warten. Möchtest Du zu ihnen gehören und möchte es einmal von Dir heißen: ›Des Gerechten Pfad glänzt wie das Licht, das immer heller leuchtet bis auf den vollen Tag‹ (Sprüche 4,18).«

2. Sonntag nach Epiphanias

Predigttext: Hebräer 12,12–18 (19–21) 22–25a
Karl-Heinz Ronecker

Theologisch-homiletische Skizze

1. In der alten Perikopenordnung war Hebr. 12,12–17 Predigttext für den Bußtag (M). Hebr. 12,18–15a wurde bereits bisher dem 2. S. n. Ep. zugeordnet (VI). Die neue Abgrenzung geschah nicht ohne sachliches Recht. Eine gewisse Willkür eignet ihr dennoch. Im Grunde bildet das ganze Kapitel eine Einheit. Der Gedankengang selbst greift noch weiter aus (vgl. 10,23ff.; 10,35–39; 11, 1ff.)
2. Der Hebräerbrief richtet sich an Menschen, die durch innere Schwierigkeiten und äußere Verfolgungen in ihrem Glauben müde geworden sind. Sie sollen angespornt und ermutigt werden. Darum geht es auch in Hebr. 12. Mahnung und Begründung der Paränese durchdringen sich dabei. Vom ausdauernden Laufen und vom Standhalten reden Vers 1b,4,12f. Zur Begründung wird zurückverwiesen auf die »Wolke der Zeugen« (Kap. 11). Es wird vom Beispiel Jesu (12,2) gesprochen und davon, daß auch die Züchtigungen Gottes Ausdruck seiner Vaterliebe sind (12,5–11). Von der Hoheit der Offenbarung des neuen Bundes ist die Rede (12,18–24) sowie von der Gültigkeit und der Unerschütterlichkeit des Erbes (12,25–29).
3. In unserer Perikope legt sich die Paränese (12–17,25a) wie ein Rahmen um eine Typologie (18–24). Hier wird dem furchteinflößenden und distanzschaffenden (irdischen) Berge Sinai der (himmlische) Zion entgegengesetzt. Während der Sinai zwar im Prinzip unberührbar, aber faktisch nicht begehbar ist, steht der Zugang zur Gottesstadt offen. »Ihr seid hinzugetreten!« (Vers 22).

Im übrigen will der Text weniger »in seinen Einzelheiten ausgeführt, als in seiner Stoßkraft für die wieder aufgenommene Ermahnung erfaßt werden. Er verlangt nicht eine meditative Betrachtung, sondern eine paränetische Anwendung«. (F. Hahn GPM 20, 1965 S. 80).

So haben auch die Verse 18ff. nicht die Aufgabe, den alten Bund abzuwerten. Sie sollen vielmehr die Dringlichkeit der Aufforderung Vers 25a, aber auch der anderen Ermahnungen unterstreichen. Denn einmal trägt die Gemeinde des neuen Bundes das Israel des alten in sich. »Die Verzeichnung Israels in Vers 19b ist der Spiegel, in dem sie sich erkennt.« (Hübner GPM 32, 1977 S. 80). Zum anderen aber sagen die Verse 22–24: War es am Sinai noch zu verstehen, daß sich einer entsetzt und zu hören weigert, so ist das angesichts der ganz anderen Offenbarung des Mittlers Jesus unangebracht, ja voll Widersinn.

4. Der Hebräerbrief stellt gerne dem Schatten die Wirklichkeit, dem Irdischen das Himmlische, dem Vergangenen das Zukünftige und dem Vergänglichen das Bleibende gegenüber. So auch in unseren Versen. Dabei meint die Jenseitigkeit der Gottesstadt und ihrer Festversammlung nicht deren Außerweltlichkeit. Dagegen spräche u. a. 13,12f. Die Ver-

bindung von hellenistischen Vorstellungen (Urbild/Abbild) mit solchen der Apokalyptik (das Heil ist im Himmel bereits verwirklicht) will deutlich machen, daß der Zugang zum *Bleibenden* eröffnet wurde, zu dem, was Weite, Dauer und unerschütterliche Größe besitzt.

5. Dieses Heil darf nicht mißachtet, der Gott, der uns so begegnen will, darf nicht überhört werden.

Deshalb die Aufforderung Vers 25a. Darum die Mahnungen, auf dem Weg zu bleiben (Vers 12f.), die Gemeinschaft zu fördern (Vers 14), Verantwortung zu übernehmen (Vers 15f.). Heiligung trägt im »Hebr. nicht sittlichen sondern eschatologischen Charakter« (Käsemann). Es ist hier also nicht von unserer Vervollkommnung die Rede, auch nicht von der »Reinigung« der Gemeinde. Es geht aber mit allem Nachdruck darum, daß wir die Zugehörigkeit zu Christus nicht preisgeben.

6. G. Theißen (Untersuchungen zum Hebräerbrief 1969) sieht in 12,14–24 einen Hinweis auf die abendmahlfeiernde Gemeinde. An allen entsprechenden Stellen des Hebr. begegnet nach seiner Beobachtung auch das Bild vom Gerichtsfeuer. Das Erschrecken vor dem Zorn Gottes, das der Gemeinde des Hebr. offenbar ferngerückt ist, schafft »die Verstehensbedingungen für das hohepriesterliche Werk Christi, für das Wunder der Sündenvergebung und den freien Zugang zu Gott«. (S. 67)

So fügt sich auch der für uns fremdartige Hinweis auf Esau in den Gedankengang ein. Dennoch meine ich, daß eine Predigt mit diesen Versen überfordert ist. Darüber wäre gegebenenfalls in einem Bibelseminar gesondert zu reden.

7. Mich spricht an diesem Text an: seine eigenartige, aber gerade so erregende Rede von der Nähe Gottes und seinem alles übersteigenden Heil. Davon lebt die christliche Gemeinde. Davon wird sie allerdings auch in Bewegung versetzt. Davon soll der Gottesdienst bestimmt werden.

Zur Liturgie

Lieder

Zum Eingang: 53,1,2,8. Vor der Predigt: 218,1,2,5,6 oder Anhang 77: 613. Nach der Predigt: 18,3,9 oder »Laß uns in deinem Namen, Herr, die nötigen Schritte tun«, Neue Lieder 75,1–3, oder: »Es ist ein Wort ergangen ...«, Badischer Anhang 431,1–4,6,7. Zum Schluß: 25,3 u. 4 oder 254,6.

Eingangsspruch

Hebr. 1,1f. + Joh. 1,14 oder: Jesaja 35,3 oder: Jesaja 1,3.

Gnadenzusage

Psalm 32,8 + Joh. 1,16

Lesungen

2. Kor. 4,7–16a. Als nichtbiblische Lesung eignet sich auch der Abschnitt aus Luthers Predigt in den *Kontexten.*

Gebete
Herr, du bist offenbar in allen deinen Werken. Du bist das Licht, das alle Dinge überstrahlt. Du hast zu unseren Vätern geredet und hast auch uns dein Wort gegeben. Aber uns, die wir blind sind, bist du ein verborgener Gott. Immer wieder verlieren wir dich. Taub sind wir, wenn du redest, und unser Herz bleibt verschlossen. Wir bitten dich: Öffne uns Blinden die Augen. Öffne uns Tauben die Ohren. Erbarme dich unser. (nach K. B. Ritter).

Oder:
Herr, wenn einmal mein Leben aufhören wird, möchte ich sagen können, daß es gut war / Wenn ich alle meine Wege zu Ende gegangen bin, möchte ich erkennen können, daß ich nicht nur im Kreis lief. / Wenn ich am Ende meiner Tage nicht mehr fähig sein werde zu reden, will ich schweigen können in der Gewißheit, daß ich mehr hilfreiche Worte gesprochen habe als solche, die verletzten. / Doch wenn ich mich ansehe, wie ich heute bin / wenn ich an all das denke, was ich geredet und getan habe / und vor allem an das, was ich unterließ / befallen mich Bedenken, ob dies jemals so sein wird. Das macht mir Angst. / Es nimmt mir den Mut. / Darum komme ich jetzt zu dir und bitte, Herr, erbarme dich.

Herr, du hast uns gerufen / du kennst unsere Schwäche / du weißt, wie leicht wir den Mut verlieren / du weißt, wie ängstlich wir oft unsere Schritte setzen. / Aber du hast uns gerufen / darauf verlassen wir uns / wirke in uns / brauche uns, und mache uns brauchbar. (nach Jörg Zink).

Als Bekenntnis ließe sich sprechen: Ich glaube nicht, daß die Kirche von ihrem öffentlichen Einfluß lebt und von der Zahl der Leitartikel, die sie lobend erwähnen. / Ich glaube nicht, daß sie vom Glanz ihrer Hirten erhalten wird und von der Anzahl der theologischen Bücher, die während eines Jahres erscheinen. / Ich glaube nicht, daß die Zahl der kirchlichen Veranstaltungen die Wirkungen widerspiegelt, die von der Gemeinde ausgehen, und daß die Höhe der Kirchensteuereinkünfte einen Maßstab für die Chancen abgibt, die sie in Zukunft haben wird. / Ich glaube, daß die Kirche dort lebt, wo Christus in ihr Gestalt gewinnt und wo sie unabhängig von Beifall und Widerspruch für ihn eintritt. / Ich glaube, daß sie dort groß ist, wo sie ihm in den Menschen dient, und daß sie nur darum Bestand hat, weil er auch mit ihr immer neu anfängt.

Vorschläge zur Predigt
Möglicher Anfang
Das neue Jahr hat seine ersten Schritte getan und wir mit ihm. Waren es zögernde Schritte? Gingen sie in die richtige Richtung? Grund zur Mutlosigkeit findet sich z. Zt. ja genug. Auch Grund, ratlos zu sein. Ich muß das nicht ausmalen.

Drei Stichworte genügen: der Weltfriede, die Arbeitslosigkeit, die wachsende Belastung der Umwelt. (Die von mir herangezogenen Beispiele beziehen sich auf den Jahreswechsel 82/83).
Wenn wenigstens ein paar Ziele klar wären. Es scheint jedoch unter uns fast mehr krumme Touren zu geben als gerade Wege. Wie soll das auch anders sein, wenn keiner so recht weiß, wo es eigentlich lang geht?
Und die christliche Gemeinde? Was hat sie beizutragen? Helfen ihre Worte, oder könnte man sie genausogut vergessen?
Nun leuchtet vermutlich jedem ein, daß es nicht Aufgabe der Kirche sein kann, Handlungsanweisungen für Politiker zu geben. Aber wenn es um die Perspektiven des Lebens geht, müßte sie doch ein kräftiges Wort mitzusprechen haben. Darum ist die Frage schon erlaubt, um welche Ziele es geht, wenn »Gemeinde Jesu« gesagt wird. Was trägt hier? Was strahlt aus?
Unser heutiger Predigttext versucht, darauf zu antworten. Aber erschrecken Sie nicht. Diese Antwort ist eingebettet in sehr fremde Bilder und in schwierige Gedankengänge.

Textverlesung

Weiterer Verlauf:
Als der Hebräerbrief geschrieben wurde, richtete er sich an Menschen, die durch innere Schwierigkeiten und äußere Verfolgungen in ihrem Glauben müde geworden waren. Sie liefen Gefahr, ihn auf Sparflamme zu setzen oder gar ganz aufzugeben. In unserem Abschnitt werden sie aufgerufen, sich nicht gehenzulassen, sondern sich mit neuer Kraft auf den Weg zu machen. Vor allem aber werden sie auf den Grund ihres Glaubens verwiesen: auf Gott.
Ohne Heiligung kann keiner Gott schauen, heißt es als Zielangabe zu Beginn unseres Textes. Ihr seid zur Stadt des lebendigen Gottes gekommen, lesen wir in der Mitte, und ganz am Ende heißt es dann noch einmal: Seht zu, daß ihr den nicht abweist, der redet ... Nur, wer ist das eigentlich, Gott?

1. Ein kleiner Fisch, so erzählt eine Geschichte, hatte von irgendwoher gehört, daß Fische zum Leben Wasser brauchen. Er hatte es jedoch noch nie gesehen. Darum brach er eines Tages auf, um das Wasser zu suchen. Zunächst schwamm er zu einer ihm befreundeten Kaulquappe. »Was suchst du«, fragte die. »Ich suche das Wasser«, war die Antwort. »Wasser, das gibt es hier nicht ... hier sind nur Steine und Algen und unsereins.« Enttäuscht entfernte sich der kleine Fisch. Dann begab er sich zu einem alten Wels, der zwischen Felsspalten wohnte und als sehr weise galt. Doch auch der konnte ihm nicht viel helfen. »Das Wasser«, so sagte er nämlich, »ist vor dir, und es ist hinter dir. Es ist über dir, und es ist unter dir.« Doch nirgendwo sah der kleine Fisch etwas anderes als das Gewohnte. Da gab ihm der Wels den Rat, zum Walfisch zu schwimmen ...

»Leg dich auf meinen Rücken«, entgegnete der nur, »und du wirst alles erfahren, was du wissen mußt.« Dann begann er zu steigen. Immer höher und immer schneller, so daß es dem kleinen Fisch schwindlig zu werden begann, bis der Wal endlich aufgetaucht war und wie ein Berg aus dem Wasser ragte. Er blieb ganz ruhig liegen und bewegte sich nicht. Dem kleinen Fisch jedoch schien der Kopf zu zerspringen. Es war ihm, als hätte seine letzte Stunde geschlagen ... Als er wieder zu sich kam, lag er auf dem Grund des Meeres neben dem riesigen Wal. Der aber brauchte ihm gar nichts mehr zu sagen, weil der kleine Fisch nun selbst wußte, daß ihn Wasser umgab und daß er allein darin leben konnte.
Der Mann, der diese Geschichte erfand, war der Meinung, daß es uns mit Gott ebenso erginge. Vielleicht fragen wir nach ihm, vielleicht suchen wir ihn, und vielleicht meinen auch wir, es gäbe ihn nicht, weil wir nur uns sehen und die Dinge, die uns umgeben. In Wahrheit aber ist Gott ständig um uns ... Doch nun heißt es interessanterweise in unserem Predigttext nicht einfach: Vergeßt nicht, daß ihr von Gott umgeben seid. Wir lesen hier vielmehr: Seht zu, daß ihr den nicht abweist, der zu euch redet.
Gott, so wird damit gesagt, umgibt uns nicht nur. Er ist nicht bloß der Urgrund, aus welchem unser Leben wächst. Er will uns auch begegnen. Gott spricht uns an, weil er uns etwas zu sagen hat.

2. Damit rückt neben die Frage, wer Gott ist, die viel wichtigere, wie er zu uns steht und wie wir mit ihm dran sind. Lassen Sie mich auch dazu eine Geschichte erzählen: Eines Tages rief ein König alle Gelehrten und alle Weisen seines Reiches zusammen. »Ich werde alt«, sagte er. »Ich habe schon viel in meinem Leben erfahren. Gott habe ich jedoch noch nie gesehen. Zeigt ihn mir.«
Keiner vermochte dies ... Da erschien ein Hirte ... Er nahm den König hinaus aufs Feld. Dort hieß er ihn in die Sonne schauen. Für den Bruchteil eines Augenblicks vermochte der König dies, dann begannen seine Augen zu tränen ... »Du willst wohl, daß ich erblinde«, fuhr er den Hirten an. Der aber antwortete: »Wie willst du fähig sein, Gott selbst zu schauen, wenn du schon den Glanz nicht ertragen kannst, der von einem seiner Geschöpfe ausgeht?«
Unser Gott ist ein verzehrendes Feuer, heißt es gar nicht weit von unserem Predigttext entfernt. Das ist ebenfalls eine Erfahrung, welche Menschen gemacht haben, denen Gott begegnet ist: daß sie es in seiner Nähe nicht aushielten. Wir haben es uns etwas leichthin angewöhnt, vom lieben Gott zu sprechen ... Aber Gott ist auch unnahbar, fremd und erschreckend. Davon reden die Verse unseres Textes, welche auf die Gesetzgebung am Sinai hinweisen ... Es ist wichtig zu wissen, daß auch dies zu Gott gehört: seine Heiligkeit, und daß er etwas von uns verlangt. Der Glaube, so klang es bereits zu Beginn unseres Predigttextes an, hat etwas mit Verbindlichkeit zu tun und damit, daß man sich einsetzt. Achtet darauf ... Nicht allein die Worte von der Kanzel predigen. Die Art, in der wir miteinander umgehen, tut dies ebenfalls, und oft viel kräftiger. Darum fragt Gott

auch danach. Er ist daran interessiert zu erfahren, ob wir die Fehler unserer Mitmenschen dazu benutzen, um diese fertigzumachen, oder ob wir ihnen helfen, damit fertigzuwerden. Für ihn zählt es, ob wir nur hintenherum die Wahrheit über unsere Nachbarn verbreiten, oder ob wir diese selbst ansprechen, ansprechen, damit sie sich oder vielleicht auch wir uns korrigieren können.
Daß Gott gnädig ist, bedeutet etwas ganz anderes, als daß er harmlos wäre ... Wir dürfen diese Seite an Gott, die richtende, nicht vergessen. Denn der, der richtet, richtet zugleich aus. Darum hängt viel davon ab, daß wir den fordernden und den heiligen Gott nicht vergessen.
Dennoch, wenn wir allein dies von ihm zu sagen hätten, daß er heilig ist und gerecht, es wäre das Beste, zu schweigen und zu zittern.

3. Darum ist das andere so wesentlich, wovon unser Text redet, daß Gott nicht fern geblieben ist, daß vielmehr eine Brücke geschlagen wurde ... An dieser Stelle müßte ich nun noch einmal eine Geschichte erzählen. Aber keine erfundene Geschichte, kein Beispiel, das bisweilen mehr verdunkelt als erhellt. Ich müßte vom Leben Jesu berichten, vor allem von seinem Leiden und seinem Tod am Kreuz. Denn dort ist beides sichtbar geworden, der Zorn Gottes und seine Liebe, seine unbegreifliche Distanz und seine vollkommene Nähe.
Das Blut Jesu, so sagt es unser Text in seiner Sprache ... Das Blut dessen, den sein Bruder erschlug, schreit nach Rache. Das Blut dessen, der sich freiwillig in die Hände seiner Feinde begab, ruft nach Versöhnung. Abels Blut will Vergeltung, Jesu Blut Vergebung. Abels Blut redet von der Ferne Gottes, Jesu Tod aber sagt, daß er uns nicht verlassen hat. So fragt Abel nach Gerechtigkeit. Jesus jedoch tritt dafür ein, daß uns nichts von Gottes Liebe trennen kann ... Nachdem Gott vor Zeiten manchmal und auf mancherlei Weise geredet hat ... Er ist kein unpersönliches Wesen, kein bloßer Inbegriff. Seine Botschaft ist Mensch geworden. Sie hat uns vorgelebt, was er von uns will, aber noch mehr, wer er für uns ist ... Jesus ist das für uns geworden, was wir, und sei es nur im schwachen Abglanz, für andere sein sollen. Es gibt nichts, was wir für sie tun könnten, das er nicht zuvor für uns erbracht hätte. Es gibt keine Hilfe zum Neuanfang, kein Wort der Versöhnung, das nicht schon längst auch für uns gelten würde.

Zum Schluß
Seht zu, daß ihr den nicht abweist, der da redet – der so redet, heißt es am Ende unseres Textes. Hört auf den, der euch das große Wort seiner Forderungen und das noch größere Wort seiner Lieben sagen will.
Wenn Gottes Wort aus bloßen Geboten bestünde, so heißt das doch, könnte man verstehen, daß Menschen die Antwort verweigern. Aber auf den nicht zu hören, der uns mit dem überraschenden Geschenk der Vergebung und der Liebe begegnet, ist unbegreiflich und unsinnig zugleich. Spätestens an dieser Stelle trifft uns der Text nun wieder ganz persönlich. Er fragt, ob wir an diesem

Wort vorbeigehen oder ob wir es hören wollen – so hören, daß unser Leben davon geprägt wird.

Kontexte

Ein Gesetztreiber dringt mit Drohen und Strafen; ein Gnadenprediger lockt und reizt mit erzeigter, göttlicher Güte und Barmherzigkeit; denn er mag keine unwilligen Werke und unlustigen Dienste, er will fröhliche und lustige Diener Gottes haben. Wer sich nun nicht läßt reizen und locken mit solchen süßen, lieblichen Worten von Gottes Barmherzigkeit ..., daß er mit Lust und Liebe also auch tue, Gott zu ehren, seinem Nächsten zu gut, der ist nichts und ist alles an ihm verloren. Wie will der mit Gesetzen und Dräuen weich und lustig werden, der vor solchem Feuer himmlischer Liebe und Gnade nicht zerschmilzt und zerfließt? (M. Luther in einer Predigt über Röm. 12,1–6 zum 1. S. n. Epiphanias).

Die Aufgabe der Heiligung bedeutet nicht, daß die Gemeinde sich in einer pharisäischen Zuchtübung von allen unsicheren Elementen und »halben Kräften« lossagen müsse, vielmehr daß die schwachen Brüder gestärkt, die mutlos gewordenen angespornt, die Unsicheren gefestigt und die Schwankenden gestützt werden sollen. (W. Stählin, Predigthilfen II S. 498)

Der fiebernde Raskolnikow träumt, ein Pferd sei auf dem Eis ausgeglitten. Leute eilen herzu. Sie versuchen, das Tier hochzureißen. Sie schlagen auf es ein. Doch je verzweifelter es sich bemüht, auf die Beine zu kommen, desto hoffnungsloser wird seine Situation. Man peitscht es, bis es blutet. Doch keiner kommt auf den Gedanken, ihm eine Decke unterzuschieben und ihm gut zuzureden. (Dostojewskij, Schuld und Sühne)

3. Sonntag nach Epiphanias

Predigttext: Apostelgeschichte 10,1–48
Ernst Öffner

Theologisch-homiletische Skizze

1. *»Epiphanias«* – das heißt Erscheinung der Herrlichkeit Gottes in der Welt. Ursprünglich (zu Anfang des 4. Jh.) das Weihnachtsfest gewisser heidenchristlicher Gemeinden im Orient, entfaltet sich das Thema dieses Festes in einer Mehrzahl einzelner Motive, die im jeweiligen Proprium der Sonntage nach Epiph. Zeugnisse der Herrlichkeit des Herrn vor Augen stellen. Das Proprium des 3. Sonntags nach Epiph. sagt: Das Evangelium von Jesus Christus gilt auch den Heiden. Dieses Thema intonieren der Wochenspruch (Luk. 13,29) ebenso wie Evangelium (Mt. 8,5–13) und Epistel (Röm. 1,16–17). Der Predigttext aus dem Missionsbuch der frühen Kirche erzählt anhand einer judenchristlichen Missionslegende eine Episode aus der oft überraschend verlaufenden Missionsgeschichte beim Übergang vom Juden- zum Heidenchristentum: So wächst nicht nur die Kirche, sondern so wächst und erweitert sich das Verstehen des Evangeliums nach Gottes eigenem Willen. Das neue Verstehen des Evangeliums führt zu neuer Freiheit und Weite, und Gott selber macht sie möglich! (Zur Exegese vgl. vor allem J. Roloff, Die Apg., NTD 5, Göttingen 1981, S. 10–12 und 164ff.)

2. Man hat der *Mission* des vergangenen Jahrhunderts den Vorwurf gemacht, sie habe den christlichen Glauben, oft im Verbund mit militärischem und merkantilem Kolonialismus, einfach »exportiert«, die »Heiden« zu »bekehren« versucht, indem man sie mit der europäischen Zivilisation beglückte. Ein Einbahn-Lernprozeß. Schlimmes passierte da mitunter, wenn europäische Kultur und Sozialnormen etwa in Afrika als Glaubensnormen und damit als Zulassungs- oder Hinderungskriterium fürs Christsein ausgegeben wurden. So klagte ein afrikanischer Bischof einmal: Mein Vater war Stammeshäuptling. Als er sich taufen lassen wollte, wurde er vor die Wahl gestellt, entweder seine Frauen bis auf eine wegzuschicken (und das hieß in die Armut und Verachtung zu entlassen) oder nicht Christ werden zu können. Die Missionare hatten gesagt: Christ kann nur werden, wer nur eine Frau zur Ehefrau hat. Bei uns in Afrika ist aber die Polygamie eine soziale Versorgungseinrichtung, Teil unserer kulturellen und sozialen Identität. Also stand mein Vater vor der Wahl, entweder sich aus Überzeugung zu Jesus taufen zu lassen und zugleich sozial unverantwortlich zu handeln – oder aus Verantwortung seinen Frauen gegenüber nicht Christ werden zu können. Welche Schuld haben da eure weißen Missionare auf sich geladen, die eure Normen, eure »weiße Moral« mitbrachten, ohne zu bedenken, was das bei uns in Afrika bedeutet. Die Engherzigkeit eures Glaubens verdeckte die Überzeugungskraft des Evangeliums von Jesus. –

Mission als Exportartikel, als Einbahn-Lernprozeß. Wie anders verstand offenbar die frühe Kirche Mission! Da ist die Erzählung von der »Bekehrung« des Heiden Kornelius in der Apg. aufschlußreich – denn in Wahrheit ist es nicht seine, sondern des Missionars, nämlich des Petrus Bekehrung (Roloff a.a.O. S. 165)! Petrus, der gottesfürchtige Jude, der rein und unrein wohl zu unterscheiden weiß, lernt im Verlauf seiner Missionsarbeit Entscheidendes über das Evangelium: nämlich, daß es nicht auf Juden beschränkt ist und daß die für ihn bis jetzt selbstverständlichen Kultgesetze des Judentums für die Heiden nicht verpflichtend sind. Das war also offenbar ein wechselseitiger Lernprozeß, bei dem der Missionar selbst dazulernte. Und darin liegt das eigentliche Risiko des Missionars, des Evangelisten, jedes Predigers: nicht daß er Mühsal und vielleicht sogar Gefahren auf sich nehmen muß, sondern daß er das, was er als das Fundament des Evangeliums betrachtet, aufs Spiel setzen muß.

Die beindruckendste Auslegung unserer Perikope stammt von dem Missionswissenschaftler Walter J. Hollenweger aus Birmingham (Erfahrungen der Leibhaftigkeit. Interkulturelle Theologie 1, München 1979, S. 127ff.): In der Erzählung von der »Bekehrung des Kornelius« liege der Schwerpunkt der Entscheidung auffälligerweise nicht beim Heiden Kornelius, sondern beim Evangelisten Petrus. »Dieser mußte sich entscheiden, ob er das Geschehen im Hause des Kornelius als legitime Herausforderung an seine bisherige Auffassung des Evangeliums betrachten wollte oder nicht.« Er gibt der Geschichte darum den Titel »Die Bekehrung des Petrus«. »Als Petrus nach Jerusalem zurückkehrte, ›stritten die aus der Beschneidung Stammenden‹ mit ihm. Wenn wirklich evangelisiert wird, wenn Grenzen überschritten, neue Dimensionen des Glaubens entdeckt werden – vor allem wenn diese im Widerspruch zu bereits Geglaubtem stehen –, scheint es in der Kirche regelmäßig Streit zu geben. Das war schon in der Urgemeinde nicht anders. Der Streit gehört zur Kirche ... Das Aufregende an dieser Geschichte ist gerade dies, daß ein Apostel, der zum Felsen der Kirche berufen war, im Verlauf seiner Evangelisation etwas über das Evangelium lernte, das er vorher nicht nur nicht gewußt hatte, sondern das im Widerspruch zu seinem vorherigen Evangeliumsverständnis stand. Aber geschieht Evangelisation heute anders? Natürlich gibt es Redner, die vor jedem Publikum das gleiche Sprüchlein wiederholen und nicht damit rechnen, von den Heiden, den Agnostikern, den Gleichgültigen etwas Neues über Christus zu lernen. Evangelisten sind das aber nicht – höchstens Propagandisten. Der wahre Evangelist geht bei seinem Zeugendienst immer wieder das Risiko ein, daß sein Christusbild von seinem Hörer korrigiert wird oder sogar daß er ›unrein‹ wird in den Augen seiner Mitchristen, ein Risiko, welches weder der Priester noch der Levit eingehen wollte.«

3. Um die Korrektur, die Veränderung und Erweiterung *des Christus- bzw. des Gottesbildes* geht es also. Immer ist das Gottesbild Ursache der Angst des Menschen oder Folge seiner Angst oder aber Ausdruck seiner Befreiung von der Angst. Das Stichwort »rein – unrein« (Pharisäer, Essener!) signalisiert Abgrenzung, Gesetzlichkeit, mithin Angst. Je größer die Angst, desto starrer die Mauer zwischen »rein« und »unrein«. Petrus »lernt« in der Vision (Apg. 10,10–16) und dann in der Begegnung mit Kornelius (10,28,34f.), daß diese Angst um Gottes willen unnötig ist, daß Gott anders, weiter, freier ist. Das ist nun seine Befreiung, die Bekehrung des Petrus. Tiefenpsychologisch könnte man diese »Bekehrung« so deuten, daß Petrus von einem infantilen »Über-Ich«-Glauben zu einem erwachsenen »Ich«-Glauben wächst und so den Konflikt mit seinem »jüdischen« Gewissen durchsteht, die Berührungsangst überwindet und mit einem »guten« Gewissen zu Kornelius geht. Dieses »Wachsen« geschieht nicht automatisch – es bedarf dazu mancher Anstöße von außen. Petrus sagt: »Gott hat mir gezeigt ...« (10,28). Gewissensbildung, Ver-

änderung des Gottesbildes ist, so verstanden, auch ein Akt des Verstehens: »Wahrhaftig, jetzt begreife ich ...« (10,34)!
Missionsgeschichte als Befreiung des Gewissens aus seiner Unmündigkeit ist auch heute zu predigen not. Am besten, wie durch Lukas, erzählend: *»Die Bekehrung des Frommen«*. Dann ist aber, auch aus exegetischen Gründen, die Erweiterung der Perikope (10,1–35) notwendig. Eine Auswahl einzelner »zentraler« Verse wäre ein Votum für eine Themapredigt. Wer das tun will, findet in dem oben Geschriebenen und Zitierten sicher einige Hinweise. Ich hingegen will die Bekehrung des Petrus aus der Sicht des Gerbers Simon (10,6) erzählen, den ich in erzählerischer Freiheit Petrus auch von Joppe nach Cäsarea begleiten lasse (10,23). Schon der Leser der Apg. sollte die Geschichte ja aus der Sicht des Petrus miterleben (Roloff S. 165). Dazu kommt, daß das Problem »rein – unrein« schon einmal am Problem des Berufs des Simon durchgespielt werden kann: ein »unreiner« Beruf – und doch wohnt Petrus bei dem Gerber. Aber Petrus hat noch mehr zu lernen ...

Vorschläge zur Liturgie

Der *Wochenspruch* (Luk. 13,29) liegt auch vertont als *Kanon* vor (in: Kirchentagsliederheft Hamburg 1981, Nr. 81; Liederheft für die Gemeinde »Auf und macht die Herzen weit«, München 1982, Nr. 640). Man sollte ihn als Einstimmung in das Thema schon vor dem Gottesdienst ansingen.

Eingangslied
EKG 187 oder 214

Sündenbekenntnis
Herr Jesus Christus. Du bist Mensch unter Menschen geworden und warst zu allen gut, zu den Juden und Heiden, zu den Samaritern und Zöllnern. Wir aber sind oft sehr unmenschlich zueinander und fremd, überheblich und nicht wie Brüder: Herr, verzeih uns, erbarme Dich!
Gemeinde: gesungenes Kyrie (z. B. Kirchentagsliederheft Hamburg Nr. 113 oder 119, bzw. Liederheft für die Gemeinde Nr. 607, 608, 610, 611)
Du hast jeden angenommen, den Glaubenden und den Sünder, den Fernen und den, der Dich suchte. Wir aber wählen aus nach Sympathie und Namen, nach Vorurteil und sozialem Prestige, nach Stand und Rasse: Herr, verzeih uns, erbarme Dich
Gemeinde: Kyrie
Du willst Frieden und Einheit unter den Menschen. Du selbst bist der Friede Gottes für uns. Wir aber hassen und beneiden, vertiefen die Gräben zwischen uns, bauen Mauern und Stacheldrahtzäune auf: Herr, verzeih uns, erbarme Dich
Gemeinde: Kyrie
Du hast Deinen einenden Geist allen Jüngern und Glaubenden zugesprochen, das Band der Liebe, das alle miteinander verbindet. Wir aber haben getrennt,

gespalten und Deinem Leib – der Kirche – Wunden geschlagen: Herr, verzeih uns, erbarme Dich.
Gemeinde: Kyrie (nach E. Legler, Modelle für den Gottesdienst I, Ulm 1973, S. 247f.)

Zuspruch
Epheser 2, 14–19 in Auswahl

Antwort
EKG 188,1 und 5

Gebet
Herr Jesus Christus, du wurdest von einer jüdischen Mutter geboren. Babylonische Weise huldigten dir. Du warst voll Freude über den Glauben einer syrischen Frau und eines römischen Hauptmanns. Die Griechen, die dich suchten, hast du freundlich aufgenommen. Dein Kreuz trug ein Afrikaner. Herr, wir danken dir, daß wir zu dir gehören. Hilf uns, Menschen aller Rassen und Völker als Miterben in dein Reich zu bringen. Amen. (Gebet aus Afrika, zit. bei W. Erk, Weihnachtsveranstaltungen, Stuttgart 1976, S. 273)

Lesungen
Mt. 8,5–13 und Röm. 1,16–17 (oder Eph. 3,2–3a.,5–6)

Lied der Woche
In Form einer kleinen Liedkantate:
Kanon »Es werden kommen vom Osten und vom Westen« (s. o.) 1stimmig
EKG 189,1
Kanon »Es werden kommen« 3stimmig
EKG 189,2

Lied nach der Predigt
EKG 218

Fürbittengebet
Barmherziger Gott, du hast verheißen, durch Jesus Christus deine Herrlichkeit allen Völkern zu offenbaren. Wir bitten dich: gedenke deiner heiligen Kirche in aller Welt. Bringe alle zusammen, die sich Christen nennen und die dich bekennen, durch das Band eines lebendigen Glaubens zur Einheit des Leibes Christi. Erfülle sie und uns mit deinem Heiligen Geist. Segne uns mit Frieden. Laß durch unser Tun und Reden viele zum Glauben finden. Und gib uns, daß wir beharren bis ans Ende und endlich mit den Propheten, den Aposteln, den Märtyrern, den Bekennern und den Heiligen aller Zeiten aufgenommen werden in die volle Ge-

meinschaft mit dir und untereinander, in deinem ewigen und herrlichen Reich; durch unseren Herrn und Heiland Jesus Christus. Amen. (Nach einem Gebet um die Einheit der Kirche Christi von der 1. Vollversammlung des Ökumen. Rates der Kirchen in Amsterdam 1948, in: Für Gottes Volk auf Erden. Ökumen. Fürbittkalender, Frankfurt a. M. 1979, S. 221 f.)

Schlußlied
»Komm, Herr, segne uns« (z. B. Liederheft für die Gemeinde Nr. 652)

Predigtvorschlag
Für diese Predigt, liebe Gemeinde, bin ich sozusagen in die Haut eines anderen geschlüpft. (Ich habe ein naturfarbenes Wollgewand, eine Art Sackkleid, an.) Der, in dessen Haut ich geschlüpft bin, ist schon lange gestorben, aber Christen haben einander immer etwas zu sagen, ob sie nun leben oder schon tot sind.
Also, da habe ich doch einmal etwas erlebt, was unsere Gemeinde – ich muß schon sagen: unseren Glauben richtiggehend verändert hat. Ich war ja schon vorher Christ – aber was da passiert ist, da hab' ich erst richtig verstanden, wie groß unsere christliche Familie ist und – wie groß unser Gott ist. Da war ich dann richtig glücklich, Christ zu sein. Obwohl es ganz anders kam, als ich gedacht hatte. Ich muß Euch das erzählen. – Aber Entschuldigung, ich muß mich ja erst vorstellen. Das habe ich ganz vergessen. Ich heiße Simon – nein, nicht der berühmte, der Apostel, den wir Petrus nannten. Ich bin nur ein einfacher Christ. Ich *war,* genauer gesagt. Aber das ist ja nicht so wichtig. Wenn ich nicht so gut reden kann, müßt ihr das entschuldigen. Aber ich bin eben nicht gewohnt, mit dem Mund zu arbeiten, sondern mit meinen Händen. Ich habe nämlich Häute zu Leder gegerbt. Das ist ein unangenehmer Beruf, weil es da so stinkt. Zum Gerben braucht man nämlich Tierkadaver und Fäkalien. Und so rümpften viele Leute über unsereinen die Nase. Sie sagten, man sei »unrein«. Ich kann das ja verstehen. Aber so hatte man doch wenig Kontakt mit anderen Leuten. Das hat sich eigentlich erst geändert, als ich Christ geworden bin. In unserer Gemeinde in Joppe, einer kleinen Hafenstadt etwa 50 km von Jerusalem entfernt, direkt am Mittelmeer gelegen – in unserer Gemeinde, da hat niemand die Nase über mich gerümpft. Obwohl da auch angesehene Handwerker und reiche Kaufleute, sogar gebildete Lehrer dazugehörten. Aber auch Frauen und Kinder. Und wenn fremde Handelsreisende in unsere Gemeinde kamen, dann nahmen wir sie von Herzen gern als Gäste und christliche Brüder auf, ja wir freuten uns, weil sie manche Anregungen in unsere Gemeinde brachten. Manchmal, da ist mir mein Geruch aber schon peinlich gewesen. Ich wurde ihn einfach nicht los.
Aber stellt Euch vor, kam da doch eines Tages der erste Apostel aus Jerusalem, Petrus, mein Namensvetter Simon, zu uns zur Visitation. Und um in der Gegend zu missionieren. Ich gehörte zum Empfangskomitee unserer Gemeinde. Als es darum ging, wo Petrus wohnen sollte, da wagte ich mein Haus kaum anzubieten. Ich sagte, es liege direkt am Meer und habe eine gute Aussicht, aber leider würde es bei mir ein wenig riechen, ich sei eben Gerber. Aber da lachte Petrus und sagte, das sei er als ehemaliger Fischer gewohnt, er sehne sich schon lange wieder einmal danach, übers Wasser schauen zu können, und

außerdem hätte unser gemeinsamer Herr Jesus die »anrüchigen« Typen besonders gemocht, die, die von andern ausgeschlossen wurden. Und so müßten wir erst recht zusammenhalten. Das hat mich natürlich mächtig geehrt, daß Petrus ausgerechnet bei mir wohnen wollte, und ich war stolz darauf, zu den Jesusleuten zu gehören.
Aber nun glaubt nicht, daß ich Euch das alles nur meinetwegen erzähle. Es kommt noch besser! Ich war ja ein einfacher Christ und ich wußte, daß ich noch viel zu lernen hatte. Aber daß der große Apostel Petrus, dieser fromme Mann, der von Anfang an mit unserem Herrn Jesus zusammen war, daß der noch dazulernen würde, das hätte ich mir doch nicht träumen lassen! Und das kam so.
Eines Tages hörte ich, wie es an meiner Haustür klopfte. Mein Diener öffnete, ich hörte einige Männerstimmen, sie fragten, ob ein gewisser Petrus hier wohne. Ich ging zum Eingang. Da sah ich zwei Sklaven und einen römischen Soldaten. O weh, dachte ich, jetzt wird Petrus verhaftet. Und ich wollte schon sagen, daß ich von diesem Petrus noch nichts gehört hätte. Aber da sagte der Soldat ganz höflich und freundlich, sein Herr schicke ihn mit der untertänigsten Bitte, der große Missionar und Apostel möge doch zu ihm in sein Haus kommen, um ihm mehr von Jesus zu erzählen und ihn zu taufen. Ich war skeptisch, und ich wurde noch skeptischer, als ich erfuhr, wer die Männer geschickt hatte: ein gewisser Kornelius nämlich, römischer Offizier in der Garnisonstadt Cäsarea. Ein Heide also, einer von der verhaßten Besatzungsmacht, die den Herrn Jesus gekreuzigt hatte. In das Haus eines solchen Heiden darf ein frommer Jude nicht hineingehen, ein Christ schon gar nicht. (Ihr müßt nämlich wissen, daß wir Christen uns damals noch für fromme Juden gehalten haben. Wir hielten das jüdische Gesetz, jeder, der Christ werden wollte, mußte wie jeder Jude beschnitten sein, und wir beachteten streng die Reinheitsgebote, vor allem beim Essen und im Umgang mit Andersgläubigen.) Die Männer müssen meine Vorbehalte gespürt haben, denn sie fügten sofort hinzu: Unser Herr Kornelius ist zwar Römer, aber er hat sich doch bei der jüdischen Bevölkerung einen guten Namen gemacht, denn er betet ständig zu Gott und gibt regelmäßig Almosen. Aber trotzdem, ich war noch immer zurückhaltend – ein Jude war er nicht, und als römischer Offizier konnte er auch nicht Jude und damit auch nicht Christ werden. Er war ein Fremder und mußte ein Fremder bleiben. Vor unserem Gesetz galt er als »unrein«, und kein Jude durfte deshalb etwa bei ihm zu Hause etwas essen. Es war ja nicht koscher, nicht »rein« gekocht. So leid es mir tat, auch der Apostel Petrus konnte ihn nicht in die christliche Gemeinde aufnehmen. Es gibt eben Grenzen, die kann man nicht überspringen.
Während ich den Boten das auseinanderzusetzen versuchte, kam auf einmal hinter mir Petrus die Treppe heruntergestiegen. Ich hatte ihn gar nicht gehört. Plötzlich hörte ich ihn sagen: »Laß nur, Simon, ich weiß, wer die Leute sind und wer sie schickt.« Und zu den Männern gewandt, sagte er: »Ich bin Petrus. Mich habt ihr doch gesucht. Simon hat eigentlich recht, daß ich nicht zu euch kommen kann. Aber mir ist eben etwas gezeigt worden, und nun weiß ich, daß ich zu eurem Herrn kommen muß. Kommt herein, es ist schon zu spät, um noch nach Cäsarea zu gehen. Bitte, Simon, laß sie hier übernachten. Morgen früh will ich mit ihnen nach Cäsarea reisen.«
Ich war perplex. Aber ich bat die Männer herein und bewirtete sie. Dann gab Petrus mir den Auftrag, einige führende Leute aus unserer Gemeinde für den Abend einzuladen. Ich war sehr gespannt. Als wir dann abends zusammensaßen, erklärte Petrus die seltsamen Vorgänge.
»Eigentlich hätte ich genauso handeln müssen, wie du es gesagt hast, Simon«, begann

er. »Ich hätte die Einladung nicht annehmen dürfen.« Es sei ihm aber plötzlich aufgegangen, fuhr er fort, daß das nicht so bleiben könne, daß nur Juden Christen werden könnten. So habe das Jesus wohl nicht gemeint, als er ihnen von der grenzenlosen Liebe Gottes zu allen Menschen erzählte. »Und wir«, fügte Petrus hinzu, »wir respektieren immer noch die Grenzen zwischen Völkern und Rassen. Warum eigentlich soll ein Römer, der zu Gott betet, Jesus schätzt und Gutes tut – warum soll der ›unrein‹ sein, nicht Christ werden können? – Ihr wundert euch, daß ich so rede. Bis vor kurzem dachte ich ja so wie ihr. Aber ich konnte doch immerhin schon ohne Skrupel bei dir wohnen, Simon. Obwohl dein Beruf als ›unrein‹ gilt. Warum soll ein Beruf darüber entscheiden, ob einer Christ sein darf? Kann etwas anderes, die Volkszugehörigkeit oder das Alter oder die Bildung darüber entscheiden? Seht, so hat Gott mir heute einen neuen Weg gezeigt, den wir bisher noch nicht zu gehen wagten.

Als ich heute mittag nämlich auf der Dachterrasse war und beten wollte, da überfiel mich auf einmal ein seltsamer Hunger. Plötzlich sah ich den Himmel sich auftun, und herab kam ein großes Tuch mit allen möglichen für uns Juden als unrein geltenden Tieren darin. Und dann hörte ich die Aufforderung Gottes, ich solle diese Tiere schlachten und essen. Und das vom Himmel! Ich wies diese Aufforderung natürlich zurück und sagte: Nein, Herr, noch nie habe ich etwas Verbotenes und Unreines gegessen. Doch die Stimme ließ meinen Einwand nicht gelten. Ich hörte: Was Gott selbst für rein erklärt hat, das erkläre du nicht für unrein! Und das geschah dreimal. Dreimal erklärte Gott selbst ein altes, religiöses Gesetz Israels für aufgehoben, für überholt. Das mußte etwas bedeuten! Aber was? Da hörte ich plötzlich unten die Stimmen der Männer, die von Kornelius geschickt waren und mich suchten. Nein, ich kann nicht gehen, Gott verbietet das doch! Aber eben hatte er mir doch geboten, das Verbotene zu tun! Sollte Gott sich ändern? Mußte sich mein Glaube ändern? Plötzlich ahnte ich, daß ich das, was Jesus gesagt hatte, ganz neu verstand, viel weiter. Gott hatte ein noch viel größeres Herz, als ich bisher dachte. Ich ahnte eine ungeheuere Freiheit und Weite. Da wußte ich, daß ich die Einladung annehmen kann, weil Kornelius – für Juden ein Unreiner – für Gott recht ist. Gott hat ihn selbst für rein erklärt. Da habe ich verstanden, daß Gott will, daß auch Heiden wie Kornelius Christen werden können. Und da bin ich hinuntergegangen und habe gesagt, daß ich morgen mit nach Cäsarea gehe. – Versteht ihr meine Entscheidung? Du auch, Simon? Und eine Bitte habe ich noch: Begleitet mich morgen!«

Wir waren nach dieser langen Erklärung des Petrus zuerst ganz erschlagen. Denn auch uns hatte Petrus da einiges zugemutet. Wir – ins Haus des Kornelius? Aber wenn Gott selber es will? Wenn er keine Grenzen sieht, wo wir welche ziehen? Wir mußten tief atmen. Aber da spürten wir auf einmal etwas von der Weite, die Petrus beflügelte. Und wir kamen am nächsten Morgen mit nach Cäsarea.

Als wir in der Villa des Kornelius ankamen, war da die ganze Familie versammelt und noch einige Freunde und Bekannte. Ich kann mich nicht erinnern, daß ich einfacher Mann jemals von einem besseren Herrn derart freundlich und zuvorkommend aufgenommen worden wäre. Als Petrus eintrat, kniete Kornelius vor ihm nieder und betete ihn an. Petrus war ganz verdutzt, hob ihn wieder auf und sagte: »Ich bin doch auch nur ein Mensch!« Und dann hielt Petrus eine kleine Rede, die mich und die anderen Leute im Hause sehr bewegte. »Ihr wißt«, sagte Petrus, »daß es einem Juden eigentlich verboten ist, zu einem Nichtjuden ins Haus zu kommen. Aber Gott hat mir gezeigt, daß man keinen Menschen für unrein oder gottlos halten darf. Das zu begreifen war für mich gar nicht leicht. Ich bin schließlich frommer Jude. Es war für mich eine regelrechte Bekehrung. Mein Glaube hat sich verändert, er ist gewachsen. Jetzt begreife ich, daß auch Gott weiter, größer ist, als ich es bisher gedacht hatte. Ich begreife, daß er nicht die Person und unsere Vorleistungen ansieht. Seine Liebe ist größer und vor allem schon vorher da. Christus ist der Herr *aller* Menschen, und sein Evangelium gilt *allen* Menschen. Das wollte ich dir, Kornelius, zuvor sagen. Auch ein Missionar, sogar ein Apostel muß hin und wieder von Gott bekehrt werden, auch sein Glaube hat es nötig zu wachsen. Du warst der Anstoß dazu. Das wird auch bei dir übrigens nicht anders sein, und das ist das Schöne am Glauben, daß man nie fertig ist und immer noch etwas lernt!« Ja, und dann erzählte Petrus von Jesus, und während er erzählte, kam der Heilige Geist auf uns alle. Gott ließ uns erkennen, daß das, was Petrus sagte, uns allen galt. Wir verstanden, daß diese Heiden nicht nur vor Gott anerkannt und gleichgestellt waren, sondern auch in der Gemeinde. Dann taufte Petrus den Kornelius und seine ganze Familie. Die Grenzen waren überwunden. Eine neue Gemeinschaft war auf einmal Wirklichkeit geworden. Die Familie des Kornelius bat Petrus, für einige Tage bei ihnen zu bleiben. Wir aßen gemeinsam zu Abend, übernachteten dort fürstlich und verabschiedeten uns am folgenden Tag von Petrus und Kornelius und seiner Familie wie von Freunden.

Warum ich Euch das alles erzähle? Das will ich Euch gleich sagen. Ich habe nämlich drei Fragen bzw. Bitten an Euch.
Seht, wäre Petrus damals nicht über seinen Schatten gesprungen und zu Kornelius gegangen, Ihr wärt heute in B. K. vermutlich nicht Christen und nicht hier im Gottesdienst. Seid Ihr darüber wenigstens glücklich, daß Ihr zu den Jesusleuten, zur Gemeinde gehört? So wie ich? Das ist meine erste Frage an Euch. Die muß wohl jeder für sich persönlich beantworten.
Ihr wißt jetzt jedenfalls, wie es kam, daß auch Heiden Christen werden konnten. Es fing an mit der Bekehrung eines frommen Apostels. Er war bereit, auch in Glaubensfragen dazuzulernen. Und unsere Gemeinde mit ihm. Wie steht's mit Eurer Bekehrung, mit Eurem Dazulernen? Hat sich Euer Glaube, das, was Ihr von Gott zu wissen meint, schon einmal geändert, erweitert? Der Glaube hängt ja mit der Lebenserfahrung zusammen. Wer aus den Kinderschuhen herauswächst, muß auch größere Kleider anziehen. So ist es auch mit dem Glauben. Auch der muß mitwachsen, wenn er nicht in den Kinderschuhen steckenbleiben will. Ich hatte ursprünglich Angst davor, daß sich mein Glaube verändert. Ihr vielleicht auch. Alles hat seinen Preis. Neue Erfahrungen und Erkenntnisse sind oft durch Angst erkauft, vor dem, was danach kommt. Darum gehört Mut dazu, sich darauf einzulassen. Mutig war er ja, der Petrus. Schließlich mußte er seine einsame Entscheidung noch vor den übrigen Aposteln in Jerusalem rechtfertigen. Und da gab's Streit. Ein Risiko ist da immer dabei, wenn der Glaube wächst. Aber ohne Risiko gibt es den Glauben nicht, jedenfalls keinen lebendigen Glauben! Aber ich habe die Erfahrung gemacht, daß hinter der Angst neue Freiheit kommt, daß die Veränderung des Glaubens eine Erweiterung bedeuten kann, eine Vertiefung. Erzählt Euch doch einmal davon, ob und wie sich Euer Kinderglaube gewandelt hat durch Einsicht und Erfahrung! Ihr könntet Euch da-

mit gegenseitig helfen, auch im Glauben weiterzuwachsen. Das ist meine zweite Frage und Bitte an Euch.
Und meine dritte Frage: Welche Grenzen warten bei Euch darauf, daß Ihr sie im Namen Gottes überwindet? Ich weiß, daß es bei Euch Mauern und Barrieren gibt, die Gott gar nicht haben will. Ich habe mir sagen lassen, es gebe bei Euch auch so etwas wie bei uns die Unterschiede im Bekenntnis, etwa zwischen Judenchristen und Heidenchristen. Bei Euch nennt man das wohl Konfessionen. Sind diese Barrieren um des Evangeliums willen notwendig? Oder Abgrenzungen im Gottesdienst, etwa zwischen Kurgästen und Einheimischen, zwischen Konservativen und Modernen, zwischen Jungen und Alten? Oder gibt es bei Euch Grenzen politischer Art, Grenzen, die Euch Eure Angst diktiert, Grenzen, die Ihr im Namen Jesu überwinden sollt? Ihr könntet nachher vielleicht gleich einmal anfangen und aufeinander zugehen wie Petrus und Kornelius aufeinander zugegangen sind. Ihr müßt ja nicht gleich voreinander auf die Knie fallen. Wir sind ja alle nur Menschen!
Das wollte ich Euch hier in B. K. sagen. Lebt wohl! Dankt Gott für die Gemeinschaft, die der Heilige Geist unter Christen aller Konfessionen, aller Orte und aller Zeiten schafft! Und der Friede des Herrn Jesus sei mit Euch!
Ich kann jetzt das Gewand des Simon ablegen. Er hat seine Botschaft ausgerichtet. Wenn Sie jetzt »Amen« sagen können: »Ja, du hast die Wahrheit gesagt; so soll es sein!« dann haben Sie seine Botschaft verstanden. Ich habe nichts hinzuzufügen. Ich sage jedenfalls: Amen.

4. Sonntag nach Epiphanias

Predigttext: 1. Mose 8,1–12
Jörg Schmidt

Theologisch-homiletische Skizze

1. Ich habe Mühe gehabt mit 1. Mose 8,1–12. Vom »Höhepunkt« der Fluterzählung kann nur reden, wer die Geschichte als Ganzes sieht (von 6,5 bis 8,22); ohne diesen Kontext verliert 8,1–12 deutlich an Dramatik. Zudem: Wer wüßte nicht, daß es gut ausgeht! Auch die biblische Komposition des Rahmens (6,5–8 und 8,20–22) stellt ja das Geschehen in die Klammer der Verheißung Gottes: Er will nicht alle und alles vernichten, er gedenkt dessen, was er geschaffen *hat,* in Gestalt der Familie Noah und der in der Arche versammelten Tiere. Und er *wird hinfort* nicht mehr die Erde verfluchen um der Menschen willen. Der Fortbestand ist gesichert.
So ist die Spannung raus aus der Perikope. Und auch der Exeget hat m. E. Mühe, dies vergessen zu machen und Aspekte der Übertragung, der Auslegung zu finden, die ansprechen.
2. Die Spannung ist raus aus der Geschichte. »Da gedachte Gott an Noah!« Die Menschheit ist gerettet. Es geht nicht mehr um Leben und Tod *der* Menschen, ihr Bestehen oder ihren Untergang. Mit dem Noah-Bund steht fest: »Ich will hinfort nicht mehr die Erde verfluchen um der Menschen willen.«
Und mit dem Christus-Bund scheint festzustehen: Es geht auch nicht mehr um das Leben und den Tod *des* Menschen, des Individuums. Die noch zu Zeiten des Noah-Bundes leicht resigniert klingende Einsicht Gottes – »das Dichten und Trachten des menschlichen Herzens ist böse von Jugend auf« – war offensichtlich der erste Schritt auf dem Wege Gottes in die Fremde, in den Tod, um die Schuld als trennende, den Tod als strafenden auf seine Schultern zu nehmen.
Und so ist die Spannung endgültig gewichen aus der Geschichte Gottes mit den Menschen. »Ist Gott für uns, wer mag wider uns sein?« Was sollte uns noch geschehen? Die Wasser der Flut sind längst schon abgelaufen.
3. Die Spannung ist raus aus der Geschichte Gottes mit den Menschen. Vielleicht wird aber gerade deshalb die Familiengeschichte des Noah bis heute erzählt. Weil sie gut ausgeht. Die Tauben finden wieder Land. Die Menschheit kommt noch einmal davon. Sie wird immer davon kommen. »Ich will hinfort ...« Es geht gut aus. Auch mit uns.
Wir brauchen diese Geschichte. Wo sonst könnten wir schließlich eine Geschichte über die Menschen hören, die gut ausgeht? Wir können nicht oft genug sagen und hören: Es geht gut aus.
Und so gleicht 1. Mose 8,1–12 auch dem happy end eines melodramatischen Films, einer love story mit gutem Ende: Ich habe es ja gewußt, sie kriegen sich.
4. Die Spannung ist raus aus der Geschichte Gottes mit den Menschen. Es geht gut aus. Wir brauchen diese Sätze. Vielleicht können wir sonst nicht leben in einer Welt, in der die

Menschen sie und sich selbst offenbar zu zerstören unternommen haben. Wir brauchen 1. Mose 8,1–12, gerade weil die Menschheit sich selbst bedroht durch atomaren Holocaust, durch die Ausbeutung des größten Teils der Menschheit, durch den rücksichtslosen Verbrauch der Rohstoffe ...
Wir brauchen diese Geschichte. Auch damit wir uns rasch trösten: Gott wird die Menschheit schon retten, was sorgen wir uns? Auch damit wir getrost unsere Untätigkeit zum Prinzip machen: Was aus der Schöpfung wird, ist Gottes Sache; es steht nicht in unserer Hand? Auch damit die Tauben zu Hause bleiben können, damit wir sie nicht mehr suchen schicken, gestutzt an den Flügeln, Haustauben?
5. Die Spannung ist raus aus der Geschichte Gottes mit den Menschen. Aber was ist mit der Geschichte der Menschen mit Gott? Wer sendet die Tauben?

Vorschläge zur Liturgie

Begrüßung

Vielleicht stärker als früher wird uns heute bewußt, wie gefährdet wir leben. Gefährdet durch uns selbst. Durch das, was Menschen planen und tun, wie sie die Erde ausbeuten und zerstören, wie sie mit Waffen gegeneinander stehen, die alles, Mensch und Tier, zerstören können.
Viele in den Gemeinden sagen in dieser Situation: Hierher, zu uns, müssen wir uns und die anderen sammeln. Denn in der Gemeinde lebt Hoffnung gegen die Angst. Lebt die Hoffnung, daß Gott seine Schöpfung nicht zerstören läßt.
Und ich denke, es ist gut, mit solch einer Hoffnung zu leben. Aber ich frage mich auch, ob wir uns mit dieser Hoffnung nicht manchmal auch vertrösten. Ob wir uns nicht zu schnell beruhigen dann und die Hände in den Schoß legen.
Darüber wollen wir nachdenken in diesem Gottesdienst.

Sündenbekenntnis

Herr, wir bekennen dir unseren Unglauben. / Du bist es, der seine Schöpfung erhält. / Wir sind es, die sie zerstören oder zusehen, wenn andere sie zerstören. / Wir sind es, die vergessen, wozu Du uns gerufen hast: Dein Volk zu sein, das deinen Willen tut. / Du bist es, dessen Willen Leben will für alles, was du erschaffen hast. / Wir sind es, die unseren Willen durchsetzen. Auch gegen deine Erde, auch gegen Pflanzen und Tiere und Menschen, die du hast werden lassen. / Wir sind es, die uns verstecken, wenn deine Schöpfung leidet. Hinter Gleichgültigkeit. Hinter Skrupellosigkeit. Hinter Wohlstand. Hinter Unglauben. / Wir bekennen dir unseren Unglauben. / Herr, erbarme dich.

Gnadenzusage

Danket dem Herrn; denn er ist freundlich, / und seine Güte währet ewiglich. / So sollen sagen, die erlöst sind durch den Herrn, die er aus der Not erlöst hat. / Deren Seele vor Angst verzagte, daß sie taumelten und wankten wie Trunkene /

und wußten keinen Rat mehr, / die dann zum Herrn schrien in ihrer Not, / und er führte sie aus ihren Ängsten. (Psalm 107,1,2,26b–28; mit Glättungen)

Kollektengebet

Herr, unser Gott, in Jesus Christus bist du unsere Wege gegangen. Und hast uns deine Wege gezeigt. Wege, auf denen du dich zu deiner Schöpfung bekannt hast. Zu allem Lebendigen. Zu allem Leben. Zur Zukunft für alles das, was Du ins Leben gerufen hast. Zur Zukunft auch für uns. Herr, sende deinen Geist, daß wir deinen Wegen nachgehen. Durch Jesus Christus ...

Fürbittengebet

Herr, ewiger und allmächtiger Gott. / Unser Leben ist reich. / Wir haben zu essen. / Die meisten von uns haben Arbeit. / Wir leiden kaum Unrecht. / Können wir dir dafür danken? / Sicher nicht nur mit Worten. / Sicher nur so, / daß wir andere an unserem Reichtum teilnehmen lassen. / Gib uns dazu die Kraft. // Wir bitten dich für alle, / die Unrecht ertragen müssen. / Die ihrer Rasse oder ihrer Religion oder politischen Überzeugung wegen / benachteiligt werden. / Die gefangen und gefoltert werden. / Die Hunger leiden. / Die einsam und ohne Liebe leben. / Deren Geschichte zu Ende geht / und die die Übermacht des Todes erfahren. / Erbarm dich ihres Elends und ihrer Verzweiflung. / Dein Recht komme. // Wir bitten dich für alle, / die Unrecht einzudämmen versuchen. / In der Regierung, in der Verwaltung, in den Gerichten. / In Presse, Funk und Fernsehen. / Bei der Polizei und beim Militär. / Daß staatliche Ordnung das Recht der Bürger schützt / und staatliche Gewalt für Sicherheit sorgt. / Erbarm dich aller, die Macht zu verwalten haben, / daß sie ihre Macht nicht mißbrauchen. / Dein Recht komme. // Wir bitten dich für alle, / die gegen Unrecht aufbegehren. / Die mit Worten protestieren. / Die sich zur Durchsetzung eigener oder fremder Rechte zusammenschließen. / Die gewaltlosen Widerstand zu leisten versuchen. / Wir bitten auch für die, die keinen Ausweg mehr sehen und zur Waffe greifen. / Erbarm dich derer, / die für ein besseres Leben unter den Menschen kämpfen, / daß sie selber nicht unmenschlich werden. / Dein Recht komme. // Aus einer Welt voller Unrecht / rufen wir: schaffe Recht. / Aus einer Welt voller Herrschaft / rufen wir: gib uns Freiheit. / Aus einer Welt voller Kämpfe und Kriege / rufen wir: gib uns Frieden. / Dir, dessen Gerechtigkeit voller Erbarmen, / dessen Frieden voller Lieben ist, / dir sei Ruhm und Ehre und Anbetung, / dem Vater und dem Sohn und dem Heiligen Geist, / jetzt und immerdar / und von Ewigkeit zu Ewigkeit. Amen.
(Aus M. Josuttis, Die permanente Passion. Predigten zur Wirkungsgeschichte Jesu, München 1982, 125ff.)

Lesung

Mk 4,35–41 (Sonntagsevangelium)

Lieder
EKG: 186; 198; 230; 233; 250 u. ä. Freuet euch der schönen Erde, im Gesangbuch für NWD 502. Kanons: Der Himmel geht über allen auf; Jeder Teil dieser Erde.

Vorschläge für die Predigt
Möglicher Anfang
Liebe Gemeinde! Die Spannung ist ja eigentlich raus aus dieser Geschichte. Sie geht ja gut aus. Das weiß doch fast jeder. Diese Geschichte kennt bald jedes Kind. Noah wird gerettet. Die Schöpfung ist gerettet. »Da gedachte Gott an Noah und an alles wilde Getier und an alles Vieh, das mit ihm in der Arche war, und ließ Wind auf Erden kommen, und die Wasser fielen.« Welch ein Trost: Die Wasser fielen!
Als Trost haben die Menschen diese Geschichte wohl immer gehört: Die Menschheit geht nicht zugrunde. Die Menschen gehen nicht zugrunde. Wir gehen nicht zugrunde.
Manchmal – denke ich – konnten Menschen dies nicht oft genug hören: Es geht gut aus. Mit uns. Und ein wenig ist das wohl auch heute so. Daß Menschen das brauchen. Diesen Satz: Es geht gut aus. Dieses Wissen: Die Menschheit kommt davon. Wir kommen davon. Denn das ist ja die Angst vieler Menschen. Daß es nicht gut ausgeht mit der Menschheit. Mit Gottes Schöpfung.

Zum weiteren Verlauf
Der Prediger sollte in knappen Bildern skizzieren, welchen Bedrohungen Gottes Schöpfung ausgesetzt ist. Knapp, weil sie nur Beleg sind für die Richtigkeit der Angst mancher Menschen. Der weitere Fortgang könnte so aussehen:
Und so brauchen wir diese Geschichte. Gerade weil sie gut ausgeht. Weil Gott seine Schöpfung und mit ihr die Menschen rettet. Weil Noah die Tauben fliegen läßt. So lange, bis sie Land finden. So lange, bis feststeht: Wir sind wieder auf dem Trockenen. Die Wasser haben sich verlaufen. Gott sei Dank! Gott sei Dank, der seine Schöpfung erhalten hat und auch weiterhin erhalten will!
Aber manchmal habe ich den Eindruck, wir beruhigen uns auch zu schnell. Der Satz, daß Gott seine Welt schon erhalten wird, ist dann wie ein sanftes Ruhekissen. Ich verlasse mich darauf; und lege die Hände in den Schoß. Ich denke mir: Gott wird seiner Schöpfung schon gedenken; und dann kümmere ich mich nicht um das, was seine Schöpfung gefährdet oder vernichtet. Als wäre ich in der Arche. Laß die Wellen und den Sturm ruhig toben. Hier bin ich sicher.
So kommt es mir manchmal vor: daß wir uns in die Kirche zurückziehen. Und Ruhe suchen und finden auch in Geschichten wie der, die so gut ausgeht. Eine trügerische Ruhe, fürchte ich.
Ich würde – das Bild der Arche benutzend, jetzt in drastischeren Bildern von der

Gefährdung der »Arche« auf der Erde reden: vom drohenden atomaren Holocaust, vom absehbaren Ende der Ressourcen, vom Zerfallen in arm und reich, schwarz und weiß. Es könnte dann so weitergehen: In der Geschichte aus dem Alten Testament heißt es – etwa in dieser Situation –: Da gedachte Gott an Noah. Und die Wasser fielen. Noah ist gerettet. Und ich zweifle nicht, daß Gott unser gedenkt. Daß er unser gedacht hat. Als er mit den Menschen lebte. Mensch wie sie. Dem Untergang preisgegeben wie sie. Hoffend wie sie: daß auch das Ende noch ein Anfang wird. Zu neuem Leben. Zu Leben. Für Jesus. Für uns. Für die Menschheit. Ich zweifle nicht, daß Gott unser gedenkt. Gottes Geschichte mit den Menschen geht gut aus.
Aber wie steht es mit der Geschichte der Menschen mit Gott? Wie steht es mit unserer Geschichte mit Gott?
Manchmal fürchte ich, wir haben unser Vertrauen in ihn schon längst verloren. Wir merken nicht mehr, wenn die Arche aufsetzt auf dem Gebirge Ararat. Vielleicht weil wir die Schöpfung in unsere Hand genommen haben. Weil wir uns zu ihrem Herrn gemacht haben und uns auch zum Herren Gottes machen wollen. Weil wir sie ausbeuten und zerstören.
Oder weil wir uns zurückgezogen haben in die Kirche. Wenn wir uns nur hinter ihren Mauern so sicher und ruhig fühlen wollen wie damals in der Arche. Und die Tauben haben wir schon geschlachtet. Es sollen ja Leckerbissen sein. Oder wir haben ihnen die Flügel schon gestutzt. Haustauben sind dekorativer.
Manchmal fürchte ich, diese Geschichte der Menschen mit Gott ist ihrem Ende entgegengegangen, vielleicht schon zu Ende. Wir wollen Gottes Gedenken nicht mehr spüren. Wir haben uns für unseren Weg entschieden. Aber an dessen Ende steht nicht die Rettung auf dem Gebirge Ararat. Sondern wirklich nur »Ende«. Wie soll Gottes Geschichte mit uns dann noch gut enden!? Wenn wir unsere Geschichte mit ihm selbst abschneiden?
Noah damals hat seine Geschichte mit Gott relativ einfach in Ordnung gebracht. Er hat das Dach der Arche geöffnet. Und die Tauben fliegen lassen. Sie nach Land suchen lassen.
Vielleicht, liebe Gemeinde, finden wir ja noch ein paar Tauben, die wir fliegen lassen können. Vielleicht müssen wir den Deckel der Arche nur öffnen. Und sie nach Land suchen lassen.
Das Bild »Tauben fliegen lassen« würde ich konkretisieren etwa in der Friedensbewegung (Symbol Taube!), in Versuchen, auch über die Kirche die Basis für einen anderen Lebensstil – besser: für ein anderes Leben – zu verbreitern, in all den Bewegungen, die in verschiedener Weise den Gedanken der Umkehr vertreten helfen. Es könnte der Leitfaden werden bis zum Schlußteil.

Möglicher Schluß
Es braucht manchmal nicht viel, um die Geschichte der Menschen mit Gott in Ordnung zu bringen. Siehe Noah.

Und darum möchte ich Sie bitten, auch Tauben fliegen zu lassen. Wie Noah. Tauben der Hoffnung, daß Gott sich unser erbarmt. Tauben des Vertrauens, daß er unser gedenkt. Helfen Sie mir, die Tauben fliegen zu lassen. Damit die Geschichte gut ausgeht. Unsere Geschichte. Amen.

Kontexte

»Komm her, Marie, ein letztes Glas, genießen wir den Augenblick, ab morgen gibts statt Wein nur Wasser.
Komm her, und schenk uns noch mal ein, so viel wird morgen anders sein, Marie, die Welt wird langsam blasser.
Die weißen Tauben sind müde, sie fliegen lange schon nicht mehr.
Sie haben viel zu schwere Flügel, und ihre Schnäbel sind längst leer.
Jedoch die Falken fliegen weiter, sie sind so stark wie nie zuvor.
Und ihre Flügel werden breiter, und täglich kommen immer mehr.
Nur weiße Tauben fliegen nicht mehr.
Bleib noch, Marie, der letzte Rest reicht für uns beide allemal, ab morgen gibts statt Brot nur Steine.
Komm her und schenk uns noch mal ein, denn so wie heut wird's nie mehr sein, Marie, die Welt reißt von der Leine.
Die weißen Tauben ...
Sieh dort, Marie, das leere Bett, der Spiegel unsrer großen Zeit, ab morgen gibt's statt Glas nur Scherben.
Komm her, und schenk uns noch mal ein, der letzte Schluck vom letzten Wein, Marie, die Welt beginnt zu sterben.
Die weißen Tauben ...«
(Deutscher Schlager 1982. Text und Musik Ch. Busse. Interpret: Hans Hartz)

»Geehrter Herr! / Entschuldigen Sie. / Ich wüßte nur gern Bescheid. / Zum Disponieren / Und Bündelschnüren, / Da brauche ich schließlich Zeit. // Sie haben einst / Vertrag gemacht / Mit Noah & Söhnen & Co. / Und als sie den / Unter Dach gebracht, / Da hieß es bekanntlich so: // Meinen Bogen habe ich gesetzt / In die Wolken. / Der soll das Zeichen sein des Bundes zwischen mir und der Erde. / Und wenn es kommt, daß ich Wolken über die Erde führe, / So soll man meinen Bogen sehen / In den Wolken. / Alsdann will ich gedenken an meinen Bund zwischen mir und Euch. / Daß nicht mehr hinfort eine Sintflut komme. / Darum soll mein Bogen in den Wolken sein / Daß ich ihn / Ansehe. // Geehrter Herr! / Ich frage mich sehr: / Sehn Sie Ihren Bogen noch an? / Ich frage nur, weil / Von unten her / Man gar nichts mehr sehen kann. // Die Welt ist grau umzogen, / Der Regenfall ist groß. / Wo ist ein Regenbogen? / Es regnet bogenlos. / Und was nicht Gottes Wolken sind, / Ist Dreck von unsrer Hand. / Und wenn's noch Regenbögen gibt, / Dann nur mit Trauerrand. / Und wenn's noch ... Geehrter Herr, / Entschuldigen Sie. / Man redet jetzt nur soviel / Von Sintflut und / Vom Untergang. / So – rein als Gesellschaftsspiel. / Es macht sich gut. / Gibt harten Touch / Und Kamikazeflair. / Und jeder denkt: / Quatsch doch mit dem Quatsch. / Es kost nix und putzt doch sehr.
Vor uns die Sintflut! / Die Katastrophe ist nicht mehr aufzuhalten! / Prost, Ihr Spezielles! /

Es wird grauenhaft. / Die Blätterteigpastete ist vorzüglich. / Wir fressen nur noch Gift, das haben wir uns eingebrockt. / Und zwei Drittel der Menschheit haben nicht mal das zu fressen. / Und vermehren sich wie die Ratten. / Die einzige Chance liegt im Wachstum. / Das Nullwachstum ist die Forderung der Zeit. / Im Jahr 2000 sind wir sieben Milliarden. / Die Erde ist zu klein. / 5 Zimmer für drei Personen sind zu wenig. Wenn ich nicht bald was anderes kriege, dann weiß ich nicht. // Die Atmosphäre wird immer heißer. / Ich habe gelesen, sie wird immer kälter. / Das kommt aufs gleiche raus. / Das Polareis wird immer dicker. / Ich habe gehört, daß es abschmilzt. / Der Effekt ist der gleiche. / Vor uns die Sintflut! / Sie muß kommen. / Mit tödlicher Sicherheit. / Irgendwann. / Möglicherweise. / Könnte sie.
Und jeder denkt: / Sie wird schon nicht. / Wir ruhen in Gottes Hand. / Und Gott hat einst / Als Bundespfand / Den Regenbogen gesandt. // Er hat uns abgewogen / Und für zu leicht erkannt. / Gottes Regenbogen / Hat einen Trauerrand. / Gottes Regenbogen / Hat einen Trauerrand.«
Wolfgang Franke, Das Lied vom Regenbogen, in: Lore Lorentz (Hg.), Gottes Regenbogen hat einen Trauerrand. Szenen und Songs zum Lachen und Weinen (GTB Siebenstern 274), Gütersloh 1978, 17ff.

5. Sonntag nach Epiphanias

Predigttext: Jesaja 40,12–25 (26–31)
Axel Denecke

Theologisch-homiletische Skizze

1. Zunächst dies: Bei diesem Text stellt sich in besonderem Maße die Frage nach der Abgrenzung der Perikope. Der Predigttext ist nach hinten hin offen (vgl. die Exegese von W. Dietrich im Supplementband*). Sowohl aus exegetischen wie aus homiletischen Gründen könnten die Verse 27–31 mit herangezogen werden.
2. »Gott ist alles – der Mensch ist nichts«, so kann mit der frühen dialektischen Theologie sicher der dogmatische Skopus dieses an (Natur-)Bildern und Assoziationen überreichen Textes zusammengefaßt werden. Kann jedoch solch ein Leitsatz ausreichen? Der Altmeister der Predigtmeditationen, Wilhelm Stählin, beendet seine Betrachtung des Textes wie folgt: »Vom Herrn der Geschichte ist ... einiges andere zu sagen als das, was in dieser verzweiflungsvollen Vorrede zu einem sehr tröstlichen Text gesagt wird. Nur (!) in Zusammenhang mit den nachfolgenden Versen 26–31 ist dieser Ausbruch der Verzweiflung ein möglicher Text einer christlichen Predigt.« Ein klares Wort! Also noch mehr Bilder, Assoziationsketten, Weisheitssätze? Wo ist der rote Faden?
3. Am 5. Sonntag n. Epiph. soll über den Text gepredigt werden. Es ist davon auszugehen, daß die Gemeinde mit ziemlicher Sicherheit noch keine Predigt über diesen Text gehört hat, einmal, da der 5. Sonntag n. Epiph. nicht eben häufig vorkommt, zum anderen, weil dieser Text als Marginaltext erst neu in die 6. Perikopenreihe aufgenommen wurde. Von daher empfiehlt es sich, eine möglichst *dicht am Text entlang wandernde* – die Fülle der Bilder in Auswahl aufgreifende, meditierende und in unsere Situation übertragende – *Textpredigt* zu gestalten. Gemeindeglieder, die an diesem Sonntag – Anfang Februar, möglicherweise bei Schnee und Eis – in die Kirche kommen, werden solch eine Predigt über einen ihr weithin noch unvertrauten Text möglicherweise sogar erwarten.
4. Ich empfehle zur eigenen Vorbereitung folgendes Vorgehen: Der Prediger möge den Text mehrmals *laut* lesen. Schweigen. Sich notieren, welche Bilder haften bleiben. Naturbilder? Das Gegenüber »Gott-die Nichtse«? Nochmals laut lesen. Nochmals schweigen. Welche Assoziationen habe ich bei diesem Text? Diese aufschreiben. Weglegen. Spazierengehen. Sportschau sehen. Dann sich an die Konzeption der Predigt machen. Dabei auf die Sprachgestalt des Textes achten. Viele Fragen (rhetorisch?), Disputationsworte, Behauptungen. Formales Ziel der Predigt »Eine meditativ am Text entlang wandernde Rede«.
5. Ich habe mir in Aufnahme der Exegese von W. Dietrich folgende *dogmatischen Leitsätze* formuliert: »Gott wird geleugnet sowohl durch die Resignation wie auch durch die Hybris der Menschen, die sich als kleiner (ohnmächtiger) oder größer (mächtiger) dünken

* Gottesdienstpraxis, VI. Perikopenreihe, Ergänzungsband Exegesen. Gütersloh 1983

als sie sind. Gott will die Menschen nicht als »verzweifelte oder hochmütige Nichtse«, die sich von ihm trennen, sondern als ›zweifelnde und glaubende Mit-Arbeiter‹ an seinem Schöpfungswerk«. Daraus ergibt sich für mich der *homiletische Leitsatz:* »Uns als ›deprimierte Gefangene in Babylon‹ und uns als ›selbstsichere babylonische Gefängniswärter‹ gilt in gleicher Weise – trotz alledem – der Zuspruch Gottes (Vers 31) »Euch sollen Schwingen wachsen wie Adler, auf daß ihr lauft und nicht matt werdet ...«
6. Konkret heißt das für mich: Ich beginne mit den Versen 12–25, wandere an ihnen entlang, lege sie aus, indem ich die israelit.-babylon. Situation mit der unsrigen in Beziehung setze (bewußtes Hin- und Her-Pendeln zwischen Damals und Heute), verweile länger bei den Versen 24–25 als Ziel- und Höhepunkt der »verzweiflungsvollen Vorrede« (mit dem anschaulichen Naturbild des »Wirbelwindes«) und ende mit den Versen 27–31 (vorher noch nicht vorgelesen), die den Schluß der Predigt markieren.

Vorschläge zur Liturgie

Eingang – Intoitus

Herr, du bist groß / In deiner Welt umfaßt du alle Menschen / Darüber freuen wir uns. / Wir sind nicht allein / Wir gehören zu deiner großen Gemeinde / die du sammelst / aus allen Himmelsrichtungen / der Länder des Ostens, des Westens, des Nordens und des Südens. (nach: F. K. Barth (Hg.), Liturgievorschläge für das Kirchenjahr, Materialhefte 36, Frankfurt 1982, S. 69)

Kollektengebet

Herr, unser Gott / über alle Grenzen hinweg / lockst du uns in deine Gemeinschaft! / Du läßt nicht locker, uns zu suchen, / wo auch immer wir uns verbergen / vor dir / voreinander / vor uns selbst. Du willst uns finden / auch heute / hier in diesem Gottesdienst. / So komm du zu uns / wir bitten dich.

Predigt(nach)gebet – Fürbittengebet

Herr, unser Gott, größer bist du, als daß wir zu dir aufblicken könnten, umfassender bist du, als daß wir dich erfassen könnten, uns näher bist du, als daß wir es uns vorstellen könnten, liebevoller bist du, als daß wir es nachempfinden könnten. Du umgibst uns von allen Seiten, hautnah. Du bringst unser Leben in Unruhe – wie ein Wirbelwind, Du läßt uns nicht los – läßt uns nicht fallen.
Wir können nicht tiefer fallen als in deine ausgebreiteten Arme. Am nächsten bist du uns in deinem Sohn Jesus Christus. Ach Herr, könnten wir doch auch fremde Menschen ansehen mit den Augen Jesu / Was gäbe das für ein Vertrauen / Was gäbe das für eine Liebe! So bitten wir ... (Konkrete Fürbitten aus der Gemeinde; und (falls zur Hand) weiter nach Barth, Liturgieentwürfe ... a.a.O., 71)

Lieder

Auf jeden Fall EKG 53,1–4,8 und 96,1–3,10 als Lieder zur Predigt (davor und danach). Außerdem 128, 1,2,4,5 und aus dem Beiheft '72 (Hannover-Ausgabe) Nr. 914,1–4 »Erd und Himmel sollen singen ...« und Nr. 922,1–3 »Gott liebt diese Welt«. Dazu evtl. – vgl. Alternative zum Predigtentwurf – das »verdeutschte« Spiritual »Gott hält die ganze Welt in seiner Hand ...« mit spontan neu hinzugedichteten Versen.

Lesung
Neben der für den Sonntag vorgesehenen Evangeliums-Lesung Mt. 13, bei der ich allerdings keinen Bezug zum »Thema« des Gottesdienstes und der Predigt entdecken kann (ist auch nicht unbedingt nötig), evtl. als

Gegen-Lesung
Zur »Verzweiflung der Israeliten in Babylon« Gen. 11,1–9 »Der Turmbau in Babel – titanischer Hochmut der Menschheit«

Skizzen für die Predigt
Möglicher Anfang
Es ist schon merkwürdig, liebe Gemeinde. Da wird in unserem Predigttext von Erfahrungen berichtet, die schon mehr als 2½ tausend Jahre alt sind. Und dennoch kommt es mir vor, als wären sie heute gesprochen. Für uns.
Um deutlich zu machen, was ich meine, muß ich zunächst kurz zurückblicken in die Zeit damals. Da sitzen fromme Menschen aus Israel seit Jahrzehnten bereits in der Gefangenschaft in Babylon. Seit Jahrzehnten schon. Einst hatten sie kühne Träume davon, wie sie herrschen würden über ihre Feinde. »Gott ist mit uns. Er trägt uns durch. Er wird unsere Gegner klein halten. Er ist mächtiger als andere«, so pflegten sie zu sagen, einander zuzuraunen. »Gott gibt uns den Sieg ...« Nun sind sie allein, in der Fremde, ein armseliger Rest von einstiger Größe. Weit weg von dem, was ihnen lieb und wert war. Ohne Heimat! Ohne Gott! Umgeben von Spöttern, Siegern, Gefängniswärtern. »Keine Hoffnung mehr für uns« sagen und klagen sie. Trostlose Wüste, gespenstische Stille, Totenstille. Kein Lüftchen am Horizont, das Bewegung bringt. Starr sitzen sie da, von Gott verlassen. ––– Und die anderen, die Leute an den Flüssen von Babylon, sie triumphieren. Sitzen selbstgefällig an ihren fetten Weideplätzen, aalen sich auf dem satten Grün ihrer Oasen. Freuen sich ihrer Macht und Stärke. Setzen ganz und gar auf ihre menschliche Kraft, spotten all derer, die weiter von Gott und göttlicher Führung und göttlicher Fügung faseln. Sie leben gottlos ganz wunderbar und glücklich. Sie brauchen Gott nicht, haben ihn verlassen.
Also, ich kann mir gut denken, daß der eine oder andere hier seine eigene Situation wiederentdecken kann. Ich, wenn ich ehrlich bin, finde mich manchmal in beiden Situationen wieder, pendle zwischen dem einen und dem anderen. In der trostlosen Wüste – an den fetten Weideplätzen – beidemal ohne Gott.

Zum weiteren Verlauf

a. Zunächst nähere Beschreibung der gerade genannten Situation. Erfahrungen aus der Gemeinde, beim Prediger, in Politik und Gesellschaft, augenblickliche Empfindungen, ad-hoc-Formulierungen.

b. Da tritt ein Prophet auf, ein unbekannter, einer aus der Mitte des Volks. An ihm ist nichts Besonderes zu sehen. Er unterscheidet sich in nichts von uns, von denen damals, die gott-verlassen oder gott-los dahinlebten. Außer dem einen, dem kleinen Unterschied. Er rechnet mit Gott in seinem Leben, das ist alles. Und er stellt einfache Fragen, Fragen, die so einfach sind, daß sie jeder beantworten kann. »Wer hat ...«

c. Hier Bilder des Textes aufgreifen, in Auswahl. Die Bilder, die für den Prediger zu sprechen begonnen haben (wie für mich z. B. das Bild des »Wirbelsturmes«, s. u.). Also das Bild des »Wassers« oder des »Staubes der Erde« oder des »Tropfens im Eimer« oder des »Sandkorns« oder des »Brennholzes« oder des »Goldschmieds« oder ... Diese Bilder in Anknüpfung an Gegenwartserfahrungen so präsentieren, daß als Reaktion der Zuhörer zustimmendes Nicken entsteht. »Ja, so ist es in der Tat.«

d. Eventuell auch Meditationspausen einlegen. Über eines der Bilder mit der Gemeinde gemeinsam nachdenken. Gemeinsam. Eine Gemeinde, die es bereits gewohnt ist, – inzwischen soll es nicht nur vereinzelt vorkommen – kann hier zusammen mit dem Prediger einen Teil der Predigt gestalten.

e. Das Ganze endet in Einstimmung zu den Versen 24 und 25. »ER bläst sie an und sie verdorren, und ein Wirbelwind treibt sie fort wie Spreu. Mit wem wollt ihr mich also vergleichen, dem ich gleich sei? spricht der Heilige.«

Zuspitzung der bisherigen Aussage

Wie ein Wirbelsturm! Unvergleichbar! Liebe Gemeinde, wenn das Gott ist, dann haben die nichts zu lachen, die da auf den fetten Weideplätzen sich an der Oase aalen und meinen, ohne Gott auszukommen. Wie ein Wirbelsturm. Er wirbelt alles durcheinander. Da brauchen die nicht mehr zu weinen, die verzweifelt in der Wüste sitzen und in ihrer Wehmut erstarren. Mein Gott, warum hast du uns verlassen! Wie ein Wirbelsturm. Er wirbelt alles durcheinander. Was unten ist, ist oben. Was oben ist, gerät nach unten.

Genauso habe ich Gott oft erlebt. Bei mir. Bei anderen. So ist mir von ihm erzählt worden, so zeigt er sich. Oasen und Wüsten, fette und magere Kühe, was zählt das schon.

(An dieser Stelle evtl. wieder eigene Erfahrungen einbringen, Erfahrungen der Umkehrung der Verhältnisse)

(Ziel:) Ich merke: Ich kann mich nicht verlassen auf mich selbst. Weder auf meine Größe, Stärke, Macht. Noch auf mein Versagen, meine Schwäche, Ohnmacht. Kein Verlaß auf mich. So ist es!

Ein Wirbelsturm ist Gott – er wirbelt mich durch und durch. Kennen Sie das, daß Gott alles durcheinander wirbelt, bei Ihnen? Daß nichts mehr zu stimmen scheint, was ehemals so klar war. Oben-unten, rechts-links, vorn-hinten, Deutschland-Amerika-Rußland, Gestern-Morgen? Kennen Sie das auch? Kein Verlaß mehr. Krise. Krise heißt Trennung, Scheidung. Ent-Scheidung. Lüge

scheidet sich von Wahrheit. --- Wie ein Wirbelsturm das alles. Mir schwirrt der Kopf. Staubwirbel – Hurrikan – Durcheinander ...
... Dann plötzlich Windstille. Ruhe. Reine und klare Luft. Wo bin ich? Wo stehe ich? Wo kann ich stehen? Wüste-Oase, was zählt das noch? Der Wüstenstaub verfliegt. Die Luft wird klar. Stille. Ich kann weit sehen. Weite Sicht. Weitsicht. Tiefsicht? Frieden?

Lösungsangebot und Schluß
In diese Situation hinein spricht der Prophet, der Unbekannte, unbekannt damals und heute, so wollte er bleiben, die Worte ... (Verse 27–31 verlesen) ... Pause ...
Diese Worte, damals und heute, sie haben Bestand. Ich kann das alles – so treffend und gut wie nur möglich – mit eigenen Worten nachsprechen. Ich kann sagen, daß Gott mir Ohnmächtigen Kraft gibt, mir Müden auf die Beine hilft. Ich kann sagen, mir sagen: Verlieb dich nicht in deine Ohnmacht, denk nicht zu groß von deiner Schwäche. Verlieb dich nicht in deine Wüste, sie ist nicht die Welt. Verlieb dich nicht in deine Siege, so schwach bist du nicht, um stolzgeschwellt deine Siege vor dir hertragen zu müssen. Verlieb dich nicht in deine Gottlosigkeit und Gottverlassenheit. Rechne einfach damit, daß Gott dir in deinem Leben zugetan ist, so und so. Ich kann sicher noch weiter davon stammeln.
Aber ich möchte es am Ende mit den einfachen Worten des Propheten mir selbst und uns allen noch einmal sagen: »Die auf den Herren harren, kriegen neue Kraft, daß sie auffahren mit Flügeln wie Adler, daß sie laufen und nicht matt werden, daß sie wandeln und nicht müde werden.« Amen.

Zwei Alternativvorschläge für einen Predigtentwurf
a. Unter dem Leitmotto »Gott ist der Herrscher der ganzen Welt – in Israel und Babylon und anderswo« den Predigttext in Auszügen auslegen auf das *Lied* hin »Gott hält die ganze Welt in seiner Hand«. Dies Spiritual-Lied am Ende der Predigt mit der Gemeinde einüben und durch spontanes Hinzudichten von neuen Versen (aus der Gemeinde kommend) singen und auch spielen. Also: »Gott hält die ganze Welt in seiner Hand (Ganze Welt = große umfassende Kreisbewegung mit den Händen; in seiner Hand = geöffnete Hände zu einer Höhle, die Geborgenheit signalisiert, geformt) ... Er hält die Großen (hochrecken) und die Kleinen (in die Hocke) in seiner Hand ... Er hält den Blitz (Zick-Zack-Bewegung mit Fingern) und den Donner (Klatschen) in seiner Hand ... Er hält den Sturm und die Stille ... Er hält die Kinder und die Eltern ... die Alten und die Jungen ... usw.
b. Eine Predigt, die sich an Hand des Textes den Unsinn menschlicher Herrschsucht (Spirale von Sieg-Niederlage-Sieg-Niederlage) unter dem Motto »Was ist schon der Mensch in seiner kurzen Geschichte vor Gott?« vornimmt, kann –

auch das Gegenüber von Mensch-Natur aus dem Predigttext aufgreifend – mit einer *Bildbetrachtung* der Karikatur von A. Paul Weber »Die Herren der Schöpfung« (Unterrichtsblatt 702 zum KU vom Burckhardthaus-Verlag) arbeiten. Die *Konfirmanden* würden bei diesem Gottesdienst besonders in die Predigt mit einbezogen.

Kontexte

1. Der »junge« Barth: »Gott ist alles – der Mensch ist nichts«. Und auf den politisch-gesellschaftlichen Bereich übertragen: »Der Götze wackelt.« Der »alte« Barth: »Gott ist alles – deshalb ist auch der Mensch nicht ein Nichts, weil Gott ihn braucht.« (Zitat aus seinem vorletzten Seminar über luth. und reform. Abendmahlslehre, Basel 1961)

2. Es gibt kein Paradies nach diesem Jammertal!
Kein jüngstes Gericht findet statt!
Gott ist nicht da!
Gott ist nicht da?
Kein jüngstes Gericht findet statt?
Es gibt kein Paradies nach diesem Jammertal?
(Der »Marxist« Heinz Kahlau, Dichter in der DDR)

3. Ein Baum ist gestanden außerhalb, aber noch in Sicht des Städtchens Kielce, unbekannt weithin, fern der Welt, am Rande der Historie immer gelegen. Aus dem umfänglichen Laubwerk, aus dem tiefgrünen Gewipfel soll an manchen Tagen ein Weinen wie von Kinderstimmen vernehmbar sein, wenn der Wind hineinfährt, Schreien und Wimmern, Seufzen, das in schnarrenden Geräuschen, in atemloser Stille endigt. Nicht jeder, sagt man in Kielce, hat auch die richtigen Ohren, um zu hören, was in dem zitternden Gezweig laut wird.
Ein deutscher Wissenschaftler, bewaffnet mit einem Tonbandgerät, lauerte lange Zeit gutwillig unter der riesigen Blätterkrone, ohne etwas phonetisch Besonderes aufnehmen zu können, und verweist ins Reich der Sage, was von dem Baum und den Kindern berichtet wird. Er sagt: Bis auf die Eiche und zwei Häher ist alles andere wissenschaftlich unhaltbar. (aus: kramen in fächern, von Günter Kunert)

4. Später erfuhr ich, und ich erfahre es bis zur Stunde, daß man erst in der vollen Diesseitigkeit des Lebens glauben lernt. Wenn man völlig darauf verzichtet, etwas aus sich zu machen – sei es einen Heiligen oder einen bekehrten Sünder oder einen Kirchenmann ..., dann wirft man sich Gott ganz in die Arme, dann nimmt man nicht mehr die eigenen Leiden, sondern die Leiden Gottes an der Welt ernst ..., und ich denke, das ist Glaube, das ist ›Metanoia‹; und so wird man ein Mensch, ein Christ. Wie sollte man bei Erfolgen übermütig oder an Mißerfolgen irre werden, wenn man im diesseitigen Leben Gottes Leiden mitleidet.
(D. Bonhoeffer: Widerstand und Ergebung, am 21. 7. 44, nach der Nachricht vom Fehlschlagen des 20. Juli)

Letzter Sonntag nach Epiphanias

Predigttext: 2. Petrus 1,16–19 (20–21)

Harald und Tilman Nehb

Theologisch-homiletische Skizze

Der Letzte Sonntag nach Epiphanias fällt in die nüchternste und äußerlich trostloseste Zeit des Jahres. Auch der Rhythmus des Kirchenjahres bietet keine augenfälligen Höhepunkte. Mancher von uns, auch wir, nutzen diese Zeit deshalb zur Arbeit mit Gemeindeminderheiten, mit Menschen, die eher punktuell am kirchlichen Leben interessiert sind. Aus sachlicher wie aus persönlicher Neigung haben wir seit Jahren mit naturwissenschaftlich orientierten Studenten zu tun, mit denen zusammen und für die wir zweimal im Jahr Gottesdienste anbieten. Diese Gottesdienste beenden kurze Seminarreihen. Unser hier angebotener Gottesdienstentwurf stand am Ende eines Gesprächs über »Wissenschaftliche und Religiöse Erfahrung«. Es war das erklärte Ziel der Vorbereitungsgruppe, die Gottesdienstgemeinde über das Resultat des Gesprächs zu informieren. Dies ist wesentlich in der angebotenen Predigt geschehen. Die exegetische Arbeit am Text hatte – es konnte nicht anders sein – ein vorwiegend assoziatives Interesse. Die exegetisch-assoziative Diskussion entspann sich aus der Erörterung des Gegenübers von »klugen Fabeln« und dem Ausdruck »wir haben die Herrlichkeit unseres Herrn Jesus Christus« selber gesehen. Es entstand sehr rasch der Plan, das Thema »Empirie« unter dem Gesichtspunkt der »wissenschaftlichen und der religiösen Erfahrung« zu diskutieren. Einige der zu Rate gezogenen Texte sind in den Kontexten am Ende dieses Entwurfs abgedruckt. Homiletisch wurde der »wissenschaftlichen Erfahrung« der Begriff Grenze zugeordnet und der »religiösen Erfahrung« der Begriff Zukunft. Anders gewendet: Wissenschaftliche Erfahrung führt allenfalls zu einem die konkreten Lebensvollzüge erleichternden Wissen; religiöse Erfahrung hingegen gewährt Gewißheit im Hinblick auf die Tiefenstruktur der Lebensvollzüge.
Diese beiden Begriffe »Wissen« und »Gewißheit« sollte die Predigt in diskursiver Form aufnehmen.

Vorschläge zur Liturgie

Eingangsvotum

»Süß ist dem Auge das Licht und köstlich ist es, die Sonne zu schauen.« Gott der Vater sei mit uns allen. Jesus Christus weise uns den Weg, der alle Dunkelheiten verläßt. Der Heilige Geist schließe uns zusammen und erleuchte unsere Herzen und Sinne. Amen.
»Lebt als Kinder des Lichts. Die Frucht des Lichts ist lauter Güte und Gerechtigkeit und Wahrheit.«

Eingangsgebet
Herr, unser Gott! Die Nacht ist dem Tage gewichen. Licht hat das Dunkel besiegt. Nimm von uns alle Schuld, Angst und Bedrückung. Wie wir in einen neuen Tag hinein erwachen, so öffne uns jetzt unsere Sinne für dein gutes Wort. Wir bitten dich, Herr, sei uns nahe mit deiner unergründlichen Liebe. So fern der Morgen ist vom Abend, so ferne laß unsere Übertretungen von uns sein. Steh uns bei in den Nächten der Mutlosigkeit. Laß deine Klarheit leuchten, wenn wir uns sorgen und ängstigen. Dein helles Licht leuchte uns wieder heim, wenn uns die verschlungenen Pfade unseres Lebens in die Irre führen. Durch deinen Sohn Jesus Christus ... Wir wollen dir nun in der Stille sagen, was uns in den Tiefen unseres Herzens bewegt ... (Gebetsstille)

Gnadenzusage
»Es werde Licht und es ward Licht. Darum mache dich auf, werde Licht, denn dein Licht kommt, und die Herrlichkeit des Herrn geht auf über dir.« Amen.

Schriftlesung
Phil. 3,8–14

Schlußgebet
Wir danken dir, Herr, lieber himmlischer Vater, für den Menschen Jesus Christus. In ihm ist aufbewahrt deine Verheißung für neue Gemeinschaft unter den Menschen. / Quer über alle Trennungen zwischen Rassen und Klassen, Nationen und Kulturen, Kasten und Sprachen werden in seinem Namen Brücken geschlagen, damit Menschen zusammenfinden und in Frieden und Gerechtigkeit leben können. / Herr, inmitten der Widersprüche, die uns scheiden, inmitten der Gegensätze, die uns entzweien, inmitten der Abneigungen, die Mauern zwischen uns aufrichten, inmitten aller Unterschiede, die uns trennen ... rufst du uns zu Eintracht und Liebe. / Dein Ruf trifft uns in den Tiefen unseres Herzens. Du willst uns zu neuem Umgang miteinander bewegen. So öffne unsere Augen und Sinne für die Menschen neben uns; laß uns zusammenwachsen zu deiner weltumspannenden Gemeinde in lebendiger Gemeinschaft, in brüderlicher Liebe. / Durch deinen Sohn Jesus Christus, der mit dir lebt und regiert von Ewigkeit zu Ewigkeit. Laßt uns nun mit den Vätern und der ganzen Christenheit auf Erden gemeinsam beten: Vaterunser ...

Lieder
EKG 345,1–3,6; 50,1–5; 189,1–2; 345,4+5; 139,1

Predigtvorschlag
»Die Wissenschaft: Risse im Parthenon, Planck rann mit seiner Quantentheorie

zu Kepler und Kierkegaard neu getrübt zusammen.« Das sagt der Dichter Gottfried Benn in seinem Gedicht »Fragmente« über die zeitgenössische Wissenschaft. Und in dem Gedicht »Verlorenes Ich« sagt er: »Die Welt zerdacht / und Raum und Zeiten / und was die Menschheit wob und wog: / Funktion nur von Unendlichkeiten. / Die Mythe log.« Fürwahr, das ist keine freundliche Auskunft! Dabei erleben wir alle heute, wie die exakten Wissenschaften die Welt verändern und wie menschliches Wissen beständig zunimmt. Gleichzeitig aber und nicht minder fasziniert erleben wir die Grenzen dieses Fortschritts, erkennen wir seine dämonische Seite. Zunehmend graut uns vor den Perspektiven einer kühl und rational geplanten Welt, einer Welt, die ihr menschliches Antlitz zu verlieren droht. Auch wir selber haben uns das Planen angewöhnt. Nur noch vereinzelt gönnen wir uns die Gelassenheit, uns vom Kreislauf der Jahreszeiten etwa oder von den großen Festen im Jahr vorgeben zu lassen, was zu tun und was jetzt zu lassen ist. Auf der Strecke bleibt dabei das Spontane, das Wunderliche. Und gänzlich stehen wir im Begriff, das elementare Staunen zu verlernen. Muß bei alledem nicht unser Glaube Einbußen erleiden, jener Glaube, der ohne das Staunen doch gar nicht leben kann? Im Unterschied zum wissenschaftlichen Experiment mit seinen angenommenen Ergebnissen scheint es doch das beim Glauben nicht zu geben: die jederzeit wiederholbare Versuchsanordnung, die Möglichkeit nachzumessen und nachzuprüfen.
Nach meinem Empfinden liegt in diesem Umstand einer der Gründe für die Krise heutigen Glaubens. Neulich sprach ich mit einem jungen Physiker. Er fragte: »Kann man heute überhaupt noch glauben? Kann ich als moderner, wissenschaftlich gebildeter und aufgeklärter Mensch so etwas wie Glauben denn verantworten? Glaube, so habe ich gelernt, sei wesentlich Vertrauen. Mit dem Glauben verbinde ich das Empfinden von einem Menschen, der im Dunkeln tappt und einen Weg sucht. Ob er ihn findet, ist Glückssache. Wirklich wissen kann er das nicht.« Das sagte mein Freund, der Physiker. Ich habe ihn so verstanden: Weil sich in der heutigen Welt überall und ausnahmslos das Experimentelle durchsetzt, deshalb entsteht dem Glauben gegenüber zunehmend Unbehagen und tiefe Unsicherheit. Unser Gefühl für das elementar Selbstverständliche hat uns verlassen. Bei vielen Christenmenschen ist dies Unbehagen zwar noch nicht sprachlich geworden, wenngleich sie längst in ihm leben. Und es steht zu vermuten, daß die Glaubenskrisen zunehmen in dem Maß, wie die exakte, experimentelle Wissenschaftlichkeit an Raum und Einfluß gewinnt. Die Nachdenklicheren unter den Christenmenschen unserer Zeit indessen geben deshalb dem Experiment – der Erfahrung – auch im Bereich des Glaubens mehr Raum. Wir alle kennen Glaubenserfahrungen, auf die wir uns eingelassen haben und die jedem offenstehen. Diese Erfahrungen sind sogar wiederholbar. Ich spreche von den Erfahrungen des inneren Friedens, vom Trost, von der Hoffnung und von der Freude. Jedem von uns ist deutlich, daß es sich hierbei nicht um schnelle, oberflächliche Erfahrungen handelt, sondern daß es sich um

Erfahrungen handelt, die gleichsam mit dem Herzen gemacht werden, mit dem intuitiven Gefühl. Dies sind keine billig zu erwerbenden Erfahrungen, vielmehr sind sie die Antwort auf etwas, was wir aus der Tiefe unserer Seele heraus eingesetzt haben. Jeder, der einmal wirklich geliebt worden ist, weiß, wovon ich spreche, oder er ahnt es zumindest.

»Der Friede Gottes, der alles Begreifen übersteigt«, das ist eine weitere solcher Grunderfahrungen. Ich möchte Sie geradezu einladen und sagen: Beginnen Sie doch einmal zu experimentieren! Probieren wir es doch einmal aus! Probieren wir aus, was uns mehr inneren Frieden schenkt: für andere da zu sein oder immer nur an sich selber denken. Probieren wir doch aus, was uns glücklicher macht: zu hassen oder zu lieben. Versuchen wir doch einmal, eine Zeitlang auf unsere Art des Betens zu verzichten, nicht an Gott zu denken, ihn aus dem Spiel zu lassen, ihn nach Möglichkeit zu vergessen. Und dann vergleichen wir diese Spanne mit einer Zeit, in der wir aus Gott zu leben uns gemüht haben, in der wir zu ihm aufgeblickt und ihm unser Herz geöffnet haben. Und dann prüfen wir, nüchtern und unbeirrbar, wie sich das für ein Experiment gehört, in welcher Spanne Zeit wir menschlicher gelebt, wann wir uns wohler und innerlich ausgeglichener gefühlt haben.

Wohlgemerkt, liebe Gemeinde, wir wollen hier keinen neuen Gottesbeweis führen. Das hat Gott nicht nötig! Ich behaupte auch nicht, daß der Glaube den Zweifel nicht kennt oder den Mißerfolg, das Unglück oder das Leiden. Das wäre eine große Torheit und überdies sektiererisch. Indessen: wenn ich vom Wohlsein des Glaubenden spreche, dann meine ich jene Tiefendimension unserer Seele, die für letztes und tiefstes Vertrauen zugänglich ist, die das tiefe und beständige Glück kennt, das ich Gott schulde, weil er mich in aller Fehlbarkeit und Gottesferne dennoch angenommen hat und immer wieder annimmt.

Lassen Sie mich mit einer Geschichte verdeutlichen, was ich mit Argumenten nicht sagen kann. An einem kalten und dunklen Morgen des Jahres 1944 wurde in einem Berliner Gefängnis ein Mann zur Hinrichtung durch den Strang abgeführt. Er hatte sich bei den Nazis wegen seines Widerspruchs gegen den Terror und das Unrecht des Regimes verhaßt gemacht. Als ein Wärter später die Zelle des Hingerichteten durchsuchte, da fand er den mühsam in die Wand geritzten Satz: »Der Herr ist mein Hirte, nichts kann mir fehlen.«

Liebe Gemeinde, daß Gott ein Leben tragen kann auch im Angesicht der höchsten Not, daß Gott ein unerschütterlicher und letzter Halt sein kann, wo ich ganz auf mich allein gestellt bin, daß Gott mich nicht losläßt, wenn ich tief zu fallen drohe – das ist eine Erfahrung! In diesem Zusammenhang spreche ich von Glück, von Frieden und von Trost. Diese Erfahrungen sind letztlich niemandem von uns fremd oder verborgen, freilich müssen wir diese Erfahrung wagen. Sie kommt nicht von selbst. Wer sich auf Gott einläßt, der wird unterscheiden können zwischen einem Leben in der Dunkelheit oder im Licht, der wird wissen, was sicher und unsicher, sinnvoll und sinnlos ist. Es gibt diese gute Erfahrung des

Glaubens! Es gibt nicht nur Skepsis und Dunkelheit, es gibt eben auch das Licht und die Helligkeit des Glaubens.
Freilich, wer sich noch nie auf diese Erfahrung eingelassen hat, wer noch nie die Zwiesprache mit Gott gesucht hat, mit dem verborgenen Gott, dem werde ich mich kaum verständlich machen können. Andererseits habe ich Schwierigkeiten, den leichtfertigen Verhöhnungen des Glaubens zu folgen. Wer Glauben noch nie experimentiert hat, wird mir schwerlich von Infantilismus, von Aberglauben oder von Projektion sprechen können. Ohne Erfahrung in der Sache kein kompetentes Gespräch über die Sache! Wenn denn unsere Welt eine Welt der Empirie sein soll, eine Welt der erlebten und experimentierten Erfahrung, dann auch in unserem Zusammenhang.
Indessen: die Erfahrung eines Christenmenschen ist nicht nur die Erfahrung des einzelnen mit sich selbst, ist nicht nur Erfahrung der Binnenräume des Ichs, ist nicht nur Rückzug in die Abgründe des eigenen Herzens. Nein, die Erfahrung eines Christenmenschen ist genauso und noch mehr die des Miteinander, die Erfahrung von Gemeinschaft mit denen, die einen ähnlichen Weg gehen. Glaubenserfahrungen verbinden uns mit denen, die uns vorangegangen sind und die uns folgen werden. In den Erfahrungen unseres Glaubens sind wir einbezogen in die Bewegungen der Geschichte. Irdisch und höchst menschlich nahm diese Geschichte bei Abraham ihren Anfang. Bei Abraham, den Gott herausrief aus seinen Gewohnheiten und den er zum Aufbruch in unbekannte Regionen nötigte. Der Glaube der Christenheit nahm seinen Weg über die großen Prophetengestalten und fand eine vorläufige Vollendung im Glauben Jesu Christi.
Unser Glaube ist die verdichtete, immer wieder erneuerte und in andere Worte gekleidete, aber auch stets neu korrigierte Summe von Erfahrungen über Generationen von menschlichen Erfahrungen mit Gott. Männer und Frauen haben diese Erfahrungen gemacht, junge Menschen und alte, einzeln und in Gruppen. Es waren und sind Erfahrungen im Glück und im Unglück, in Gesundheit und in Krankheit, in Heiligkeit und in Schuld. Die geheime Verbindung zwischen all diesen verschiedenartigen Erfahrungen, das ist die Gewißheit: Gott ist nicht nur ein verborgener und heiliger, sondern auch ein naher und liebender Gott, ein Gott, der mich versteht und der mir die Treue hält, wo Menschen längst treulos geworden sind. Er ist der Herr, der bei mir aushält, auch und gerade in den großen Nöten des Lebens.
Der Mensch Jesus von Nazareth hat uns gezeigt, wer und was Gott ist. In Jesus ist Gott Gegenwart geworden. In diesem Menschen Jesus hat die Ewigkeit die Zeit nicht nur berührt, in ihm hat die Ewigkeit die Zeit eingeholt. Er hat das Größte und Beste vertreten, er hat die Sache Gottes vertreten – er hat uns bei Gott vertreten. Er hat diese Botschaft nicht nur gepredigt, er hat sie gelebt bis zu seinem Tod am Kreuz. Wir Menschen, die Sache Gottes, waren ihm wichtiger als alles andere. Er starb sogar für seine Sache.
Jesus wäre wohl längst vergessen, hätte er lediglich geredet und gefordert.

Seine Autorität bis auf den heutigen Tag verdankt sich seiner Konsequenz, verdankt sich der Art, wie er als Mensch lebte: angefochten im Tod, bisweilen zweifelnd im Leben, aber gewiß in seinem großen Vertrauen zum Herrn aller Dinge, zu Gott. Deshalb wird dieser Mann aus Nazareth, wie seinerzeit von den Aposteln, auch heute von vielen Menschen in hohem Ansehen gehalten. Er wird geliebt und verehrt.
In Jesus von Nazareth wurden Gott und Mensch eins, in ihm hat sich Gott völlig ausgesagt: er war der Sohn. Nimmt man beides zusammen: was Jesus selbst lebte und was er aus Gott von Anfang an war, dann verstehen wir auch heute noch – oder heute wieder – die einzigartige Kraft seiner Botschaft. Die Kraft seiner Botschaft ist begründet in seiner letzten Hingabe an die Sache, für die er eintrat, und sie ist ausgewiesen durch ein Leben, das ganz aus Gott für den von ihm geliebten Menschen gelebt wurde, für uns. Amen.

Kontexte

»Die ›Diktatur des Intellekts‹ zu brechen, ihn auf die Knie und zum Geständnis zu zwingen, daß er zu Unrecht das Monopol auf ›Geist‹, auf alleinige Kompetenz und infallible Autorität in Sachen Erkenntnis in Anspruch nimmt, daß er zu Unrecht alles Wahrnehmen, Fühlen, Erfahren der Wirklichkeit, dessen andere, tiefere Schichten der Seele – des Geistes! – fähig sind, für subjektive Täuschung, für Mumpitz erklärt, um nur den auf Zahlen und Maße gebrachten, als solchen nachrechenbaren, verifizier- und technisch verwendbaren Ausschnitt des Wirklichen als ›die‹ Wahrheit gelten zu lassen – dieser Intellekt wäre nur dadurch in die Schranken zu weisen, daß ein Denken sich fände, das ihn – in seinem eigenen Lager – mit sich selbst in Widerspruch brächte ...« (Fridolin Stier, Vielleicht ist irgendwo Tag, F. H. Kerle Verlag, Heidelberg 1981, S. 165)

»Welches Bild bietet uns die neuzeitliche Wissenschaft angesichts der Gottesfrage? ... Objektivität ist hier schwer, denn das Bild ist uneinheitlich. ... Vielleicht ist gerade diese Uneinheitlichkeit ein wesentlicher Zug. Ist sie nur eine Folge der Ausklammerung der Gottesfrage aus der Thematik wertneutraler Wissenschaft? Spiegelt sich in ihr nur der private und insofern beliebige Charakter alles dessen, was Wissenschaftler über Religion denken? Ich glaube das nicht. In Wahrheit kann die Wissenschaft weder in ihrer Haltung noch in ihren Themen der Konfrontation mit der Haltung und den Themen der Religion entgehen. Und die Religion darf, so scheint mir, den durch die Wissenschaft erzeugten Schein der Neutralität nicht dulden. Sie muß die Wissenschaft fragen: Weißt du denn, was du tust?
Im Verhältnis der Wissenschaft zu Gott spiegelt sich ... das Verhältnis des neuzeitlichen Menschen zu sich selbst. In der Uneinheitlichkeit dieses Verhältnisses spiegelt sich dann ein Grundphänomen der Neuzeit, die Ambivalenz des Fortschritts.« (Carl F. von Weizsäcker, Deutlichkeit, Hanser Verlag, München 1978, S. 164)

Septuagesimä

Predigttext: Römer 9,14–24
Hartmut Wenzel

Theologisch-homiletische Skizze

Die Exegese macht deutlich, daß der Text von der Souveränität Gottes handelt. Gott ist und bleibt der in seiner Gnade frei handelnde und Sünder rechtfertigende Herr.
Paulus mutet uns einen komplizierten Gedankengang zu, der zudem ohne den Zusammenhang von Kap. 9–11 nicht verständlich ist. Die Frage nach der Gerechtigkeit, hervorgerufen durch das Schicksal Israels, wird gestellt und sofort hart zurückgewiesen. Die schroffen Aussagen sind eingebettet in den Lobpreis Gottes (Röm. 8,31 ff., Röm. 11,33). Das Lob Gottes wird nur möglich, wenn die menschlichen Einwände zum Schweigen gebracht werden. Sie entzünden sich an dem Widerstand, daß Gottes Gnadenwahl in Christus von dem von Gott doch erwählten Volk Israel abgelehnt wird. Die Frage nach der Gerechtigkeit Gottes, die die meisten Menschen nur im Blick auf die Schöpfung bewegt, wird von Paulus auf die Erlösung bezogen. Ungerechtigkeit kann nur dem Schöpfer und Erlöser zugleich vorgeworfen werden. Paulus muß also beides: den Widerstand gegen den Schöpfer und die Selbstgerechtigkeit gegenüber dem Erlöser zurückweisen. Damit wird die menschliche Vorstellung von Gerechtigkeit zerbrochen. Gott bestimmt, nicht als willkürlicher Despot, er will nur lieben. Aber er muß nicht lieben. Daß er sich unser erbarmt, ist ein Wunder. Wir haben keinen Anspruch. Er ruft wen und wann er will in sein Erbarmen.
Ziel des Textes ist das Lob der Herrlichkeit Gottes, der allein das Sagen hat und auf den der Mensch nur hören kann. Seine Herrlichkeit ist seine Liebe, die er durch Erbarmen und Verstocken durchsetzt. Die Ungleichheit bleibt ein Rätsel. Mich hat beeindruckt, wie eindeutig, ja hart Paulus verkündigt, daß nichts an uns, aber alles an Gott liegt. Ich habe mich gefragt, ob wir nicht oft der Gefahr erliegen, nur einen »lieben« Gott zu verteidigen oder gar zu entschuldigen. Daß wir nach Auschwitz – angesichts unseres Unrechts – Gott noch loben können, zeigt sein Erbarmen an, das wir nicht verdient haben. Eine Predigt über diesen Text kann nur ein Nachsprechen des Textes sein. Wegen der schwierigen Gedankengänge wird sie auch nicht »einfach« sein können. Das »bunte Leben«, das sind unsere Fragen, die aber zurückgewiesen werden. Die Antwort des Paulus will aber auf ein Geheimnis verweisen, das nicht geklärt werden kann. Das macht die Schwierigkeit aus. Der Text liefert Themen zu mehreren Predigten: Israel, Prädestination, Theodizee. Ich beschränke mich auf die Hauptaussage: Gottes freie Gnade. Deshalb das Ziel meiner Predigt: Gott regiert anders, als wir meinen, aber er regiert herrlich, und wir können froh sein, in Gottes gnädigen Händen »nur« Ton zu sein.

Zur Liturgie

Lieder

EKG 234, EKG 186, EKG 277

Eingangsvotum
Wochenspruch: Dan. 9,18. Wir liegen vor dir mit unserem Gebet und vertrauen nicht auf unsere Gerechtigkeit, sondern auf deine große Barmherzigkeit.

Lesung
Matth. 20,1–16

Eingangsgebet
Herr, unser Gott, wir fragen dich: Kannst du weiterhin das Unrecht dieser Welt zulassen, ohne daß wir zugrunde gehen? Herr, unser Gott, wir begreifen dich nicht. Im Blick auf den Lauf der Welt und den Weg unseres Lebens sehen wir nicht, daß du herrlich regierst. Herr, unser Gott, wir klagen dich an, daß du den Unschuldigen nicht hilfst und die Leidenden allein läßt. Herr, unser Gott, wir können dir nicht glauben, daß du gerecht und barmherzig bist.
Ja, Herr, so sind wir, vor dir gestehen wir es ein: Wir wollen dich fragen, wir wollen dich begreifen, wir wollen dich anklagen, wir wollen dir nicht glauben. Ja, Herr, vor dir bekennen wir unsere Sünde: Wir wollen einen anderen Gott, der anders regiert, den wir begreifen, der uns Menschen Rechenschaft schuldig ist und der tut, was wir wollen. So ungläubig, so gottlos sind wir.
Vergib uns, Herr, unser Gott, laß uns schweigen, damit wir hören und du uns sagst, wie wir sind: deine Menschen, deine Geschöpfe, die allein von deiner Gnade leben. Ruf uns weg von unserem Unglauben und laß uns von dem unbegreiflichen Wunder hören, das du in Jesus Christus für alle vollbracht hast, damit wir deine Herrlichkeit loben können. Amen.

Schlußgebet
Herr, unser Gott, der du durch Jesus Christus unser Vater bist, dich loben und preisen wir, weil du herrlich regierst. Während wir uns immer wieder verlieren, suchst du uns. Während wir über das Dunkel dieser Welt klagen, schaffst du eine neue Welt. Während wir ungeduldig fragen: Was wird aus uns?, hältst du uns in deiner gnädigen Hand, trägst du auch die mit großer Geduld, die dich nicht loben. Herr, wir danken für deine große Barmherzigkeit, die wir nicht verdient haben. Weil unser und der Welt Heil nicht mehr von uns abhängt, sind wir nicht mehr überfordert und können selber Barmherzigkeit üben. Weil du zu uns »Ja« gesagt hast, können wir andere bejahen. Weil wir deine Gnade nicht verdient haben, können wir zu allen gnädig sein.
Herr, wir danken dir, daß du uns zu deiner Gemeinde berufen hast und wir gewürdigt sind, die Herrlichkeit deiner Liebe durch unser Leben aufleuchten zu lassen. Amen.

Vorschläge für die Predigt

Möglicher Anfang

Was wollen wir denn hierzu sagen? So einladend, so offen, so fair hatte Paulus begonnen. Ist Gott ungerecht? Das ist nicht irgendeine, das ist die Frage, die uns zu schaffen macht. Wir brauchen nur die Zeitungen aufzuschlagen: Das Unrecht der Welt schreit gen Himmel. Doch wenn Gott selber ungerecht ist, dann gehen wir daran zugrunde.

Aber ein Gespräch über diese Frage findet nicht statt. Im Gegenteil, Paulus schneidet uns das Wort ab, hart und unmißverständlich bestreitet er uns das Recht zu dieser Frage. Dabei hat er sie doch selber mit seiner Verkündigung bei uns ausgelöst. Von ihm haben wir es doch gehört: Gott hat sich in Christus aller Menschen erbarmt. Ohne daß wir es verdient hätten, aus lauter Gnade schenkt er uns sein Heil. Von uns hängt nichts ab, alles ist seine Gabe. Was ist aber mit denen, die das Geschenk ablehnen? Was ist mit dem Volk Israel, das Gott erwählt hat, das aber Jesus Christus ablehnt? Wir spüren, Paulus ist selber von dieser Frage betroffen. Er muß doch merken: Hier steht die Wahrheit seiner Botschaft auf dem Spiel! Wenn Gott allen seine Liebe schenken will, warum nehmen so viele Menschen diese Liebe nicht an? Hängt es doch von uns Menschen ab oder bestimmt er, wer es ablehnen und annehmen kann? Ja, aber dann ist er doch ungerecht?

Konkretionen

Warum suchen wir eine Antwort auf die Frage nach Gottes Gerechtigkeit?

1. Wie Paulus erleben auch wir, daß nur eine kleine Minderheit »Ja« zum Evangelium sagt. Sollte das denn Gottes Wille sein, daß so viele Menschen ihn lästern und höhnen dürfen? Der Pharao und der Kaiser Nero damals, Stalin und Hitler in unserer Zeit, darf Gott zulassen, daß sie ihr grausames »Nein« zu Gott und den Menschen sprechen konnten?
2. Wir kennen Menschen, die nicht mehr an Gott glauben können, weil sie unsägliches Leid erfahren haben. Sie haben nicht trotzig aufbegehrt wie Pharao, unter Leid und Tränen sprechen sie ein verzweifeltes »Nein«. Nicht nur für uns, ihretwegen suchen wir eine Antwort. Wir können verstehen, warum sie ihren Glauben verloren haben.
3. Gott soll sich rechtfertigen, weil unzählige Menschen die Frage nicht aushalten. Sie sagen deshalb »Nein« zu Gott, weil er nicht antwortet. Der Atheismus ist die menschliche Antwort gegen den christlichen Gott. Gott wird wegen Ungerechtigkeit angeklagt, für schuldig befunden und abgesetzt. Ein Todesurteil für Gott. Der sich ausbreitende Atheismus, die wachsende Gleichgültigkeit, in der Gott totgeschwiegen wird, sind aber ihrerseits eine Versuchung an die Christen. Läßt Gott auch diese Bosheit zu, daß er abgesetzt und für tot erklärt wird?
4. Wir Christen wollen, daß Gottes Erbarmen bei den Menschen ankommt. Wir wollen nicht nur allein »Ja« sagen. Alle sollen miteinstimmen. Wir missionieren.

Wir möchten ihn deshalb gern verteidigen, in Schutz nehmen.
5. Aber die Stimmen, die das Evangelium ablehnen, kommen nicht nur von außen. In unseren eigenen Herzen werden sie laut. Alle »Nein« der Menschen werden zu unserer eigenen Anfechtung. So stark ist unser Glaube nicht, daß wir keine Zweifel hätten. Auch uns ist die Frage wohlbekannt, ob nicht unser Glaube Einbildung und Illusion ist. Hier aber kann, nachdem wir Paulus gehört haben, ein schrecklicher Gedanke in uns aufsteigen: Gehören wir etwa auch zu denen, die nach Gottes Willen »Nein« zu ihm sagen? Was anderen völlig gleichgültig sein mag, uns kann es in schreckliche Ängste stürzen.

Weiterer Verlauf
Paulus weist die Frage zurück: Aber er hält entschieden daran fest, daß die Annahme oder Ablehnung des Evangeliums allein von Gott abhängen. Dabei fällt auf, daß der große Theologe Paulus keinen tiefen theologischen Gedankengang zur Begründung verträgt. Auch er kann nicht erklären, wie Gottes Freiheit und seine Liebe zusammenhängen. Eine dogmatische Lösung weiß er nicht. Bescheiden schlägt er die Bibel auf. Da steht es; Gott sagt selber: Er erbarmt sich, wessen er will. Gott ist frei in seiner Liebe. Es liegt nicht am Wollen oder Laufen des Menschen. Das sagt Paulus, der größte Missionar, der sein ganzes Leben lang über die Straßen seiner Welt gelaufen ist, der nichts anders gewollt hat, als daß alle Menschen den Ruf des Evangeliums hören und annehmen. Gott kommt zu seinem Ziel ohne die Menschen. Das sieht man an Pharao. Er will Gottes Erbarmen an Israel verhindern. Er tobt und führt alle Macht gegen Israel ins Feld. Aber das hält Gott nicht ab, daß er mit seinem Toben, mit seiner Macht dazu herhalten muß, als Werkzeug Gottes zu dienen, um Gottes Liebe bei Israel ankommen zu lassen. Sogar der Widerstand, das »Nein« der Menschen führt zur Bestätigung Gottes. Gott erbarmt sich der Menschen, so daß sie »Ja« sagen, und er verstockt sie, so daß sie »Nein« sagen. Aber das ist nicht Willkür, das hat ein Ziel: Gott läßt das gute und das böse Tun, Annahme und Ablehnung sich dienen, um seine Liebe durchzusetzen. Seine Herrlichkeit ist keine Despotenlaune, es ist die Herrlichkeit seiner Liebe.
Geht aber Gottes Herrlichkeit nicht auf Kosten der Würde der Menschen? Wenn Zustimmung und Ablehnung des Evangeliums von Gott gewählt sind, wie kann er die Menschen beschuldigen? Wenn Gott wie ein Töpfer und die Menschen wie ein Klumpen Ton sind, aus denen er machen kann, was er will, wie kann er die Menschen zur Verantwortung ziehen? Was ist mit der Verantwortung, der Freiheit der Menschen? Die Ausführungen des Apostels enttäuschen, ja erschüttern uns. Sie geben keine Antwort. Sie wollen uns zum Schweigen bringen. Offensichtlich ist das Absicht.
Was sagt der Apostel hierzu? Mit der letzten Frage ist klargeworden, daß der Mensch vergessen hat, wer er ist. Als ob er ohne Gott irgendeine Würde besäße! Ohne Gott ist er ein Nichts. Der Mensch, der hier vermessen Gott fragt,

muß erst einmal von Gott hören, wer er in Wahrheit ist. Er ist Geschöpf, er besitzt keinen Maßstab, mit dem er Gottes Verhalten und den Lauf der Welt messen kann. Er täuscht sich und muß enttäuscht werden, weil er kein Recht hat zu fragen. Das Fundament, auf dem er so sicher zu stehen meint, muß erschüttert werden, weil er vergessen hat, daß er allein von Gottes Erbarmen darauf gehalten wird. Mit seinem Widerstand gegen Gott kann er nur bestätigen, daß er Gottes Erbarmen nötig und nicht verdient hat. Wenn irgend etwas an ihm herrlich ist, dann das Wunder, daß Gott ihn mit großer Geduld getragen hat. Er muß aber auch erst einmal hören, wer Gott ist. Gott ist anders, unendlich barmherziger, als der Mensch meint. Er will, daß Gott nach menschlicher Art gerecht ist, daß er das Gute belohnt und das Böse bestraft. Gott soll sich mit Gewalt durchsetzen und das Böse vernichten. Gott aber will sich aller erbarmen und sich nur mit seiner Liebe durchsetzen. Er will für den Menschen das Leben und nicht den Tod. Er läßt das Böse und das Gute auf verschiedene Weise, aber gleichermaßen, seiner Herrlichkeit dienen. Seine Herrlichkeit aber ist die grenzenlose Liebe, die er im Tod seines Sohnes gegen das böseste Nein der Menschheit offenbar werden ließ. Wer Gottes Gerechtigkeit bezweifelt, stellt Gottes Erbarmen in Christus in Frage. Deshalb muß die Frage, ob Gott ungerecht ist, zurückgewiesen werden. Sie ist Ausdruck des Unglaubens, des Mißtrauens, daß Gott in seiner Freiheit noch etwas anderes wollen könnte, als was er in Christus versprochen hat: seine Gnade. Aber Gott mißbraucht seine Freiheit nicht. Es ist kein willkürlicher Despot. Gottes Freiheit ist unsere Befreiung von falschen Vorstellungen über ihn und uns. Deshalb wird der Mensch zum Schweigen gebracht, nicht zum Schweigen des Todes, das er verdient hätte, sondern zu dem Schweigen, in dem er auf Gott hört, damit er erfährt, wozu ihn Gott bestimmt hat: zum Gefäß seiner Herrlichkeit!

Schluß
Was wollen wir hierzu sagen? Nichts! Wir können nur staunen und es uns gesagt sein lassen, daß er gerade uns sein Erbarmen geschenkt hat. Wir mögen daran zweifeln, aber das hindert Gott nicht, daß er uns zum Glauben ruft. Gott sei Dank liegt es nicht an uns! Wir mögen fragen, wie Gottes Liebe alle Menschen erreicht, aber kein trotziges und kein verzweifeltes Nein kann Gott davon abhalten, sein »Ja« zu sagen. Gott sei Dank liegt es nicht an den Menschen. Es sieht heute dunkel in der Welt aus, und die Menschheit mag sich selber zerstören, aber Gottes Liebe zu uns können wir Gott sei Dank nicht zerstören. Es liegt nicht an uns. Vielmehr liegt alles in Gottes Hand, wir, diese Staubkörner, dieser Klumpen Ton, wir sind in Gottes liebender Hand geborgen. Unser Leben lang werden wir nie begreifen, wie das möglich ist und Gott alles zum Guten wenden kann. Wir können nur hören, daß es sein ewiger Ratschluß ist, ihn dafür loben und dann antworten: Amen.

Alternativvorschlag

Die christliche Gemeinde, die von Gott in der Freiheit seiner Gnade berufen worden ist, setzt sich aus Juden und Heiden zusammen (Vers 24). Wie Israel erkennen soll, daß Gott in seiner Erwählung frei ist und Heiden hinzunimmt, muß auch die Kirche erkennen, daß ihre Erwählung nie Besitz, sondern immer neues Geschenk Gottes ist. Das Geheimnis Israels ist auch das Geheimnis der Kirche: Die freie Gnade Gottes ist ihr Ursprung. Von daher erheben sich aktuelle Fragen: Ist die Kirche heute nicht weithin das Israel von damals? Pocht sie nicht auf ihren Besitzstand, ihre Verdienste, ihre Traditionen und Privilegien? Provoziert sie nicht das »Nein« der Außenstehenden, der »Kirchenfremden«?

Kontexte

An jenem Tage werdet ihr mich nichts fragen: Joh. 16,23

Gott gebraucht seine Allmacht dazu, als der, der selber die Liebe ist, Empfänger und Zeugen seiner Liebe zu schaffen; als der, der ewiger Lichtglanz ist, Lichtträger entstehen zu lassen, an denen der Abglanz seiner Doxa aufleuchtet. (Gerhard Ebeling, Dogmatik des christlichen Glaubens, Seite 359)

Einst dachte ich, wenn ich dich sehe droben,
Eh' ich beginne, singend dich zu loben.
Würd' ich dir meinen Jammer klagen:
Nun hat mich, Herr, dein Anblick ganz und gar geschlagen.
Denn du hast mich weit über mich und meine Menschlichkeit getragen. (Mechthild von Magdeburg)

Sexagesimä

Predigttext: Apostelgeschichte 16,(6–8)9–15
Manfred Wester

Theologisch-homiletische Skizze

Die vielen Äußerlichkeiten in diesem Predigttext, (ich nehme die Verse 6–8 noch mit hinzu, um das zu verstärken) – geographische, ethnologische, soziologische und kulturelle Rahmenbedingungen in Worten und Fußnoten häufen sich ja geradezu – haben mich vom ersten Lesen an befremdet und darum interessiert. Von daher war der Impuls sehr stark, auch für die Predigt auf dieser Spur zu bleiben. Es geht also bei dem, was Paulus, Lukas, den Prediger und mich in Bewegung bringt, es geht bei unserem Glauben nicht zuerst um eine Glaubenslehre, sondern um eine Geschichte, die geographische, lokale und andere ›äußere‹ Kategorien erfordert, wenn man sich über sie verständigen und in ihr neu orientieren will.

Gerade an einem Sonntag, wo Epistel und Evangelium das ›Wort‹ Gottes zum Thema haben, ist mir dieser Hinweis wichtig. Ich sehe mich darin durch die exegetische Feststellung im Ergänzungsband* bestärkt, die von der Weltförmigkeit der ersten Christengemeinden spricht, die nicht religiöse Zirkel bildeten, sondern die bestehenden Häuser, Dörfer, Städte und Gebiete mit neuem Leben zu durchdringen versuchten und darin das alttestamentlich-jüdische Bewußtsein vom Volk Gottes fortsetzten.

Darum wird die Arbeit an diesem Text nicht nur im Klären von theologischen Begriffen bestehen können, sondern wird vor allem in den Lebensumständen der eigenen Gemeinde und Kirche (vom Ort bis zur Ökumene) auf die Suche gehen müssen; die ganz praktischen Fragen des Reiseziels und der Reisewege im Text legen ebenso praktische Fragen für die Predigt nahe. Mich zogen die Suchbewegungen und ihre Unsicherheiten dabei besonders an: Wo suchen wir unsere Aufgabe, wo meinen wir sie zu sehen und spüren doch, daß die Richtung nicht stimmt? Wo müssen wir das Risiko einer neuen Deutung und Entscheidung wagen (Vers 10, 13, 15)?

Wenn der Glaube, der uns bewegt, nicht auf Bestandswahrung aus ist, sondern auf Durchdringung neuer Lebensräume, dann ist nie »alles klar«, weil es immer so war, dann ist immer neue Orientierung nötig. (vgl. Hollenweger-Zitat bei den Kontexten).

Das erste Auftauchen des ›Wir‹ in der Apostelgeschichte in diesem Text könnte ein Anstoß sein, die Vorbereitung der Predigt mit den Mitarbeiterinnen und Mitarbeitern der Gemeinde zusammen zu machen, gemeinsam nach den Grenz-Erfahrungen der Gemeinde zu suchen – Erfahrungen mit dem Traum einer Gemeinde, deren Glaube die Welt durchdringt, und mit der Wirklichkeit dieser Gemeinde.

In der Predigtskizze weise ich darauf hin, daß der Text von Erfahrungen berichtet und keine Forderungen stellt, also Evangelium ist. Das Evangelium bleibt aber nicht Evange-

* (Gottesdienstpraxis, VI. Perikopenreihe, Ergänzungsband Exegesen, Gütersloh 1983)

lium, wenn es nur von Erfahrungen in Philippi spricht, sondern nur dann, wenn wir durch seine Brille ähnlich befreiende Erfahrungen bei uns heute entdecken, – vielleicht gerade dort, wo wir sie von uns aus nicht gesucht hätten.

Zur Liturgie

Lieder

Herr, gib mir Mut zum Brückenbauen (Shalom Nr. 141); EKG 145,4–7; 292,1–4

Lesungen

Um das ›Wort‹ Gottes als Geschichte stärker zu betonen, nehme ich die Alttestamentliche Lesung Jesaja 55,(6–9)10–13. Dazu als Evangelium Lukas 8, aber nur Vers 4–8

Kollektengebet

Gott, du Vater unseres Bruders Jesus! Wo du zu uns redest, da sprichst du nicht vom Lehrstuhl herab, sondern läßt dich ein auf ein Leben mit uns voller Zuspruch, Einspruch und Widerspruch und voller werbendem Bemühen. Gib uns, daß wir an diesem Gottesdienst beteiligt sind mit unserem ganzen Leben als ein Teil dieser ganzen Welt, die du meinst, wenn du uns ansprichst. Das bitten wir dich durch Jesus Christus, dein lebendiges Wort bis in Ewigkeit. Amen.

Vorschlag für die Predigt

Möglicher Anfang

Man müßte eigentlich eine Landkarte in diesem Gottesdienst verteilen, um einordnen zu können, was da alles in den eben gehörten Sätzen berichtet wird. Wahrscheinlich haben Sie genau so wie ich beim Zuhören über all die geographischen Namen einfach hinweggehört: Was sollen die schon Wichtiges enthalten! Das Evangelium, um das es doch geht, wird ja wohl in ihnen nicht stecken!
Aber dann habe ich mir die anderen Aussagen des Abschnittes angesehen, und das machte mich etwas ratlos: Ich fand da gar nichts, was über diese Angaben von Orten und Reisewegen wesentlich hinausging. Gut, sie verkündigen das Evangelium da in Philippi, eine Frau schließt sich ihnen an, läßt sich taufen mit ihrem ganzen Haus und nimmt Paulus und seine Begleiter bei sich auf. Sie ist eine wohlhabende Frau, Purpurhändlerin – das war ein kostbarer Stoff, an dem sie sicher nicht schlecht verdiente ... Aber das ist es dann auch schon, was in diesem Text steht. Sagen Sie selbst, worüber soll ich da predigen?
Ich bin also wieder bei den geographischen Namen. Zehn verschiedene habe ich gezählt, von denen manche sogar mehrmals vorkommen. Es muß also doch etwas mit ihnen auf sich haben!
Und dann fiel mir diese unsichtbare Grenze auf, die offenbar irgendwo zwischen

diesen Ortschaften und Landschaften verläuft: Paulus und seine Begleiter suchen ihren Weg im westlichen Teil der heutigen Türkei. Sie versuchen nach Südwesten zu gehen und fühlen sich dabei gehindert. Sie schlagen die nordöstliche Richtung ein, wieder dem Küstenverlauf der türkischen Halbinsel folgend, und auch hier haben sie den Eindruck, nicht in diese Richtung zu sollen. Sie kehren wieder um ...
Wie das rastlose Summen einer Biene an der Fensterscheibe kommt mir das vor: nach links kein Durchkommen und nach rechts kein Durchkommen! Und geradeaus? Zur Küste und über das Mittelmeer hinüber nach Nordgriechenland? Warum nicht dorthin? Sie kommen gar nicht auf diese Idee. Dort ist Europa, ein anderer Kontinent! Dort ist nicht mehr ihre Welt!
Diese Glasscheibe ist aber nicht ein unüberwindliches Hindernis in der Außenwelt! Denn es fahren ja Schiffe aus jeder türkischen Hafenstadt hinüber. Es ist ein Hindernis in Paulus und seinen Begleitern. Sie schaffen sich diese Glasscheibe ganz und gar selber. Bis dann in einer Art Erleuchtung – einem Traum in diesem Fall – das neue Ziel klar vor Augen steht: »Komm herüber nach Mazedonien und hilf uns!« Wo eben noch eine Grenze war, so dicht und so selbstverständlich, daß man nicht einmal darüber nachdachte, da ist plötzlich alles offen: »Komm herüber und hilf uns!«
Und auf einmal habe ich das Gefühl, die Landkarte von der Türkei und Griechenland brauchen wir wahrscheinlich doch nicht in diesem Gottesdienst. Aber ein paar Gedanken über unsere eigenen Grenzen, die Glasscheiben, an denen wir hin und her summen, obwohl sie gar nicht da sind – die wir uns selber schaffen mit unserem Gefühl, da oder dort sei die Welt für uns zu Ende und es sei unzumutbar, diese Grenze zu überschreiten – ein paar Gedanken dazu könnten das Evangelium in diesem merkwürdigen Predigttext sein: weil nämlich irgendwo jenseits dieser Glasscheibe, dieser selbstgezogenen Grenze, jemand steht, der ruft, – und weil es einen Weg zu ihm gibt!

Zum weiteren Verlauf
An diesem Punkt muß ich die Predigerin oder den Prediger sich selbst überlassen, – sich und ihrer Gemeinde. Denn hier müßte nun die eigene Geographie dieser Gemeinde ins Gespräch kommen, je konkreter, desto besser: um die Glasscheiben, die nur scheinbar selbstverständlichen Grenzen zu suchen, über die zu reden ist, weil hinter ihnen jemand stehen könnte, der ruft: »Komm herüber und hilf uns!«
Es läge mir daran, daß dies nicht im Ton des Vorwurfs geschieht. Es ist ja notwendig, daß wir uns durch Grenzen auch schützen vor der Überforderung und dem allzu Fremden. Auch in unserem Text ist es ja nicht eine Forderung, sondern der Bericht von einem Ereignis, das die Grenzen durchbricht! Nicht Gesetz also, sondern Evangelium! Und darum müßte die Predigt auch konkret nach solchen Punkten suchen, wo die eigenen Gemeinden oder Gruppen in ihr solche

Aufhebung einer Grenze als ihre Möglichkeit und Chance entdecken oder entdeckt haben. Der Fortgang der Geschichte im Text kann dazu vielleicht eine Wahrnehmungshilfe sein, uns auf ähnliche Zusammenhänge bei uns lenken. Ich nenne ein paar solcher Zusammenhänge:

1. Erst in der 3. Stadt ihrer neuen Reiserichtung bleiben Paulus und seine Begleiter. Es gibt also offenbar ein berechtigtes Auswählen, Suchen und Abwägen und Entscheiden darüber, wo für mich die nächste Aufgabe sein kann. Ohne solche eigenen Entscheidungen kann Gemeindeleben und Arbeit der Gemeinde zu einem ziellosen »überall und nirgends« werden.

Wie wäre es mit einem Predigtabschnitt zu neuen, zielgerichteten und bewußt ausgewählten Aktivitäten in Gemeinde und Kirche? *Welche Entscheidungen haben für uns angestanden? Wo ist das Ohr auf diesen Ruf aufmerksam geworden: »Komm herüber und hilf uns!«?*

2. Der Ort Philippi scheint strategisch schlecht gewählt oder ein anderer nicht möglich: Wenn Paulus die jüdische Synagoge als Ausgangspunkt zu wählen pflegte, dann ist hier wenig an Voraussetzungen zu entdecken: nicht einmal ein Gebäude, nur ein Treffpunkt im Freien und nur ein paar Frauen, die keine vollwertigen Synagogenmitglieder sind.

Wie steht es mit Erfahrungen der eigenen Gemeinde und unserer Kirche in solchen Bereichen, in denen die Anknüpfungspunkte dürftig, keine tragenden Institutionen verfügbar sind? *Zum fremden Lebensstil des ›neuen Kontinents‹ auch noch dieser Mangel an einer vertrauten Insel!*

3. Vielleicht unbeabsichtigt vom Erzähler dieses Abschnitts, fällt mir doch ein reizvolles Detail auf: Im Traum des Paulus erscheint ein *Mann* und ruft: »Komm herüber und hilf uns!« In der Wirklichkeit von Philippi sind es dann *Frauen,* die den Anfang machen. Und in den Gemeinden des neuen Kontinents, die dann durch Paulus entstehen, wird sich doch schon bald wieder der (ja wohl nicht von Paulus stammende) Satz einbürgern: »Das Weib schweige in der Gemeinde!« (1. Kor. 14,34) So ist das mit Traum und Wirklichkeit. Wie ist es damit in unserer Gemeinde? Wie wäre es mit einem Abschnitt in der Predigt, wo von denen die Rede ist, die im Gemeindeleben wirklich Neuland betreten, dabei nicht unter dem schützenden Dach einer Institution arbeiten – *und dabei wenig beachtet werden, weil sie im Traumbild der Gemeinde oder Kirche so nicht vorkommen?*

Möglicher Schluß

So ist das also mit dem Traum von einer Gemeinde, deren Glaube die Welt durchdringt – und mit der Wirklichkeit: daß es in Wirklichkeit auch geschieht, nur häufig ganz anders, als wir es uns träumen ließen. Es passiert – aber häufig gerade dort, wo für uns vermeintliche Grenzen gezogen sind, die wir nicht zu überschreiten wagen, ja an die wir nicht einmal denken, weil für uns die Welt dahinter einfach nicht existiert.

Es passiert – so wie es im Leben Jesu passierte und nur die wenigsten merkten

es: Mitten in der alltäglichen Welt, in der er mit den Menschen lebte, hörte er von jenseits all der von uns gezogenen und gehüteten Grenzen die Worte »Komm herüber und hilf uns!«. Und er kam und half und brachte sich dadurch in die Lage, derentwegen wir in den kommenden Wochen der Passionszeit sein Leiden bedenken werden – und sein Ostern!
Das ist das Evangelium: daß da, wo wir Grenzen ziehen, für Christus keine Grenzen sind, und daß er Menschen findet, die uns das vorleben. Gebe Gott, daß wir diese Menschen erkennen, daß wir neben unseren Träumen auch die Wirklichkeit wahrnehmen und daß wir darüber froh werden.

Kontexte

Walter J. Hollenweger macht zum Stichwort ›Bekehrung eines Evangelisten‹ im Blick auf Petrus im Haus des Heiden Cornelius die Bemerkung: »Das eigentliche Risiko des Evangelisten besteht nicht darin, daß er Gefahren und Mühsal auf sich nimmt, sondern daß er das, was er als das Fundament des Evangeliums betrachtet, aufs Spiel setzen muß. »Billiger geht es nicht« (Philip Potter). »Dialogisch leben heißt gefährlich leben. Gleichzeitig heißt es aber auch schöpferisch leben« (J. Gordon Davies) ... Das Aufregende an dieser Geschichte ist gerade dies, daß ein Apostel, der zum Felsen der Kirche berufen war, im Verlauf seiner Evangelisation etwas über das Evangelium lernte, das er vorher nicht nur nicht gewußt hatte, sondern das im Widerspruch zu seinem vorherigen Evangeliumsverständnis stand. Aber geschieht Evangelisation heute anders?
Natürlich gibt es Redner, die vor jedem Publikum das gleiche Sprüchlein wiederholen und nicht damit rechnen, von den Heiden, den Agnostikern, den Gleichgültigen etwas Neues über Christus zu lernen. Evangelisten sind das aber nicht – höchstens Propagandisten. Der wahre Evangelist geht mit seinem Zeugendienst immer das Risiko ein, daß sein Christusbild von seinen Hörern korrigiert wird oder sogar, daß er ›unrein‹ wird in den Augen seiner Mitchristen, ein Risiko, welches weder der Priester noch der Levit eingehen wollte.« (W. J. Hollenweger, Erfahrungen der Leibhaftigkeit, Kaiser Verlag, S. 128f.)

In unserer Stadt gibt es viele gute Menschen. Sie belästigen niemand, am wenigsten sich selbst, Herr. Sie ärgern sich nie über irgendwen oder irgendwas. Aber gerade das ist die Wurzel vieler Probleme. Herr, ich hoffe, daß du eine Menge Leute in die Stadt schickst, die den Teufel aus den guten Leuten herausholen. Sie aufrütteln, verstehst du; daß sie sich über andere ärgern. Du weißt, Herr, in einigen Vierteln dieser Stadt kann man einfach nicht leben. Und einige deiner guten Leute sollten etwas dagegen tun, nicht wahr, Herr? (Leslie Castle, in »Ich werde den Boden von morgen bebauen«, Laetare Verlag)

Estomihi

Predigttext: Jesaja 58,1–9a
Klaus Schimpf

Theologisch-homiletische Überlegungen

Tritojesaja geht es nicht um die grundsätzliche Ablehnung religiös-kultischer Bräuche. Er kritisiert vielmehr die konkrete Fastenpraxis vor dem Hintergrund der sozialen Wirklichkeit seiner Zeit. Wenn die Suche nach der Nähe Gottes einhergeht mit der Abwendung vom Menschen in seiner Not, werden Gottesdienst und Opfer, Gebet und Fasten zur Farce. Auch wenn die beiden Abschnitte der Perikope (Verse 1–4 und 5–9a) unterschiedlichen Traditionen entstammen (prophetisch und weisheitlich), so machen sie doch deutlich, daß es Glauben an Gott ohne soziale, ökonomische und politische Implikationen nicht gibt. Strukturen sozialer Ungerechtigkeit können durch fromme Übungen geradezu verhärtet werden (Verse 3b und 4a). In bestimmten Situationen und Kontexten kann der Rückzug auf religiöse Traditionen gleichbedeutend mit dem Verlust Gottes sein (Vers 3).
1. Fasten: Über den Text wird am Sonntag Estomihi – drei Tage vor Aschermittwoch – gepredigt. Das legt nahe, sich mit der »feinen äußerlichen Zucht« (M. Luther, Kleiner Katechismus) des Fastens auseinanderzusetzen. Aus Furcht vor Werkgerechtigkeit ist im Protestantismus eine gute und hilfreiche geistliche Übung in Vergessenheit geraten. Die meisten Religionen kennen das Fasten als eine Übung, die große moralische und spirituelle Kraft entfalten kann. Eigene Erfahrungen und die anderer Teilnehmer an ökumenischen Fastenaktionen für den Frieden (Nov. 1981 und 1982 in Berlin) haben mir deutlich gemacht, daß Fasten mit Freiheit und Freiheit mit sachgemäßem sozialen Engagement, das der Prophet fordert, Hand in Hand gehen. Die optimistische Zusage des Propheten, daß soziales Engagement gleichsam automatisch die Zuwendung Gottes nach sich zieht (Verse 8 und 9a), ist gerade nicht die Erfahrung derer, die sich in Öko-, Friedens- und 3. Welt-Gruppen engagieren. Es ist aber auch nicht die Erfahrung derer, die sich durch Berichte in den Massenmedien und durch Kanzelabkündigungen zu Spenden herausfordern lassen. Die Erfahrung derer, die spenden, und mehr noch derer, die konkret in den erwähnten Gruppen mitarbeiten, ist geprägt von Erfolglosigkeit, die entmutigt und die teilweise mit blindem Aktionismus überspielt wird. Beim Fasten, das ja immer einhergeht mit Besinnung, Buße und Gebet (vgl. Jona 3, 2. Sam. 12), kann man sich seinem Scheitern aussetzen, sich auffangen lassen und Kraft zu erneutem Handeln gewinnen, gerade weil das Fasten den ganzen Menschen mit »Kopf, Herz und Bauch« betrifft. Fasten ist Verzicht und Opfer und kann so ein Akt der Solidarität mit dem sein, dem ich mein Brot brechen soll. Fasten ist in der Geschichte oft Bestandteil des Ringens um mehr Menschlichkeit gewesen (z. B. indische Unabhängigkeitsbewegung, Familienangehörige der »Verschwundenen« in Argentinien). Schließlich kann Fasten als die in unserer Gesellschaft jedem mögliche Form der Verweigerung eine Möglichkeit gewaltlosen Widerstandes und – wenn nötig – zivilen Ungehorsams sein. Kirchen, Gemeinden und Pastoren werden sich fragen

müssen, wie sie aus seelsorgerlichen Gründen mit derartigen Aktionen – zu denen es im Zusammenhang mit dem Nato-Doppelbeschluß in diesem Jahr kommen wird – umgehen.

2. *Brotbrechen:* Der Prophet spricht »eindeutig die Angehörigen der Jerusalemer Oberschicht an« (R. Albertz, Exegese zum Text*), diejenigen also, die die Möglichkeiten, die Mittel und die Macht haben, nicht nur das Füllhorn ihrer (steuerbegünstigten) Spenden auszuschütten, sondern auch ungerechte Strukturen abzubauen. Wenn der Prophet fordert, daß ungerechte Fesseln gelöst (dabei fallen mir ein: Gudina Tumsa/Äthiopien – Beyers Naudé/Südafrika – die »Verschwundenen«/Argentinien – die »Dissidenten»/sozialist. Länder) und das Joch der Sklaverei zerbrochen werden soll (dabei fallen mir ein: Völkermord an den Indianern/Guatemala – Oromo-Verfolgung/Äthiopien – Apartheid-Politik), dann geht es nicht um das oberflächliche Verbinden von Wunden, sondern um Kampf gegen strukturelle Gewalt. »Es gibt einen strukturellen Mißstand, der zu verändern ist. Entwicklungshilfeempfang muß darauf bedacht sein, nicht Stein in dem Weg des Umsturzes zu sein.« (Aus einem Brief brasilianischer lutherischer Pastoren an die EKU 1982). Dem Prediger wird nichts anderes möglich sein, als sich, die Gemeinde und seine Kirche mit der vom Propheten angeredeten Oberschicht zu identifizieren. Nur so kann die »gute Botschaft für die Reichen« laut werden: Gottes Zuwendung wird erfahrbar in unserer Zuwendung zum anderen Menschen. Gottes Verheißung gilt, wenn Ungerechtigkeit von denen aufgehoben – zumindest beim Namen genannt – wird, die sie selbst verursacht haben, bzw. Nutznießer dieser Ungerechtigkeit sind. Dies verlangt von uns Verzicht, Entbehrung, Opfer und Hingabe. Die Erfahrung einer guten Fastenpraxis – möglichst in Gemeinschaft – kann uns dabei den Weg zur Freiheit des Verzichts und des Opfers weisen.

* In: Gottesdienstpraxis, VI. Perikopenreihe, Ergänzungsband Exegesen, Gütersloh 1983

Vorschläge zur Liturgie

Anstelle der Evangelienlesung Mk. 8,31–38 wäre Mt. 25,35 ff. möglich. Denkbar wäre, Jes. 58,1–9 a als Psalm zu lesen.

Daran könnte sich als *Gebet* anschließen:

»Gott, Schöpfer und Spender des Lebens, erneut wurden wir gewarnt: Das Überleben der Menschheit steht auf dem Spiel. Wir bekennen vor Dir: Unser Lebensstil und unsere Gesellschaftsordnung schaffen Zwietracht und entfremden uns von Deiner Schöpfung, so daß wir die Kreatur, der Du Leben gegeben hast, wie totes Material ausbeuten. Von Dir getrennt ist unser Leben leer. Wir sehnen uns nach einer neuen Frömmigkeit, die unser Planen, Denken und Handeln durchdringt. Hilf uns, die Erde für künftige Generationen zu bewahren und so miteinander zu teilen, daß alle frei werden. Herr, erbarme dich.« (Gebet der Vollversammlung von Nairobi)

Schlußgebet

»Herr, hilf denen, die glauben, daß sie reich sind, zu begreifen, daß sie arme

Reiche sind, wenn sie nicht die Einfalt derer haben, die wissen, daß alles Geschenk ist; wenn sie nicht brüderlich sind wie die, die nie vergessen, daß alle eingeladen sind, an deinem göttlichen Reichtum teilzuhaben und an deiner Schöpfermacht.
Hilf auch denen, die sich freuen, daß sie gesund sind, beneidenswert gesund, sei es durch eigene Körperzucht, sei es durch wahrhafte Gnade, und deshalb in die Schwäche fallen, sich für wertvoller zu halten als ihre Brüder, weil sie so gerecht, so rein, so gesund sind.
Dein Sohn, unser Bruder, der Christus, hat viel Verständnis gezeigt gegenüber allen Sünden, schwer aber hatte er es mit dem Pharisäismus. Er hat sie entlarvt, die Pharisäer, er hat sie bekämpft, indem er uns den Rat gab zu tun, was sie sagen, aber nicht zu tun, was sie machen. Doch es gibt eine weitere Gefahr des verkehrten Reichtums: Das ist der Stolz, der Stolz der Demut, der Stolz der Armut, der Stolz der Selbstbeherrschung, der Stolz der eigenen Erlösung.
Hilf der menschlichen Kreatur, abzusagen allem verkehrten Reichtum, dafür aber zuzunehmen an Liebe, dem einzigen und wahren Reichtum, zu dem wir alle geboren sind, an Liebe zu Gott und an Liebe zum Menschen, denn sie, die unteilbare Liebe ist einzigartig und wahr, sie allein.« (Gebet für die Reichen von Dom Helder Camara – aus »Die Kirche« 12/75)

Lieder

Brich den Hungrigen dein Brot ... Text: M. Jentzsch; Mel. G. Häußler in »Ökum. Liederbuch Shalom« Nr. 206
oder Brich dem Hungrigen dein Brot ... Text: F. K. Barth; Mel. P. Janssen, Kirchentagsliederheft 1981 Nr. 15
Aus dem EKG: 259,2+3; 246; 349,2+3.

Predigtvorschlag

Das Kaninchen, das zu Weihnachten 1946 bei uns auf dem Tisch stand, war nur klein und mager. Trotzdem wurde es von uns vier Kindern wie ein Weltwunder betrachtet. Mit knurrenden Mägen und hungrigen Augen verfolgten wir, wie Mutter den Festtagsbraten möglichst gerecht zerteilte und jedem ein Stück auf den Teller legte. Auf Mutters Teller lagen nur ein paar Kartoffeln mit Soße. Auf unsere Frage erklärte sie: »Nun eßt mal schön, Kinder. Ich habe in meinem Leben schon so viele Kaninchen gegessen – ich mache mir überhaupt nichts daraus.« Ein Verzicht, den die Liebe diktiert hatte. Ein Opfer, das keine Gegenleistung erwartete. Eine Entbehrung, die aus Sorge um das Wohl anderer auf sich genommen wurde.
Ist das ein Fasten, an dem Gott Gefallen hat? Ich denke, der Prophet hätte keine Einwände.
Aber gerade so wurde ja nicht gefastet in Jerusalem. Es waren schwierige Zei-

ten damals, als der Prophet redete. Das Volk Israel war gerade aus dem babylonischen Exil zurückgekehrt. Die Hauptstadt lag in Schutt und Trümmern. Die Eroberer hatten eine Politik der verbrannten Erde betrieben. Es war die Zeit des Aufbaus, der Rekonstruktion und Reorganisation. In schwierigen Zeiten ist jeder sich selbst der Nächste. Wer keine Skrupel hat und seine Ellbogen gebraucht, wer Beziehungen auszunutzen weiß und nicht zimperlich ist bei der Wahl seiner Mittel, kommt auch in Zeiten allgemeiner Not zu etwas. In solchen Zeiten blühen Schwarzmarktgeschäfte und Bodenspekulationen, man verleiht Geld zu Wucherzinsen und drückt die Löhne. Wer die Macht hat, stellt die Bedingungen – wer ohnmächtig ist, muß sie akzeptieren. Wer viel hat, bekommt noch etwas hinzu – wer wenig hat, dem wird das Wenige genommen.
In solchen Zeiten sind Gottesdienste besonders gut besucht, finden fromme Veranstaltungen besonderen Anklang, werden religiöse Traditionen besonders gut befolgt. So findet sich dann der Starke und Mächtige gemeinsam mit dem Schwachen und Ohnmächtigen im selben Gottesdienst. Er sitzt gemeinsam mit ihm unter dem Dach desselben Tempels, derselben Kirche. Er hört dieselben Worte der Heiligen Schrift, spricht dieselben Gebete, singt dieselben Choräle. Selbst die Übungen des Fastens nimmt er auf sich, streut Asche auf sein Haupt, verzichtet auf den Maßanzug, ißt nicht, raucht nicht, trinkt keinen Alkohol für drei Tage. Auf diese Weise hofft er, Gott auf seine Seite zu ziehen, auch wenn er »draußen« weiter seinen schmutzigen Geschäften nachgeht. (Hier kann man aktuelle Bezüge herstellen) Aber vergeblich. Gott sieht nicht hin. Gott ist nicht beeindruckt. Gott läßt sich durch religiöse Bemühungen nicht bestechen. Gott läßt sich durch fromme Gebärden nicht hinters Licht führen. Gott durchschaut das Spiel und sieht, daß sich hinter der frommen Schau Egoismus und Ungerechtigkeit verbergen. Er wendet sich ab.
»Warum fasten wir, und du siehst es nicht?« Vielleicht läßt sich das ganz einfach so beantworten: Weil keine Liebe dabei ist. Opfer, Fasten und Entsagung, unsere Gebete, unsere Teilnahme am Gemeindeleben und unser Opferwille – das alles verliert seinen Sinn, wenn nicht die Tat der Liebe folgt, wenn sich unser Glaube an den liebenden Gott nicht umsetzt in die Praxis der Liebe zum anderen Menschen.
»Das aber ist ein Fasten, an dem ich Gefallen habe; Laß los, die ...

Zu der nun folgenden Entfaltung von den Versen 6 und 7 ein paar Gedanken:
An meiner Tür hat seit drei Jahren kein Bettler geklingelt und um Brot gebeten, und niemand hat von mir meinen Mantel gefordert. Die Hungrigen, denen wir unser Brot brechen sollen, wohnen weit. Wirtschaftsflüchtlinge, politisch Verfolgte und Menschen, die vor dem Krieg davonlaufen, werden in unserem Land – wenn auch notdürftig – von einem sozialen Netz aufgefangen. Gefoltert und gemartert, ohne Gerichtsurteil gefangengehalten oder »auf der Flucht erschossen« werden mehrheitlich Menschen schwarzer oder brauner Hautfarbe. Man sieht sie nicht – außer in Zeitschriften oder auf dem Bildschirm, wo man sich die Dinge vom Leibe halten kann.

Mit der Wiedergabe persönlicher Erlebnisse – oder gut erzählten Berichten Dritter – von der Begegnung mit dem Elend kann man sicher die eigene Erschütterung vermitteln. Aber man sollte vorsichtig damit umgehen, denn es geht ja nicht ums Erschüttern. Es geht um Abhilfe. Es geht um grundlegende Veränderungen. Es geht um mehr als Almosen, um mehr als »Brot für Böller«, um mehr als die »Brosamen, die von des Reichen Tisch fallen«.
Hier wird es notwendig sein, die eigene Verlegenheit zu bekennen, festzustellen, daß nach mehr als zwanzig Jahren Entwicklungshilfe die Kluft zwischen arm und reich größer geworden ist.
Mit Paketaktionen nach Polen, mit Speisungen in der Sahelzone, mit Transportflugzeugen in Katastrophengebiete ist zwar mehr als nichts getan – aber eine »gerechte, partizipatorische und überlebensfähige Gesellschaft« ist damit nicht anvisiert. Die Arbeit der kirchlichen Hilfswerke soll damit nicht herabgesetzt werden. Katastrophenhilfe, Hilfe zur Selbsthilfe, Errichtung von Modellfarmen, uneigennütziger Export von know how etc. kann sinnvoll und zeichensetzend sein.
Dennoch: Was die Gemeinde X oder was die Gesamtkirche tun kann, ist bescheiden und unzureichend in materieller Hinsicht.
Der Beitrag der Christen, der Gemeinden, der Kirchen in den reichen Ländern zum weltweiten »Brotbrechen« kann in der Einwirkung auf die öffentliche Meinung bestehen; kann darin bestehen, daß sie deutlich macht, daß unser Wohlstand zu Lasten der Ausgebeuteten und Unterdrückten in der 3. Welt geht. »So wie in den Entwicklungsländern eine kleine Gruppe Reicher ihren Reichtum auf Kosten von Millionen ihrer Mitbürger genießt, so erkaufen auf Weltebene die Supermächte ihren Reichtum mit dem Elend der armen Länder.« (Dom Helder Camara) Unser Beitrag sollte darin bestehen, diese Zusammenhänge aufzudecken und die Befreiungskämpfe in der 3. Welt im Licht der Botschaft des Evangeliums zu sehen. Kirche und Christen haben die Freiheit, sich von vorgefertigten Feindbildern zu distanzieren und sich mit den um gerechtere Strukturen kämpfenden Menschen zu solidarisieren, auch wenn sie sich dabei in Gegensatz zur offiziellen Außenpolitik des eigenen Landes stellen sollten.
Es wäre zu überlegen, ob man in diesem Gottesdienst die Gemeinde einmal auffordern sollte, keine Spende zu geben, sondern das Geld vielmehr zum Kauf von Informationsmaterial zu verwenden, das in jedem 3.-Welt-Laden reichlich angeboten wird. Ich würde mich nicht scheuen, das Buch »Die offenen Adern Lateinamerikas« von E. Galeano (in jeder Buchhandlung erhältlich) zu empfehlen; denn Information ist der erste Schritt auf dem Weg zur Solidarität, zum wahren »Brotbrechen«.

Möglicher Predigtschluß

Wir werden noch viel lernen müssen, was es bedeutet, den Hungrigen unser Brot zu brechen, Nackte zu kleiden, sich der Schwachen und Bedrängten, der Obdachlosen und Verfolgten anzunehmen, den Unterdrückten und an den Rand Gedrängten nicht im Elend zu lassen. Bis unsere Gemeinden und Kirchen zur Heimat für diese Menschen werden, bis unsere Häuser ihnen offenstehen und unsere Tische für sie gedeckt sind, müssen wir noch einen weiten Weg gehen. Das wird ein schwerer Weg sein, ein Weg des Opfers, des Verzichts und der Hingabe – aber es ist ein gesegneter Weg, weil Gott ihn mitgeht. Die Übung des Fastens hilft uns, diesen Weg einzuschlagen. Wer sich intensiv – auf welche Weise auch immer – um seine Mitmenschen kümmert, sich ihrer Sorgen annimmt, dem geht schnell die Puste aus, wenn er nicht immer wieder zu sich selbst findet. Zu sich selbst finden heißt zu Gott finden. Das Fasten ist eine solche Möglichkeit, denn es macht geistig wach, kritisch sich selbst gegenüber und demütig. »Fasten und Nachtwachen machen die Seele demütig« sagt Abba Moses. Von dieser Erfahrung haben die Asketen, Eremiten und Mönche aller Zeiten gelebt. Fasten schafft eine Distanz zum Alltagsgeschehen. Es nimmt mich heraus aus den Ansprüchen des Konsums und befreit mich vom Druck des Angebots. Beim Fasten habe ich Zeit und Wachheit für Gottes Wort, für sein Gebot und seine Verheißung. Ich habe Zeit, meine Taten und Unterlassungen vor Gott zu bringen, sie seinem Urteil auszusetzen. Er schenkt mir die Möglichkeit zur Umkehr, er gibt mir die Kraft zu erneutem Handeln nach seinem Willen. Die Zahl der Menschen nimmt zu, die sich nicht damit abfinden, daß die Welt so ist wie sie ist. Sie setzen Zeit und Phantasie, Kraft und auch Geld ein und arbeiten in den unterschiedlichsten Gruppen, in der Friedensbewegung, bei amnesty international usw. Viele von diesen Menschen haben das Fasten entdeckt. Sie fasten in Gruppen, singen und beten, nehmen sich Zeit, über Gottes Wort nachzudenken, versuchen, herauszufinden, wie es um sie selbst bestellt ist. Sie gehen – das ist auch meine persönliche Erfahrung – getröstet und gestärkt wieder an die Arbeit. Sie gehen mit der Gewißheit, von der der Prophet redet: »Du wirst rufen, und der Herr wird dir antworten. Wenn du schreist, wird er sagen: Siehe, hier bin ich.«

Ja, Fasten soll sein. Nicht als fromme Übung, sondern als Hinwendung zum Mitmenschen. Wenn wir wirklich dem Hungrigen unser Brot brechen wollen, müssen wir bereit sein zum Teilen. Teilen aber bedeutet Verzicht, Aufgabe von bestimmten Gewohnheiten, bedeutet, sich frei zu machen von Ansprüchen. Solange Nächstenliebe nicht weh tut, solange sie nicht zu Selbstbeschränkung führt, wird die Welt so ungerecht bleiben, wie sie ist, werden die einen hungern und die anderen Abmagerungskuren machen. Wenn wir versuchen den Weg der Freiheit zum anderen Menschen einzuschlagen, dann werden wir von Gott »eingekreist« sein: denn »deine Gerechtigkeit wird vor dir hergehen, und die Herrlichkeit des Herrn wird deinen Zug beschließen.«

Kontexte

Abbas Pombo: »Seitdem ich an diesen Ort in der Wüste gekommen bin, erinnere ich mich nicht, weder Brot gegessen zu haben, das ich nicht durch Handarbeit erworben habe, noch empfinde ich Reue über ein Wort, das ich gesprochen habe, bis zu dieser Stunde. Und doch gehe ich zu Gott als einer, der nicht einmal angefangen hat, Gott zu dienen.«
Aus »Weisungen der Väter« Hg. Wilh. Nyssen, Leipzig 1974

»Das Fasten ist für mich eine neue Weise, meinen Friedenshunger auszudrücken, als ganzer Mensch, mit Kopf und Herz und Bauch. Ich möchte dabei an die vielen Menschen auf der Welt denken, die unterdrückt werden, die in Gefängnissen sind oder ohne nachprüfbare Spur grundlos verschwinden, die gefoltert und ermordet werden, die auf der Flucht sind irgendwo, an alle, die leiden durch den Krieg und seine Folgen. Ich möchte mich auch daran erinnern, daß schon ohne Krieg Millionen Menschen sterben, weil die Rüstung das Geld verschlingt, das sie zum Leben brauchen. Herr, ich rufe dich. Laß mich deine Antwort hören.« (Eine Teilnehmerin am Fasten für den Frieden)

»Durch den gemeinsamen Nahrungsverzicht unter einem gemeinsamen Thema erfährt der Christ sinnlich (also nicht über den Kopf) etwas über die politische Dimension des Friedens, während der politisch Handelnde sinnlich etwas über die geistliche Dimension des Friedens erfährt.« (Ein Teilnehmer am Fasten für den Frieden)

»Christus ist insofern unser Befreier, als er uns aufruft, uns in seiner Nachfolge denen entgegenzustellen, die die Religion als Mittel der Herrschaft mißbrauchen ... An ihn glauben, heißt nicht, auf die Beteiligung am Kampf um Gerechtigkeit und Befreiung zu verzichten. Es bedeutet vielmehr, daß wir trotz unserer scheinbaren Machtlosigkeit den Glauben lebendig erhalten, damit wir auf den Tag zueilen, an dem »Gerechtigkeit fließen wird wie Wasser«. (Bericht aus Nairobi, Otto Lembeck Verlag 1976 S. 109)

Invokavit

Predigttext: Jakobus 1,12–18
Hans-Joachim Petsch

Theologisch-homiletische Skizze

Ein Text wie ein schwerer Eisbrocken, kantig und unhandlich, die Flucht in andere, einfach »schönere« Texte geradezu provozierend. Wie bringe ich dieses theologisch-moralisierende Packeis für mich, für meine Predigthörer zum Schmelzen? Wo finde ich die homiletische Zündschnur, die es – wenn überhaupt – wenigstens zu mattem Leuchten bringt? Steif und lehrhaft kommt er daher, dieser Jakobustext. Hat er, schwer verschlüsselt, ein Anliegen, eine Botschaft? Ich schaue mir, ratlos, das Evangelium dieses Sonntags an: Mt. 4,1–11 – die Versuchung Jesu! Ein kleiner Lichtblick, erschließt sich doch ein gewisser Zusammenhang zwischen beiden Texten. Kann die Versuchungsgeschichte nicht so etwas wie das Fleisch für die dürren Knochen des Predigttextes abgeben? Jesus – der Mann, der »die Anfechtung erduldet« (so Luther), der – so besser die Einheitsübersetzung – »in der Versuchung standhält«! Jesus – das »Modell« für mich, um mit meinen Versuchungen klarzukommen, mit ihnen umzugehen. Ohne dieses »Modell« bleibt der Jakobustext tatsächlich eine »stroherne Epistel«. Daraus resultiert meine erste homiletische Entscheidung: Will ich über diesen Text predigen, dann auf keinen Fall ohne das Evangelium dieses Sonntags! Es muß in die Predigt hineinverwoben werden, muß anschaulich machen, um was für Versuchungen es sich handelt. Ohne diesen – im wahrsten Sinne des Wortes – evangelischen Hintergrund würde meine Predigt in kasuistischen, gesetzlich-lehrhaften Pfaden sich verirren. Eine zweite Entscheidung legt sich vom Kirchenjahr her nahe: Der Sonntag Invokavit ist für uns der erste Sonntag der Passionszeit. Jesu Weg zum Kreuz bis hin zum Karfreitag soll die Mitte dieser Zeit sein, soll uns in den Liedern und Texten vor Augen geführt werden. Seit der alten Kirche ist »Invocavit« der erste Sonntag in der siebenwöchigen Fastenzeit, die dem Osterfest vorausgeht und mit Aschermittwoch beginnt. »Fasten« – das heißt: so manchen Versuchungen und Verlokkungen dieser Welt entraten, auf etliche Annehmlichkeiten guten Lebens verzichten. So schlecht, wenn auch in mancher Hinsicht mit neuen Inhalten zu füllen, ist es sicher nicht, sich einer Fastenzeit bewußt auszusetzen, sie dazu zu verwenden, der eigenen Hab-Gier sich bewußt zu werden, auf dies und jenes mühsam zu verzichten, der vielfältigen und vielschichtigen »Versuchungen« gewahr zu werden.

Meine Predigt an Invokavit – eine Bußpredigt, eine Einladung zu uns gemäßem Fasten? Orientiert an Jesus und seinem Umgang mit den drei Versuchungen? Das könnte dem Jakobustext dann doch zu einem gewissen Recht verhelfen. Vers 14 hat hier für mich eine Schlüsselfunktion: »Jeder wird von seiner eigenen Begierde, die ihn lockt und fängt, in Versuchung geführt.« Für meinen Lebensstil und seine Folgen bin ich verantwortlich. Da kann ich nicht alles auf Gott, der mich so und nicht anders geschaffen hat, oder auf die Gesellschaft, die mich manipuliert, abwälzen. Was kann ich konkret tun, ich, der ich als getaufter Christ durch »das Wort der Wahrheit geboren« bin (Vers 18)? Fastenzeit – eine Chance, meinen Lebensstil in seiner Fehlentwicklung nüchtern zu sehen und zu korrigieren? Kurskorrektur – im Vertrauen auf Gott, den »Geber aller guten Gabe«?

Vorschläge zur Liturgie

Wo es üblich ist, die Intention des Gottesdienstes im Rahmen einer *Begrüßung* oder einer freien Eingangsbesinnung vorzubringen, dort könnte folgender Text eines unbekannten geistlichen Meisters Verwendung finden:

»Du kannst nicht mit dem Tier spielen, das in dir wohnt,
ohne selbst ganz dieses Tier zu werden.
Du kannst nicht mit der Lüge spielen,
ohne das Recht auf die Wahrheit zu verlieren.
Du kannst nicht mit der Grausamkeit spielen,
ohne die Zartheit deines Geistes zu zerstören.
Wenn du deinen Garten sauberhalten willst,
darfst du auch nicht ein Fleckchen dem Unkraut überlassen.«

(Zitiert nach: Leonardo Boff, Vater unser, Düsseldorf 1981, 159)

Wir stehen – so müßte im Anschluß an diesen Text deutlich werden – am Beginn der Passionszeit, einer Zeit, in der wir vom Kreuz her den Ernst unseres Lebens durchschauen und neu erkennen können. Sind wir bereit, den Weg Jesu mitzugehen, so wie es in dem Choral »Lasset uns mit Jesu ziehen« heißt (EKG 252, vielleicht als Eingangslied zu nehmen)? Oder ist auch das nur frommes Spiel? Für die Christen in der Alten Kirche hatte jetzt eine siebenwöchige Fastenzeit begonnen. Sinn des Fastens ist es, das eigene Lebensgärtchen von diversem Unkraut zu befreien. Wo ist dieses Unkraut bei mir? Wie sieht es aus? Darüber wollen wir in diesem Gottesdienst gemeinsam nachdenken ...

Eine Kyrie-Litanei (unter Verwendung eines traditionellen Formulars oder eines modernen Kyrie) bietet sich an:

Wir leben. Und wir meinen, wir lebten schon richtig, so wie wir leben. Wir wollen es ausschöpfen, in vollen Zügen genießen, dieses bißchen Leben. Aber enttäuscht erfahren wir so oft: es läuft uns davon, es läuft nicht so, wie wir es wünschen. Darum rufen wir zu dir: Kyrie eleison ...

Wir leben. Unser Hunger ist groß – unser Hunger nach Leben, Liebe und Freude. Wir tun alles, um ihn zu stillen. Kein Preis ist uns zu hoch, keine Mühe dafür zu schade. Und doch: wir werden nicht satt, wir bleiben leer zurück. Darum rufen wir zu dir: Christe eleison ...

Wir leben. Und wenn es sein muß, leben wir auf Kosten anderer, schauen, daß wir so weit wie möglich nach oben gelangen, auf den Rücken der anderen, immer weiter, immer höher, immer größer hinaus. Aber ist das ein Leben – so wie du es willst, so wie du es uns schenken willst? Darum rufen wir zu dir: Kyrie eleison ...

Im *Gebet nach der Predigt* können die Versuchungen, denen wir ausgesetzt sind, formuliert und mit dem Bittruf des Vaterunsers »Führe uns nicht in Versuchung, Herr« von der Gemeinde aufgenommen werden:
Herr, du kennst uns, du weißt, wie es um uns steht. Wir rufen zu dir: Führe uns nicht in Versuchung, Herr.
Wir bitten dich: Befreie uns von der Versuchung, ohne dich leben zu wollen. Wir rufen zu dir: Führe uns nicht in Versuchung, Herr.
Befreie uns von der Versuchung, der Gewalt mehr zuzutrauen als der Liebe. Wir rufen zu dir: Führe uns nicht in Versuchung, Herr.
Befreie uns von der Versuchung, nur die hellen Seiten des Lebens wahrzunehmen und den Schattenseiten dieser Welt aus dem Weg zu gehen. Wir rufen zu dir ...
Befreie uns von der Versuchung, im Mitmenschen den Konkurrenten um Macht und Arbeit zu sehen. Wir rufen zu dir ...
Du, Herr, guter Gott, beschenkst uns mit allem Guten. Du hast uns durch die Taufe neu geboren. Deshalb können wir immer wieder zu dir beten: Vater unser ...

Lesungen
Die Epistel Hebr. 4,14–16 sowie das Evangelium Mt. 4,1–11 passen inhaltlich gut zum Predigttext.

Liedvorschläge
Als Eingangslied würde ich EKG 252,1 und 2 nehmen; das Wochenlied EKG 201 würde ich nach der Predigt plazieren (vielleicht nur Vers 2); vor der Predigt fände ich EKG 292,1–3 angebracht.

Vorschläge für die Predigt
Möglicher Anfang
So etwas kann jedem von uns passieren. Sie fahren zu später Stunde auf offener Landstraße nach Hause. Da sehen Sie am Straßenrand ein Auto stehen. Es hat die Warnblinkanlage an. Offenkundig hat da jemand eine Panne. Der Fahrer winkt Ihnen hilfesuchend zu. Im Bruchteil einer Sekunde müssen Sie sich entscheiden: weiterfahren oder anhalten. Am bequemsten ist es, aufs Gaspedal zu treten und sich darauf zu verlassen, daß schon noch irgend jemand anhalten wird. Warum muß gerade ich derjenige sein? Schließlich habe ich einen anstrengenden Tag hinter mir. Anhalten – das kostet sicher Zeit, das kann einen ganzen Rattenschwanz von Problemen mit sich bringen. Und habe ich mich einmal entschieden anzuhalten, dann kann ich mich nicht so leicht wieder davonmachen. Oft stehen wir vor solchen Entscheidungen zwischen einer leichten und einer schweren Lösung. Oft in unserem Leben müssen wir uns entschei-

den, den bequemen oder den unbequemen Weg zu gehen. Wer nimmt schon gern unnötigen Ärger auf sich? Wer belastet sich schon freiwillig mit den Problemen anderer Leute? Es lebt sich angenehmer, wenn man am besten nur auf seinen Vorteil bedacht ist. Die Versuchung, möglichst ohne Leid und Schmerz durchs Leben zu gehen, die Versuchung, nur seinen eigenen Vorteil zu suchen, ist groß. Im Evangelium des heutigen Sonntags haben wir gehört, wie auch Jesus dieser Versuchung am Beginn seines öffentlichen Auftretens ausgesetzt war. Da flüstert ihm der Versucher zu – und wer hat diese süßen Töne nicht schon gehört? –: Willst du nicht Steine in Brot verwandeln, damit du den Hunger nie mehr spüren mußt? Willst du nicht auf Dauer sorgenfrei und risikolos leben? Willst du nicht ganz groß herauskommen in dieser Welt? Jesus widersteht dem Versucher. Und er wählt damit den schwereren, den unbequemeren Weg – den Weg der Armut und des Leidens, den Weg ans Kreuz. Wir Christen sollen Weggefährten, Nachfolger Jesu sein. »Lasset uns mit Jesus ziehen, seinem Wandel folgen nach«, so haben wir vorhin gesungen. Aber dieser Weg ist kein harmloser Sonntagsspaziergang, er führt nicht auf den breiten und schönen Prachtstraßen dieser Welt entlang, sondern auf steinigen und holprigen Pfaden. Und weil wir als Christen alles andere als perfekte Leute sind, lockt uns ständig die Versuchung, von diesem Weg Christi abzuweichen. Dieses Problem hatten die Christen aller Zeiten. Unser heutiger Predigttext aus dem Jakobusbrief ermutigt uns, auf dem Weg Christi zu bleiben und der Versuchung, von ihm abzukommen, zu widerstehen. (Verlesung des Predigttextes nach der Einheitsübersetzung)

Zum weiteren Verlauf

1. Versuchung wird herkömmlich »moralisch« aufgefaßt: die Versuchung durch die »Lüste des Fleisches«. Daraus resultierte in der Geschichte des Christentums oft eine folgenschwere Leibfeindlichkeit. Das ist durch den Text jedoch nicht gedeckt. Die Grundversuchung des Menschen ist nach Gen. 3 die Anmaßung, so sein zu wollen wie Gott, die grenzenlose Lebensgier. Immer wieder »lockt und fängt« mich der Wunsch, mich zum Zentrum der Welt aufzuspielen und so im Mitmenschen das Mittel für meine Zwecke zu sehen. Dieser Wunsch geht im Extremfall auch »über Leichen« und bringt eine Welt hervor, die ihre Aggressivität und Friedlosigkeit nur immer gerade am Rande des Abgrunds zügeln kann. Unsere gesellschaftliche Situation bringt ganz spezifische Versuchungen hervor: Der Kampf um die Verteilung des knapp gewordenen Gutes »Arbeit« hat eben erst begonnen, eine neue Form der »Ellbogengesellschaft« scheint zu entstehen, in der die Schwächeren und Minderbegabten an den Rand gedrückt werden. Ein Blick in unsere Gymnasien und Universitäten, aber auch in unsere Betriebe zeigt das überdeutlich. Ist da nicht die Maxime: »Jeder ist sich heutzutage selbst der Nächste« die große Versuchung? Die Frucht der »Begierde«, mit der wir schwanger gehen, ist – so unser Text (vgl. Vers 15) – der Tod! Ist das

harte Urteil zu pessimistisch, wenn gesagt wird: Wir gehen an unserer zerstörerischen Lebensgier, an unserem grenzenlos gewordenen Haben-Wollen zugrunde!
2. Ein wichtiger Gesichtspunkt: der Ursprung dieser Versuchung liegt in uns selbst! Gott kann dafür nicht verantwortlich gemacht werden. In manchen christlichen Kreisen herrscht ein gnostisches Weltverständnis: Wir leben nun einmal in einer »bösen« und »gefallenen« Welt. Da müssen wir Christen unangefochten hindurch. Statt uns an den ohnehin unrettbaren Strukturen der Welt abzumühen, sollten wir uns um unser Seelenheil sorgen. – Der Christ, sagt der Text, hat sich zu »bewähren«, lebenslang ist er wie ein Wettläufer im Stadion im Kampf mit seiner Lebensgier, seinem Egoismus, seiner Lieblosigkeit. Diese Bewährung weist mich eben nicht nur auf die Erhaltung meines Frommseins, sondern immer auch auf »die Welt«. Luthers Katechismuswort vom »alten Adam in uns«, der »durch tägliche Reue und Buße soll ersäuft werden«, wäre hier vielleicht zur Verdeutlichung angebracht.
3. Man sollte sich um Beispiele dafür bemühen, wo dieser Kampf wenigstens punktuell erfolgreich sein kann. Der Gemeindealltag gibt dafür vielleicht konkreteres Anschauungsmaterial als der Hinweis auf die christlichen »Heroen«, früher Albert Schweitzer, heute etwa Mutter Teresa. Jemand entschließt sich, seine Freizeit zugunsten einer diakonischen Aktivität in der Gemeinde – unentgeltlich – einzuschränken. In einem hartnäckigen Grabenkrieg zwischen zwei Nachbarn hat einer nachgegeben. Ein paar Jugendliche haben sich vorgenommen, in der Passionszeit keinen Alkohol zu trinken und nicht zu rauchen. Das gesparte Geld wollen sie für ein Projekt in der Dritten Welt spenden.
Menschen, die der Versuchung widerstehen – an Beispielen dafür sollte es nicht mangeln: Da verzichten welche auf Lohnerhöhungen und Weihnachtsgeld, um zusätzliche Arbeitsplätze zu schaffen; ein Hauswirt, der die Miete wenigstens nicht erhöht, um einem Arbeitslosen und seiner Familie die Wohnung zu erhalten; eine Gruppe reinigt ein Naturschutzgebiet von Abfällen, um es zu erhalten ...
4. Die letzten Verse des Textes (16–18) bilden so etwas wie das Sprungnetz für unsere Bewährung angesichts vielfältiger Versuchungen, für – um mit Luther zu reden – unsern Kampf mit dem »alten Adam« in uns. Gott ist die Macht des Guten und der Liebe. Er befreit uns in diesem Leben nicht vom Bösen, er erspart uns nicht das Leiden und das Kreuz – aber er hilft uns hindurch, weil er es gut mit uns meint. Wo wir mutlos werden, richtet er uns auf. Wo wir uns in unseren Lügen und in unserer Ichsucht oft so hoffnungslos verstricken, dort schenkt er uns einen neuen Anfang. Dieser Anfang liegt für uns bereit in der Taufe, unserer eigenen Taufe, die wir uns lebenslang – immer neu – aneignen müssen. (Der Refrain des Matthias-Claudius-Liedes, EKG 528, »Wir pflügen und wir streuen« ließe sich hier evtl. einbauen: »Alle gute Gabe kommt her von Gott, dem Herrn ...«.)

Schlußsätze der Predigt
Mit dem heutigen Sonntag Invokavit treten wir in die Passionszeit ein. Früher war dies auch ein spürbarer Einschnitt im Ablauf des weltlichen Kalenderjahres. Heute wissen bestenfalls wir Kirchgänger noch um den besonderen Charakter dieser Wochen bis zum Osterfest. Sie sollen eine stille Zeit sein, eine Zeit des Fastens, wie unsere katholische Schwesterkirche deutlich sagt. Fasten – das muß nicht unbedingt bedeuten, daß wir kein Fleisch und keine Süßigkeiten essen, obwohl das vielleicht manchen von uns nicht schaden könnte. Fasten – das heißt zunächst: wir denken über unseren Lebensweg nach, wir prüfen, ob wir auf dem richtigen Weg – dem Weg Jesu – sind. Wir fragen uns, ob wir es uns auf unchristliche Weise zu leicht machen, zu bequem und zu behäbig leben. Und wir überlegen zusammen, hier in der Gemeinde, wie wir dieser Versuchung begegnen, vom Weg Jesu abzuweichen. Das große Luther-Lied »Ein feste Burg ist unser Gott«, das wir jetzt singen wollen, will uns dabei helfen: im Vertrauen auf Gott braucht uns nichts Angst zu machen, unsere eigene Schwäche und Ichsucht ebensowenig wie die an düsteren Schatten nicht gerade arme Welt.

Kontexte

»Mach mich frei von der Traurigkeit, die mich gefangenhält.
Gib mir die Freude am andern Leben zurück.
Laß mich das loben, was jünger und schöner, reicher und stärker ist.
Feuer der Liebe, du kannst den Neid in mir wegschmelzen.
Wind des Geistes, du kannst mich hören machen.
Sonne der Gerechtigkeit, leuchte über uns.«
(D. Sölle: Aufrüstung tötet auch ohne Krieg, Stuttgart 1982, 44)

»Bedenkzeit
Manchmal halte ich inne, hole tief Atem und denke daran, was ich eigentlich tun möchte, wie ich eigentlich leben möchte. Eigentlich möchte ich einmal Zeit haben, Zeit für mich, Zeit für die Menschen, mit denen ich zusammenlebe, Zeit auch für Gott. Eigentlich möchte ich einmal fröhlich und entspannt sein, aus vollem Herzen lachen, mich freuen können ohne die Sorge, es könnte doch alles wieder ganz anders kommen. Eigentlich möchte ich einmal wirklich etwas Gutes tun. Etwas, was anderen Menschen nützt, ohne Vorurteil und ohne die Angst, ich könnte mich zu sehr verpflichten. Eigentlich möchte ich einmal ganz mutig und unverdrossen für meine Vorstellungen eintreten – auch in der Gemeinde.
Ich möchte es wagen, mich über all die Argumente hinwegzusetzen, die da sagen: Das ist unrealistisch. Dabei kommt nichts heraus. Das haben wir doch alles schon einmal versucht. Oder auch: ›Das hat es bei uns noch nie gegeben!‹ Eigentlich möchte ich einmal all den Ballast abwerfen, der mich am Boden festhält: den Ballast der vielen Rücksichten, den Ballast der eigenen Ängste.
Ich möchte mich erheben über Zwänge und Bedenken, über die eingefahrenen Geleise, liebgewordenen Gewohnheiten und auch über die Grenzen meiner eigenen Müdigkeit ...«
(Maria Barutzki, in: Jürgen Schwarz: Lebensregeln, Eschbach 1981, 123)

Dieser Text formuliert für mich gleichsam einmal eine »Versuchung andersherum« – eine Versuchung zu einem anderen Leben. Und eine solche »Versuchung« sollte, wie ich meine, von jedem Gottesdienst ausgehen. Vielleicht gäbe das ein Motto für eine Reihe von »Fastenpredigten« ab: Versuchung zu einem anderen Leben ...

Reminiscere

Predigttext: Hebräer 11,8–10
Hermann Düringer

Theologisch-homiletische Skizze
Was heißt glauben? Das 11. Kapitel des Hebräerbriefs versucht eine Antwort. Die Wolke der atl. Zeugen soll die in Vers 1 vorgeschlagene Definition konkretisieren und mit Leben erfüllen. Einer der prominentesten und von altersher am häufigsten zitierten Zeugen ist Abraham (Sir. 44,19ff.; 1. Makk. 2,52; Röm. 4,1ff.; Gal. 3,6ff.; Heb. 6,13; Jak. 2,21ff.). In den Versen 8–10 wird sein Glaube in doppelter Weise (qua und quae) veranschaulicht: a) als Gehorsam gegenüber dem Ruf Gottes. Der Zusammenhang Abrahams Glaube/Gehorsam wird meist an dem in den Versen 17–19 genannten Thema (Opferung Isaaks) expliziert, b) als Unterwegs-sein zu »der Stadt, die einen festen Grund hat, deren Baumeister und Schöpfer Gott ist.«
Glauben als Aufbrechen und Unterwegs-sein zur Stadt Gottes – dieses Verständnis zieht sich durch die Bibel wie ein roter Faden, und die Predigt wäre gelungen, wenn die Gottesdienstbesucher mit ein wenig von dieser Aufbruchstimmung die Kirche verlassen würden (aber erst nach dem Segen!). Von Abraham über Mose, die Berufungsgeschichten der Propheten zum NT: von Johannes dem Täufer über die Hirten in der Christnacht, die Berufung der Jünger, das ›wandernde Gottesvolk‹ des Hebräerbriefs, das »hier keine bleibende Stadt« hat (13,14) sind Menschen unterwegs zum ›neuen Jerusalem‹: Mache dich auf! – Verlasse alles! – Kehre um! – Gehe hin! – Folge mir nach!
Homiletisch sehe ich zwei Aspekte, unter denen der ›Glaube Abrahams‹ – getrennt oder verschränkt – thematisiert werden könnte.

1. Der ekklesiologische Aspekt
›Das Schiff, das sich Gemeinde nennt‹, die ›Exodusgemeinde‹, ›Kirche unterwegs‹ – das sind drei Stichworte, denen sich viele weitere Titel und Thesen anfügen lassen, die ein abrahamitisches Selbstverständnis der Kirche zum Ausdruck bringen. Kirche in der Nachfolge Jesu Christi, die glaubt wie Abraham, hat keine erhaltens- oder gar verteidigungswerten Güter im Rücken, sondern nur die Verheißung ihres Herrn vor sich. Nicht Angst vor dem großen Desaster liegt vor ihr, sondern die »Stadt, die einen festen Grund hat«. Eine solche Kirche ist offen für konkrete, historische Herausforderungen – sie trägt ja (wie Abraham) eine Verheißung, die hier und jetzt der Welt zugute kommen soll.
Diese Auffassung von Kirche steht in Spannung zu einer anderen: Die Kirche als Ort (!) fester Grundsätze und Werte; als Fels im Strom der Zeit; als Hafen; als Hort der Tradition und Bewahrung.
So sehr, wie ich meine, die abrahamitische Auffassung angemessener ist – Vorsicht mit allzu forscher Kritik der zweiten! Da ist nicht nur verwaschene Volkskirchlichkeit! Außerdem: Arroganz und Abraham passen schlecht zusammen. Deutlich werden müßte: Allein

Gottes Auftrag und seine Verheißung ›stehen‹, nicht aber die Kirche, ihr Glaube oder etwas Menschliches sonst. Halt bietet nicht der Glaube, sondern im Glauben Gottes Verheißung. Das leitet über zu

2. Der individuell-lebensgeschichtliche Aspekt
Das Beispiel Abrahams stellt die Frage nach dem (un)bekannten Regieentwurf meiner Lebensgeschichte: Wohin bin ich unterwegs? Welche Wege, Pläne, Ziele habe ich bzw. bestimmen mein Leben? Was hat mein Glaube mit meinem Lebensentwurf zu tun? Wie unter 1. wird auch hier der Spannungsbogen ›unterwegs – seßhaft‹ spürbar. Einerseits: Es wird deutlich, daß allein abrahamitischer Glaube dem ersten Gebot gerecht wird, d. h. frei macht von fremden, götzenhaften Bindungen, die das Leben zu bestimmen versuchen. Andererseits: Was heißt ›aufbrechen‹, ›unterwegs sein‹ z. B. für eine junge Familie mit zwei Kindern und allgemein für die Masse der Bevölkerung? Wir sollten uns hüten vor theologischem Euphorismus, als sei jeder ein potentieller Franz v. Assisi oder Reformator. Bleibt der Glaube Abrahams ein Glaube exponierter Einzelgänger und religiöser Führergestalten oder muß er, auf bürgerliches Maß zurückgestutzt, zu einer Mischung aus Innerlichkeit und ›ein bißchen flexibel bleiben‹ werden? Ich hoffe, die Predigt nähert sich einem 3. Weg.

Vorschläge für die Liturgie

Psalm 121 im Original oder in folgender Übertragung:
Der Herr gibt meinem Schritt Klarheit,
Sicherheit und Kraft.
Er ist selbst der Weg, auf dem ich gehen kann,
so daß ich mein Ziel nicht verfehle.
Er ist mit mir,
auch wenn ich meine, er sei weit weg von mir,
er sehe mich nicht und höre mein Gebet nicht.
Er ist ganz dicht neben mir, über mir, geht vor mir her.
Er behütet mich,
er behütet meinen Auszug und meine Heimkehr
von jetzt an und in Ewigkeit.

Kyrie
Herr, du hast mich gerufen,
und ich habe dich nicht gehört.
Du hast mir geboten zu gehen,
und ich bin stehengeblieben.
Du hast mir geboten umzukehren,
und ich bin meinen Weg weitergegangen.
Du hast mir geboten, dir zu vertrauen,
und ich verlasse mich lieber auf mich selbst.
Herr, erbarme dich.

Lesung
Lukas 9,57–62

Gebet
Gott, unser Herr,
du rufst uns heraus
aus der Sackgasse unserer Kurzsichtigkeit,
aus dem Gefängnis unserer Selbstbezogenheit,
aus der warmen Stube unserer Trägheit,
aus dem Kreislauf der Gewalt,
aus der Bindung an die Götzen unseres Lebens.
Du willst uns frei machen für deine Verheißungen,
die schon hier und heute unser Leben verändern,
die Leib und Seele in Bewegung bringen.
Wir denken an die Gefahren,
die auf dem Weg der Nachfolge lauern,
die uns abbringen möchten:
da sind die Fleischtöpfe Ägyptens, die uns zurückrufen,
wenn wir durch die Wüste gehen,
wenn wir nach dem Sinn von Entbehrungen fragen
und die beneiden, die dich einen guten Mann sein lassen.
Da sind Müdigkeit und Resignation, die uns überreden möchten
liegen zu bleiben, aufzugeben,
da ja noch immer nichts zu sehen ist von deiner Stadt,
die uns manchmal wie ein Wolkenkuckucksheim vorkommt.
Da ist die Versuchung, die uns einreden will,
es doch auf eigene Faust zu probieren,
den Weg zu überspringen, das Ziel vorwegzunehmen,
selber die Stadt zu bauen –
und wenn's sein muß mit Gewalt
und all den anderen Mitteln unserer Welt. Du kennst sie ja.
Herr, gib uns langen Atem.
Laß uns aufgerichtet werden durch viele, die uns vorausgegangen sind, vor allem aber durch den Anfänger und Vollender unseres Glaubens, durch Jesus Christus selbst. Amen.

Lieder
Manchmal kennen wir Gottes Willen (K. Marti/A. Juhre); Wenn das Vollkommene kommt (A. Juhre); Wenn wir jetzt weiter gehen (K. Rommel); Wir starren nur vor unsere Füße (Christine Henser); EKG 191/283/274.

Vorschläge für die Predigt

Möglicher Anfang

Ich versuche, mir die Lebenssituation einer jungen Familie vorzustellen: Da sind zwei Menschen seßhaft geworden, haben – wie man so sagt – eine Familie gegründet, vielleicht im eigenen Haus, auf jeden Fall in den eigenen vier Wänden. Die noch vor ein paar Jahren, bis zur Geburt des ersten Kindes, vorhandene Mobilität ist geschwunden. Die Beweglichkeit in Hinblick auf mögliche Veränderung ist eingeschränkt. Ja, sie sind seßhaft geworden.

Und wenn sie diese Situation bedenken, kommen ihnen wahrscheinlich zwiespältige Gedanken und Gefühle: der Freude aneinander und am Zuhause steht ein Verlust an individueller Freiheit gegenüber. ›Große Sprünge‹ sind nicht mehr drin.

»Abraham zog weg, ohne zu wissen, wohin er kommen würde.« Er verließ seine Seßhaftigkeit. Er folgte dem Ruf, wegzuziehen aus seinem Vaterland, von seiner Verwandtschaft und aus seines Vaters Hause und machte sich auf den ungewissen Weg ins Land der Verheißung, in die Stadt Gottes. Er brach auf, ließ alles hinter sich und war unterwegs. Und darin wird er ein Vorbild des Glaubens genannt.

Welche Gedanken mögen der jungen Familie durch den Kopf gehen, wenn sie das hören? Welche gehen uns Seßhaften durch den Kopf? Vielleicht Ablehnung: ›Das wäre unverantwortlich! Den Kindern gegenüber, älteren Familienangehörigen gegenüber! Außerdem bin ich froh, daß ich ein Zuhause habe, daß endlich Ruhe eingekehrt ist in mein Leben.‹ – Vielleicht geheime Sehnsucht: Pläne, Visionen werden wach, entstehen neu, die durch das banale Alltagsleben mit der Wiederkehr des Immergleichen verstellt sind. – Vielleicht Unruhe: ›Ich halte mich zur Kirche, weil hier Beständigkeit etwas gilt, weil sich hier nicht ständig alles ändert. Tritt das Christentum nicht ein für ein geordnetes Leben? Aufbrechen, Unterwegs-sein – das heißt doch Unsicherheit?‹

Liebe Gemeinde, ich denke an ganz andere Menschen, die mit Abraham konfrontiert werden, dem Vorbild des Glaubens, Abraham, der von Gott gerufen wird aufzubrechen und der loszieht in eine bewegte, ungewisse Zukunft. Ich denke an einen Jugendlichen, sagen wir 18 Jahre alt. Er hat die Nase voll von der Schule, weiß eigentlich nicht mehr, warum er dahingehen und Abitur machen soll – bei den Berufsaussichten! Und außerdem, die Arbeitswelt der Erwachsenen ›stinkt‹ ihm eh! Er möchte endlich leben! Und sich engagieren, in der ›3. Welt‹ z. B. Er findet diesen Abraham ganz toll, fühlt sich bestärkt. Mit Glauben so verstanden kann er was anfangen. Vielleicht stört ihn ein bißchen das Wort »gehorchte« ...

Zum weiteren Verlauf

Es können andere (weitere) Lebenssituationen geschildert werden: Die Situation eines Ehepaares, Mitte 50. Die Kinder sind erwachsen, das eigene Leben

ist zur Routine geworden, angenehm, gemütlich zwar, aber auch leer, ohne Aufgabe und Ziel.
Ein Enddreißiger, lebt alternativ, kommt rum, beteiligt sich an gesellschaftspolitischen Initiativen, ist dem Seßhaft-werden entgangen. Ist er?
Ein alternder Mensch. Versteht die Welt nicht mehr, kommt nicht mehr mit. Allein die Kirche bietet ihm Kontinuität und Geborgenheit. Aufbrechen? Warum sollte er/sie nicht berufen sein, den mittelalterlichen Kindern zu sagen, daß Gottes Liebe auch der Türkenfamilie von nebenan gilt?!
Die Schilderung solcher Lebenssituationen sollte anregen, die eigene Situation zu bedenken und Fragen auslösen, die der Glaube Abrahams stellt: Wer gibt meinem Leben Anstöße und Ziele? Oder bin ich damit zufrieden, auf festen Geleisen zu fahren, das Woher und Wohin ist nicht so wichtig? Wie stehen meine Pläne und Gottes Willen zueinander? Vielleicht habe ich Angst, es könnte ungemütlich werden auf dem ungewissen Weg Abrahams? Auch möchte ich gern selber bestimmen, wo's lang geht!? Fragen, die (heilsame) Unruhe auslösen möchten; Unruhe darüber, daß Gottvertrauen kein sanftes Ruhekissen ist, sondern ›Hintern hoch!‹ bedeutet. »... und führen, wohin du nicht willst,« heißt es im Johannesevangelium (21,18) und im gleichnamigen (und immer noch lesenswerten) Buch H. Gollwitzers. Wer Gottes Ruf folgt, hat nicht nur einen beschaulichen Kirchgang vor sich. Er wird, in welcher Situation er auch steht, seinen bisherigen Lebensentwurf, seine Pläne in anderem Licht sehen. Ein abrahamitischer Glaube läßt sich nicht einem bestimmten Lebensmodell zuordnen – vielleicht dem eines christlichen Aussteigers; obgleich er immer – und Gott sei Dank! – auch christliche Aussteiger hervorbringen wird. Der Glaube Abrahams, einmal zusammengefaßt in den Verben aufbrechen und unterwegs-sein, steht jedem menschlichen Lebensentwurf gleich nah und gleich fern gegenüber. Er steht grundsätzlich kritisch zu jedem eigenen, besser: eigenmächtigen Lebensplan – dem des Häuslebauers und dem des Globetrotters. Die konkrete Herausforderung Gottes an dich und mich, an einzelne oder Gruppen, von der wir nicht wissen, wann sie wie geschieht, läßt sich nicht positiv und verallgemeinernd beschreiben, weil wir darüber nicht verfügen. Sie läßt sich auch nicht auf bestimmte Modelle der Lebensführung kanalisieren. Es geht darum, für diese Herausforderung sensibel und aufnahmebereit zu werden. ›Gott ruft‹ – durch Menschen in meiner nahen und fernen Umgebung, durch Worte der biblischen und wirkungsgeschichtlichen Tradition, durch literarische Impulse, durch Einsichten in Gebet und Meditation, beim Lesen der Zeitung – und in der scheinbar ungeordneten Durchdringung aller dieser und anderer ›Botschaften‹.
Was es heißt, daß Gott Menschen wie Abraham herausruft und auf den Weg bringen will, daß menschlicher Glaube darin besteht, diesem Ruf zu folgen, läßt sich verallgemeinernd nur als Negativfolie beschreiben: Er will, daß ich mich nicht an das Bestehende binde; daß ich mich nicht verkrampfe beim Festhaltenwollen, statt dessen loslassen kann und von Liebgewordenem Abschied neh-

men kann; daß ich mich nicht klammere an Besitz und trügerische Sicherheiten; daß ich nichts allein für mich haben will, sondern teilen lerne; daß ich mich freuen, aber auch wieder loslassen kann; kurz: Er will, daß ich mein Leben nicht an Vergängliches binde, sondern allein an ihn, den Gott Abrahams, der uns mit seiner Verheißung vorausgeht, der uns in dem Mann aus Nazareth wieder begegnet und jedem neu zuruft: ›Folge mir nach!‹
Rückbezogen auf die eingangs geschilderten Lebensszenen: Ich denke noch einmal an die anfangs geschilderte Familiensituation: Sie kann zum Ort werden, wo Menschen sich Raum zum Leben und Lebenlernen geben. Sie kann auch zum ›Ein und Alles‹ der Beteiligten werden, die sich ganz aneinander binden und einander möglicherweise maßlos überfordern. Werden die Eltern ihre Kinder gehen lassen können, in dem Wissen, daß sie nicht ihnen gehören, sondern auch auf Um- und Abwegen unter der Obhut und Verheißung eines anderen stehen?
Werden die Ehepartner offen sein für Entwicklungen und Aufbrüche oder werden berufliche, private, öffentliche Herausforderungen zu unbewältigbaren Krisen?
Ich denke noch einmal an den jugendlichen ›Aussteiger‹: Vielleicht begegnen ihm Menschen in Not, die mit Worten oder einfach durch ihre Lage die Frage an ihn richten: ›Bist du zu geduldiger und beschwerlicher Arbeit bereit? Bleib hier! Wir brauchen dich. Eine Herausforderung, an die er bei seinem Aufbruch nicht gedacht hat. Vielleicht fällt ihm wieder das Wort ein: ›Abraham gehorchte ...«
Von Abrahams Glauben lernen, könnte heißen: Mit Gottes Herausforderungen rechnen. Sie werden manchen schönen Plan über den Haufen werfen und uns aus manchem warmem Nest herausholen, aber sie werden uns in Bewegung bringen hin auf das Leben, das er verheißt. Dietrich Bonhoeffer, ein abrahamitischer Zeuge dieses Jahrhunderts, formulierte es so: »Nicht alle unsere Wünsche, aber alle seine Verheißungen erfüllt Gott, d. h. er bleibt der Herr der Erde, er erhält seine Kirche, er schenkt uns immer neuen Glauben ... und führt uns auf dem besten und geradesten Wege zu sich.« (Widerstand und Ergebung S. 195)

Okuli

Predigttext: 1. Könige 19,1–8
Dieter Schupp

Theologisch-homiletische Skizze

Vollinhaltlich schließe ich mich der Exegese Jürgen Ebachs (Gottesdienstpraxis – Ergänzungsband Exegesen, VI. Perikopenreihe, Gütersloh 1983) an. Entscheidend für mein Verstehen des Predigttextes sind die Passagen geworden, wo Ebach auf die Reihe der Verben in Vers 3–7 aufmerksam macht, denn die »entwirft ein Bild dieses Elia: er fürchtet sich – er stand auf – er ging – er kam an – er ließ zurück – er ging – er kam an – er setzte sich – er wollte sterben – er sprach(: »Genug! ...«) – er legte sich hin – er schlief. Die Handlungsverben bezeichnen einen Weg, eine Flucht – zuletzt vor dem Leben ... Folgen wir weiter dem Verstehen der Erzählung: er bemerkte – er aß – er trank – er legte sich hin – er schlief (Vers 6). Wieder Ruhe und Schlaf, doch spüren wir bereits, daß dieser Schlaf ein anderer ist als der in Vers 5 genannte. Erneut tritt der Bote auf (Vers 7): »Steh auf und iß!« Und nun: er stand auf – er aß – er trank – er ging (mit der Kraft der Speise).«

Gerne lasse ich mir von diesem exegetischen Befund in meine homiletische Arbeit hineinreden. Die Elia-Geschichte soll darum auch die Überschrift haben: »Wie einer wieder zu gehen lernte« oder, etwas ausführlicher und gegliedert: »Wie einer auf *ein* Wort hin aufstand, aß, trank und ging.« Wohin? Aus der Wüste in die Heimat, aus der Müdigkeit an die Arbeit, aus dem Tod ins Leben. Der müde, resignierte, geradezu depressive Elia erfährt in seiner gesuchten Einsamkeit: Noch ist nicht aller Tage Abend. Und dem, der meinte: »Genug! ...«, der ohne Kraft ist, der an ein Ende gekommen ist und keinen Sinn mehr in seinem Dasein zu sehen vermag, dem wird bedeutet: »Du wirst gebraucht!«

Zu bemerken ist, daß der »Bote Gottes« Elia keine Lektion erteilt, also keine Vorhaltungen macht, sondern ihm mit klaren und eindeutigen Worten sagt, was jetzt – in dieser Situation – zu tun ist: aufstehen – essen – trinken – gehen. Daran schließt sich an ein neuer Auftrag an Elia, ein Auftrag zum politischen Handeln, mit einem freundlichen Hinweis gewissermaßen zwischen den Zeilen: Gehe! Und es wird gehen.

Zur liturgischen Gestaltung

Eingangsvotum

Wir beginnen unseren Gottesdienst im Namen des Vaters und des Sohnes und des Heiligen Geistes.

Bittruf

Laßt uns Gott um seine Nähe bitten, denn wir sind oft verzagt und kommen uns allein gelassen vor, wir haben oft genug keinen Schwung und keinen Halt, drehen uns im Kreise und wissen nicht wohin. Wir können nicht sein ohne Trost und

Zuspruch, ohne das Wort, das uns aufrichtet und leitet. Darum laßt uns rufen: Gott sei bei uns, laß uns nicht allein.

Lobpreis
Der barmherzige Gott ist nahe allen, die ihn anrufen. Wo wir glauben möchten, am Ende zu sein, macht er mit uns einen neuen Anfang. Keinen läßt er allein mit seiner Schuld und niemand geht ihm verloren. Darum laßt uns Gott loben und preisen und ihm singen.

Kollektengebet
Guter Gott, hilf uns, daß wir immer festen Boden unter den Füßen haben, einen Weg sehen und ein Ziel kennen. Wir wollen uns dir anvertrauen, von dir uns alles erhoffen, was lebensnotwendig ist für uns, und schenke uns immer wieder neuen Mut zum Leben. Darum bitten wir dich in Jesu Namen.

Lesungen
Psalm 23 »Der Herr ist mein Hirte«
Mtth. 6 »Darum sage ich euch: Sorget euch nicht!«

Lieder
Befiehl du deine Wege. Weitere Lieder aus dem EKG: 197, 218, 252

Fürbittgebet
Menschen warten und hoffen. Enttäusche sie nicht.
Sie haben Angst und wollen so nicht mehr weiterleben. Richte sie auf.
Sie sind unsicher und voller Fragen. Rede du mit ihnen.
Verändere uns, die Nacht und den Tag.
Was wir brauchen, ist Hoffnung, der Mut zum nächsten Schritt.
Was wir suchen, ist Leben in der Wüste.
Und was wir finden wollen, ist die Kraft, die von dir kommt, damit wir uns aufrichten
und wieder gehen können an den Ort, wo du uns hinstellst und uns brauchst.
Guter Gott, erhöre uns um Jesu Christi willen.

Vorschlag zur Predigt
Anfang
Unsere Geschichte könnte die Überschrift haben: Wie einer auf ein Wort hin aufstand, aß und trank – und ging.
Ihr werdet schon gemerkt haben: Da wollte einer keinen Schritt mehr tun, alles hinwerfen und sein lassen; da wollte einer Schluß machen, weil er genug hatte: Elia. Nicht irgendeiner, sondern ein Prophet. Ein Mann Gottes, also einer, der

keine andere Herrschaft akzeptierte als die Herrschaft Gottes über sich, sein Leben, und das Leben aller.
Doch ausgerechnet so einer hat eines Tages genug, will nicht mehr, kann nicht mehr! Die Dinge kamen anders, als er dachte und glaubte, der Spieß wurde umgedreht, Elia fühlte sich in die Enge getrieben – und flieht. Will nichts mehr sehen und nichts mehr hören, Gott und die Welt sollen ihm gestohlen bleiben, er hat nur noch ein Ziel vor Augen: Weit weg, ganz weit weg, dorthin, wo man für keinen mehr erreichbar ist. Die Wüste. Dort wollte er schlafen, schlafen und vergessen, nichts mehr hören und nichts mehr sehen, und nicht mehr weiterleben; *so* nicht!
Aber *so* auch nicht!
Eine neue Geschichte beginnt, die Geschichte von einem, der auf ein Wort hin aufstand, aß und trank, und wieder gehen lernte.
Sehen wir genau hin, wie das zugeht, wenn einer wieder gehen lernt! Denn das gehört ja zu den Schwierigkeiten, mit denen wir es auch zu tun haben: als ein Mensch gehen zu lernen. Richtig gehen lernen, aufrecht und frei, das wollen wir ja alle irgendwie. Der freie und aufrechte Gang, so sagt man, unterscheidet den Menschen vom Tier. Aber in der Welt unseres Alltags reicht es uns kaum zum Stehen, da ziehen wir oft genug den Kopf ein und ducken uns, machen uns klein und schlagen die Augen nieder, gehen zuweilen, aus Realitätssinn, auf allen vieren oder liegen nur einfach so rum.
Also hören wir die Geschichte: wie einer das Gehen lernte ...

Zum weiteren Verlauf
Zuweilen muß man uns mit einem *Machtwort* aus unserer Festgelegtheit herausholen. Hier heißt es: Iß und trink! Das muß man sich einmal vorstellen: Essen und Trinken! Damit beginnt etwas, damit kommt etwas in Bewegung und eine neue Geschichte fängt an. Eine Wundergeschichte, ganz gewiß, denn das kennen wir ja von uns selbst: Einen Menschen, einen müden und verzagten, einen unwilligen und bornierten Menschen wie mich und dich hochbringen, auf die Füße stellen und zum Gehen bringen: das ist schon ein Wunder!
Manchmal geht es uns ähnlich wie dem Elia: Wir fliehen vor einer Aufgabe oder vor einer Rolle, die man uns auf den Leib schreiben will. Wir haben genug von all dem, was uns bedrückt und belastet. Wir sind enttäuscht, weil nicht eintraf, was wir erwarteten und uns so sehr wünschten. Wir sind müde geworden von den vielen vergeblichen Mühen. Wir sind schwach geworden von dem jahrelangen Widerstand gegen das, was das Leben bedroht. Wir haben keine Lust mehr, aus uns herauszugehen und unsere vier Wände zu verlassen. Wir haben keine Kraft mehr, uns aufzurichten und den nächsten Schritt zu tun; den nächsten, das wäre ja schon genug.
Doch woran liegt's und woran fehlt's? An einem Machtwort, das unsere Machtlosigkeit und Wortlosigkeit aufhebt. Keins, das nur analysiert oder moralisiert.

Und selber sagen können wir's uns auch nicht. Da muß schon ein »Bote Gottes« zu uns kommen, der uns – ohne uns Vorhaltungen zu machen und der ohne Vorbehalte ist – anredet, und uns ein Machtwort sagt. Ein Wort Gottes, und das kann zum Beispiel heißen: »Iß und trink.« Manchmal ist das ein *erster* Schritt, um wieder auf die Beine zu kommen ...
Das gibt es, dieses Wunder: einer verläßt seine kleine, abgegrenzte und abgeschlossene Welt. Ist das etwas, was sich von selbst versteht und also überflüssig ist? Wir wissen Bescheid. Es ist leichter, auch bequemer, liegen zu bleiben oder auf allen vieren zu kriechen, manch einer will seine Einsamkeit gar nicht aufgeben und in dem Winkel bleiben, in den er sich hineinverrannte ... Nichts soll sich ändern, sondern alles beim alten bleiben, auch will man nichts hören und nichts Neues sehen – und doch soll alles nicht so bleiben, wie es ist. Wenn ich zum Beispiel in die Gesichter der jungen Frauen sehe, die morgens, kurz vor sieben, in den Bus einsteigen, der sie zur Arbeit bringt, oder in die Gesichter der Schüler, die kurz vor acht aus dem Bus aussteigen, um in die Schule zu gehen, da sehe ich viel Gier nach Leben, nach einem anderen Leben, einem anderen Zustand ...
Das Kapitel ist freilich noch nicht damit abgeschlossen, daß Elia aufstand, aß, trank und ging. Es folgt ein neuer Auftrag an Elia, ein Auftrag zum politischen Handeln. Er, der durch ein Machtwort, durch ein mächtiges Wort des »Boten Gottes« in Bewegung geriet, soll nun seinerseits wiederum etwas in Bewegung bringen, und zwar in *der* Welt, aus der er gerade eben floh. Dort sind zwar die Verhältnisse noch immer so, wie sie sind, mit festgelegten Menschen, die auf keinen Fall etwas geändert haben möchten, und die einen, aus welchen Gründen auch immer, daran hindern aufzustehen, sich auf die Füße machen – und zu gehen. Den nächsten Schritt zu tun, mit dem eine neue Geschichte beginnt ...

Schlußsätze der Predigt
Dies ist die Geschichte von einem, der wieder Gehen lernte. Die Geschichte von einem, der auf ein Wort hin aufstand, aß und trank – und ging. Der aufrecht und furchtlos zurückging an den Ort, wo er gebraucht wurde – in Gottes Namen.

Kontexte

1. Anfragen an den Prediger

In die Wüste geschickt werden, – bringt das nur Nachteile?
»Es ist genug«, – wann und wo beginnt dieser Satz wohl uns wichtig zu sein?
Ist Flucht tatsächlich ein Zeichen für Feigheit?
Warum fürchtete sich Elia nicht vor den Göttern, wohl aber vor Isebel?
Elia war mit seinem Latein am Ende, – ist das ein Grund, »gottesmüde« zu sein?
War Diplomatie im Spiel, als die Königin Isebel dem Elia mitteilte, sie werde ihn innerhalb von 24 Stunden umbringen lassen?

Elia, so ist zu lesen, sei »ein Instrument des Herrn«. Spielt Gott mit Menschen?
Dem Propheten werden in der Wüste Brot und Wein angeboten. Und was bieten wir einem Müden und Verzagten mundgerecht an?
Wie hätte sich beispielsweise Elia verhalten, wäre er etwa neunhundert Jahre *nach* Jesus zur Welt gekommen?
»Man kann nichts machen ohne die Einsamkeit« (Picasso) – gibt es dafür Erfahrungen und Belege?
»Du bist ein Engel!« — zu wem haben Sie das zuletzt so oder ähnlich sagen dürfen?
Sind uns die Einsamkeit und die Zeit nicht unersetzliche Helfer?
Kann es nicht sein, daß wir in unserer Traurigkeit und Verzweiflung Gott näher sind, als wir überhaupt wissen?
Mal angenommen, der Prophet Elia wäre auf seiner Flucht in ein Pfarrhaus gekommen. Welchen Rat hätte ihm der Pfarrherr/Seelsorger erteilt bzw. mitgegeben?

2. »Gott hatte nicht die Last von ihm genommen, sondern half ihm, sie zu tragen. Die neue Last war sicherlich noch schwerer, aber Gott hielt es für möglich, und er traute es Elia zu, daß er damit zu Rande käme. Die Verantwortung war schwieriger geworden, umfangreicher, ungewisser im Erfolg. Doch wäre ihm ein leichtes Leben lieber, eng und stumpf und ohne Einsatz? Keineswegs. Er schüttelte den Kopf und war schon beim Durchqueren seines ersten Tagesabschnitts Wüste.
Das Schwere gerade gab dem Leben Rang und Würde, Gott bedurfte des Elia, um die Welt zu verändern, jeden Menschen brauchte er an seinem Platz, um die Erde menschlicher zu machen nach dem Plan der Schöpfung, nach dem Ziel der Zeit. Elia schritt jetzt schneller aus, vielleicht daß er Beer-Sheba morgen schon erreichte, wenn er einen Teil der Nacht noch durchmarschierte, wo es kühler war? Er wollte etwas tun, er hatte schon soviel versäumt.
Wir sind wie er, und heute ist wie damals. Und was irgendwann geschieht, geschieht auch immer wieder. Gehen wir! Es ist an uns wie an Elia, etwas zu verändern, alles zu verändern. Denn Gott steht uns bei wie ihm.«
(Hannelore Frank: Damals ist heute, GTB 96, Seite 119)

3. »Die Erfrischungen, die der große und tiefe Schlaf uns schaffen will, kommen uns auf dem Bogen einer breiten Skala zu. Dieser Bogen spannt sich von den erholsamen Erfrischungen, die uns, nach guter Nacht und gutem Schlaf, erfrischt aufwachen lassen. Wir fühlen uns ... »wie neu geboren«. Er spannt sich bis zu jenen Erfrischungen, die in das notwendige »Stirb und werde« einführen, ohne das kein Menschenleben sich regenerieren kann. Es ist jene Erfrischung, die Johannes Scheffler, Angelus Silesius, mit den oft verharmlosend gedeuteten Versen ansagt: »Blüh auf, gefrorener Christ, der Mai steht vor der Tür – du bleibest ewig tot, blühst du nicht jetzt und hier.«
(Fr. Heer in: »Lob der sieben Tröstungen«, Herder-Verlag 1982, S. 83)

4. »... aber es gibt eine andere Form, Gott zu erfahren, indem wir ihn in uns einlassen nicht in der Form der Erkenntnis, bei der niemand sein Angesicht zu verhüllen brauchte, sondern in der Form der Vereinigung, des Zurückgehens in ihn. Elia »hört« das leise Säuseln, verhüllt sich und tritt aus der Höhle, in der er über Nacht war. Es ist vielleicht eine Überinterpretation, wenn man das Heraustreten aus der Höhle als eine Art Geboren-Werden versteht, in dem der Weg vom Ego zum Selbst sich vollendet; in jedem Fall aber ist der,

der aus der Höhle heraustritt, ein anderer als der, der vierzig Tage und Nächte wanderte. Er hat eine andere Stufe erreicht, er richtet sich auf, geht hinaus, verhüllt sein Angesicht und spricht mit Gott. Er ist am Ziel der Reise, Gott erscheint ihm und Gott spricht mit ihm. Im charakteristischen Unterschied zu vielen anderen religiösen Erfahrungen, die alles Gewicht auf die Hinreise legen, beginnt nun für Elia die Rückreise in die Welt: Der politische Auftrag des Propheten wird erneuert, Elia versinkt nicht in Anbetung, gründet auch kein Kloster am heiligen Ort, sondern findet den Weg in diese Welt und für sie zurück.«
(D. Sölle in: Die Hinreise, Kreuz-Verlag 1975, Seite 89)

Die Mitarbeiter

Pfarrer Heinz Behrends, Wallensen. Pfarrer Hans-Joachim Curth, Berlin. Pfarrer Dr. Axel Denecke, Osnabrück. Pfarrer Heinz-Martin Dormann, Mering. Pfarrer Hermann Düringer, Friedberg. Pfarrer Jürgen Frank, Fuldatal. Pfarrer Hermann Otto Geißler, Wiesbaden. Pfarrer Dr. Rolf Heinrich, Gelsenkirchen. Pfarrer Johannes Jourdan, Darmstadt. Dekan Walter Krug, Marburg. Pfarrer Hans-Georg Lubkoll, München. Pfarrer Harald und Tilman Nehb, Lonsee-Urspring. Pfarrer Dr. Ernst Öffner, Bad Kissingen. Pfarrer Hans-Joachim Petsch, Bernried. Dekan Karl-Heinz Ronecker, Freiburg. Pfarrer Klaus Schimpf, Berlin. Pfarrer Jörg Schmidt, Braunschweig. Pfarrer Nikolaus Schneider, Duisburg. Pfarrer Dieter Schupp, Eisenberg. Pfarrer Helmut Siegel, Hagen b. Bremen. Präses Pfarrer Hartmut Wenzel, Nürnberg. Pfarrer Manfred Wester, Plön.